Marschierende Männer

Sherwood Anderson

Writat

Diese Ausgabe erschien im Jahr 2024

ISBN: 9789359944791

Herausgegeben von
Writat
E-Mail: info@writat.com

Inhalt

Buch I

KAPITEL I

Onkel Charlie Wheeler stampfte auf die Stufen vor Nance McGregors Bäckerei an der Main Street der Stadt Coal Creek, Pennsylvania, und ging dann schnell hinein. Etwas gefiel ihm, und als er im Laden vor der Theke stand, lachte und pfiff er leise. Er zwinkerte Reverend Minot Weeks zu, der an der Tür zur Straße stand, und klopfte mit den Fingerknöcheln auf die Vitrine.

„Es ist", sagte er und lenkte seine Aufmerksamkeit auf den Jungen, der sich die Mühe machte, Onkel Charlies Brot ordentlich in eine Verpackung zu packen, „ein hübscher Name." Sie nennen es Norman – Norman McGregor." Onkel Charlie lachte herzlich und stampfte erneut auf den Boden. Er legte seinen Finger an die Stirn, um zum Nachdenken anzuregen, und wandte sich an den Minister. „Das werde ich alles ändern", sagte er.

„In der Tat Norman! Ich werde ihm einen Namen geben, der im Gedächtnis bleibt! Normannisch! Zu weich, zu weich und zart für Coal Creek, oder? Es soll umgetauft werden. Du und ich werden Adam und Eva im Garten sein und den Dingen Namen geben. Wir nennen es Beaut – unsere Schöne – Beaut McGregor."

Auch Reverend Minot Weeks lachte. Er steckte vier Finger jeder Hand in die Taschen seiner Hose und ließ die ausgestreckten Daumen entlang der geschwollenen Taille liegen. Von vorne betrachtet sahen die Daumen aus wie zwei winzige Boote am Horizont einer unruhigen See. Sie schaukelten und sprangen auf dem rollenden, zitternden Bauch hin und her, tauchten auf und verschwanden, während ihn das Lachen erschütterte. Reverend Minot Weeks ging immer noch lachend vor Onkel Charlie durch die Tür. Man stellte sich vor, er würde die Straße von Geschäft zu Geschäft entlanggehen, die Geschichte von der Taufe erzählen und wieder lachen. Der große Junge konnte sich die Einzelheiten der Geschichte vorstellen.

Es war ein schlechter Tag für Geburten in Coal Creek, selbst für die Geburt einer von Onkel Charlies Inspirationen. Schnee türmte sich auf den Bürgersteigen und in den Dachrinnen der Main Street – schwarzer Schnee, schmutzig vom angesammelten Schmutz menschlicher Bemühungen , die Tag und Nacht in den Eingeweiden der Hügel stattfanden. Durch den schmutzigen Schnee gingen Bergleute, stolpernd, lautlos und mit geschwärzten Gesichtern. In ihren bloßen Händen trugen sie Essenseimer.

Der McGregor-Junge, groß und ungelenk, mit großer Nase, großem Nilpferd-Mund und feuerrotem Haar, folgte Onkel Charlie, republikanischem Politiker, Postmeister und Dorfgeist, bis zur Tür und sah ihm nach, als hätte er den Laib Brot unter sich Arm eilte er die Straße entlang.

Hinter dem Politiker ging der Minister und genoss immer noch die Szene in der Bäckerei. Er rühmte sich seiner Nähe zum Leben in der Bergbaustadt. „Hat nicht Christus selbst mit Zöllnern und Sündern gelacht, gegessen und getrunken?" dachte er, während er durch den Schnee watschelte. Die Augen des McGregor-Jungen, als er den beiden sich entfernenden Gestalten folgte und später, als er in der Tür der Bäckerei stand und die kämpfenden Bergleute beobachtete, glitzerten voller Hass. Es war die Eigenschaft intensiven Hasses auf seine Kameraden im schwarzen Loch zwischen den Hügeln von Pennsylvania, die den Jungen auszeichnete und ihn unter seinen Kameraden hervorstechen ließ.

In einem Land mit so vielen unterschiedlichen Klimazonen und Berufen wie Amerika ist es absurd, von einem amerikanischen Typus zu sprechen. Das Land ist wie eine riesige, desorganisierte, undisziplinierte Armee, führerlos, uninspiriert, die im Schritttempo den Weg entlang geht, von dem sie nicht wissen, welches Ende sie erreichen wird. In den Präriestädten des Westens und den Flussstädten des Südens, aus denen so viele unserer Schriftsteller stammen, stolzieren die Bürger durchs Leben. Betrunkene alte Verbrecher liegen im Schatten am Flussufer oder schlendern mit einem Grinsen im Gesicht durch die Straßen eines Maisschifferdorfes an einem Samstagabend. Ein Hauch von Natur, eine süße Unterströmung des Lebens bleibt in ihnen lebendig und wird an diejenigen weitergegeben, die über sie schreiben, und der wertloseste Mann, der durch die Straßen einer Stadt in Ohio oder Iowa geht, könnte der Vater eines Epigramms sein, das Farbe verleiht das ganze Leben der Männer um ihn herum. In einer Bergbaustadt oder tief im Inneren einer unserer Städte ist das Leben anders. Dort wird die Unordnung und Ziellosigkeit unseres amerikanischen Lebens zu einem Verbrechen, für das Männer viel bezahlen müssen. Wenn Männer den Gleichschritt miteinander verlieren, verlieren sie auch das Gefühl für ihre eigene Individualität, so dass Tausende von ihnen Morgen für Morgen und Jahr für Jahr in einer ungeordneten Masse durch die Tür einer Fabrik in Chicago getrieben werden, ohne dass ihnen ein Epigramm über die Lippen kommt von einem von ihnen.

Wenn Männer in Coal Creek betrunken waren , taumelten sie schweigend durch die Straße. Führte einer von ihnen in einem Moment dummer, tierischer Verspieltheit einen ungeschickten Tanz auf dem Boden der Kneipe aus, sahen ihn seine Kollegen stumm an, oder er wandte sich ab und überließ es ihm, seine ungeschickte Heiterkeit ohne Zeugen zu beenden.

Als er in der Tür stand und die trostlose Dorfstraße auf und ab blickte, wurde dem McGregor-Jungen vage bewusst , wie unorganisiert und wirkungslos das Leben, wie er es kannte, war. Es schien ihm richtig und natürlich, dass er Männer hassen sollte. Mit einem höhnischen Lächeln auf den Lippen dachte er an Barney Butterlips , den Stadtsozialisten, der ständig davon sprach, dass der Tag kommen würde, an dem die Männer Schulter an Schulter marschieren würden und das Leben in Coal Creek, das Leben überall, aufhören würde, ziellos zu sein, sondern endgültig und erfüllt werden würde der Bedeutung.

„Das werden sie niemals tun und wer will das schon", sinnierte der McGregor-Junge. Ein Windstoß, der Schnee mit sich brachte, traf ihn, und er bog in den Laden ein und schlug die Tür hinter sich zu. Ein weiterer Gedanke regte sich in seinem Kopf und ließ seine Wangen erröten. Er drehte sich um und stand in der Stille des leeren Ladens, der vor Emotionen zitterte. „Wenn ich die Männer dieses Ortes zu einer Armee formieren könnte , würde ich sie zur Mündung des alten Shumway-Schnitts führen und sie hineinstoßen", drohte er und schüttelte seine Faust in Richtung Tür. „Ich würde abseits stehen und sehen, wie die ganze Stadt kämpft und im schwarzen Wasser ertrinkt, so unberührt, als würde ich zusehen, wie ein Wurf schmutziger kleiner Kätzchen ertrinkt."

Beaut McGregor am nächsten Morgen seinen Bäckerwagen die Straße entlang schob und begann, den Hügel zu den Hütten der Bergarbeiter hinaufzusteigen, ging er nicht wie Norman McGregor, der Bäckerjunge der Stadt, nur ein Produkt der Lenden von Cracked McGregor aus Coal Creek, sondern als Persönlichkeit, als Wesen, als Gegenstand einer Kunst. Der Name, den Onkel Charlie Wheeler ihm gegeben hatte, hatte ihn zu einem gezeichneten Mann gemacht. Er war wie der Held einer populären Romanze, der zum Leben erweckt wurde und leibhaftig vor dem Volk schritt. Die Männer sahen ihn mit neuem Interesse an und betrachteten erneut den riesigen Mund, die große Nase und das flammende Haar. Der Barkeeper, der den Schnee vor der Tür des Saloons fegte, schrie ihn an. „Hey, Norman!" er hat angerufen. „Süßer Norman! Norman ist ein zu hübscher Name. Beaut ist der richtige Name für Sie! Oh du Schöne !"

Der große Junge schob den Karren schweigend die Straße entlang. Wieder hasste er Coal Creek. Er hasste die Bäckerei und den Bäckereiwagen. Mit einem brennenden, befriedigenden Hass hasste er Onkel Charlie Wheeler und Reverend Minot Weeks. „Dicke alte Idioten", murmelte er, während er den Schnee von seinem Hut schüttelte und innehielt, um den Kampf den Hügel hinauf zu durchatmen. Er hatte etwas Neues, das er hassen konnte. Er hasste seinen eigenen Namen. Es klang wirklich lächerlich. Er hatte zuvor gedacht, dass es etwas Schickes und Prätentiöses sei. Es passte nicht zu einem Bäckereiwagenjungen. Er wünschte, es wäre schlicht John oder Jim oder

Fred gewesen. Ein Schauder der Verärgerung über seine Mutter durchfuhr ihn. „Sie hätte vielleicht mehr Verstand gebrauchen können", murmelte er.

Und dann kam ihm der Gedanke, dass sein Vater den Namen gewählt haben könnte. Das stoppte seine Flucht in den allgemeinen Hass und er begann, den Karren wieder vorwärts zu schieben, während ihm ein freundlicherer Gedankenstrom durch den Kopf ging. Der große Junge liebte die Erinnerung an seinen Vater, „Cracked McGregor". „Sie nannten ihn ‚Cracked', bis das sein Name wurde", dachte er. „Jetzt sind sie bei mir." Der Gedanke erneuerte das Gefühl der Verbundenheit zwischen ihm und seinem toten Vater – er machte ihn weicher. Als er das erste der trostlosen Bergarbeiterhäuser erreichte, spielte ein Lächeln um seine riesigen Mundwinkel.

Zu seiner Zeit hatte Cracked McGregor in Coal Creek keinen guten Ruf gehabt. Er war ein großer, stiller Mann mit etwas Mürrischem und Gefährlichem an sich. Er löste Angst aus, die aus Hass entstand. In den Minen arbeitete er still und mit feuriger Energie und hasste seine Kameraden, von denen man annahm, er sei „ein bisschen verrückt". Sie waren es, die ihn „Cracked" McGregor nannten, und sie mieden ihn, während sie sich der allgemeinen Meinung anschlossen, dass er der beste Bergmann im Bezirk sei. Wie seine Kollegen betrank er sich gelegentlich. Als er in den Saloon ging, wo andere Männer in Gruppen standen und sich gegenseitig Getränke kauften, kaufte er nur für sich selbst. Einmal kam ein Fremder, ein dicker Mann, der Alkohol für ein Großhandelshaus verkaufte, auf ihn zu und klopfte ihm auf die Schulter. „Kommen Sie, seien Sie fröhlich und trinken Sie etwas mit mir", sagte er. Der geknackte McGregor drehte sich um und warf den Fremden zu Boden. Als der dicke Mann am Boden lag , trat er ihn und starrte die Menge im Raum böse an. Dann ging er langsam zur Tür hinaus, blickte sich um und hoffte, dass sich jemand einmischen würde.

In seinem Haus schwieg auch Cracked McGregor. Wenn er überhaupt etwas sagte, sprach er freundlich und blickte seiner Frau mit erwartungsvoller Miene in die Augen. Seinem rothaarigen Sohn schien er ständig eine Art stumme Zuneigung entgegenzubringen. Er nahm den Jungen in die Arme, saß stundenlang da und wiegte ihn hin und her, ohne etwas zu sagen. Wenn der Junge krank war oder nachts von seltsamen Träumen geplagt wurde, beruhigte ihn das Gefühl der Arme seines Vaters um ihn. In seinen Armen schlief der Junge glücklich ein. Im Kopf des Vaters gab es einen einzigen, immer wiederkehrenden Gedanken: „Wir haben nur das eine Kind , wir werden es nicht in das Loch im Boden stecken", sagte er und blickte sehnsüchtig zur Zustimmung der Mutter.

Zweimal war Cracked McGregor an einem Sonntagnachmittag mit seinem Sohn spazieren gegangen. Der Bergmann nahm den Jungen an der Hand und ging den Hügel hinauf, vorbei an den letzten Häusern der Bergleute, durch den Pinienhain auf dem Gipfel und weiter über den Hügel, bis auf der anderen Seite ein breites Tal sichtbar wurde. Beim Gehen drehte er den Kopf weit zur Seite, als ob er zuhören würde. Ein fallender Baumstamm in den Minen hatte ihm eine deformierte Schulter zugefügt und eine große Narbe auf seinem Gesicht hinterlassen, die teilweise von einem roten, mit Kohlenstaub gefüllten Bart verdeckt war. Der Schlag, der seine Schulter deformiert hatte, hatte seinen Verstand getrübt. Er murmelte, während er die Straße entlangging und mit sich selbst redete wie ein alter Mann.

Der rothaarige Junge lief glücklich neben seinem Vater her. Er sah nicht das Lächeln auf den Gesichtern der Bergleute, die den Hügel herunterkamen und stehen blieben, um sich das eine oder andere Paar anzusehen. Die Bergleute gingen weiter die Straße hinunter, um vor den Geschäften an der Main Street zu sitzen, und ihr Tag wurde durch die Erinnerung an die herbeieilenden McGregors verschönert. Sie hatten eine Bemerkung, die sie herumwarfen. „Nance McGregor hätte ihren Mann nicht ansehen sollen, als sie schwanger wurde", sagten sie.

Den Hügel hinauf kletterten die McGregors. Im Kopf des Jungen wollten tausend Fragen beantwortet werden. Als er das stille, düstere Gesicht seines Vaters betrachtete, unterdrückte er die Fragen, die ihm in der Kehle aufstiegen, und hob sie für die ruhige Stunde mit seiner Mutter auf, als Cracked McGregor in die Mine gegangen war. Er wollte etwas über die Kindheit seines Vaters wissen, über das Leben in der Mine, über die Vögel, die über ihm flogen und warum sie sich drehten und in großen Ovalen am Himmel flogen. Er betrachtete die umgestürzten Bäume im Wald und fragte sich, was sie zum Fallen brachte und ob die anderen bald ebenfalls fallen würden.

Das schweigende Paar ging über den Hügel und durch den Kiefernwald zu einer Anhöhe auf halber Höhe auf der anderen Seite. Als der Junge das Tal so grün, weit und fruchtbar zu ihren Füßen liegen sah, empfand er es als den wunderbarsten Anblick der Welt. Er war nicht überrascht, dass sein Vater ihn dorthin gebracht hatte. Als er auf dem Boden saß, öffnete und schloss er die Augen, seine Seele bewegte sich von der Schönheit der Szene, die vor ihnen lag.

Auf dem Hügel erlebte Cracked McGregor eine Art Zeremonie. Auf einem Baumstamm sitzend baute er aus seinen Händen ein Teleskop und blickte Zentimeter für Zentimeter über das Tal, als wäre er auf der Suche nach etwas Verlorenem. Zehn Minuten lang blickte er aufmerksam auf eine Baumgruppe oder auf eine Stelle im Fluss, der durch das Tal floss, wo es breiter wurde und das vom Wind aufgeraute Wasser in der Sonne glitzerte. Ein Lächeln lauerte in seinen Mundwinkeln, er rieb seine Hände aneinander, er murmelte zusammenhangslose Wörter und Satzfetzen, einmal brach er in ein leises, dröhnendes Lied aus.

Als der Junge am ersten Morgen mit seinem Vater auf dem Hügel saß, war es Frühling und das Land war leuchtend grün. Lämmer spielten auf den Feldern; Vögel sangen ihre Paarungslieder; In der Luft, auf der Erde und im Wasser des fließenden Flusses war es eine Zeit neuen Lebens. Unten war das flache Tal aus grünen Feldern mit brauner frischer Erde übersät und gesprenkelt. Das Vieh, das mit gesenktem Kopf lief, das süße Gras fraß, die Bauernhäuser mit roten Scheunen, der stechende Geruch des neuen Bodens befeuerten seinen Geist und weckten den schlafenden Sinn für Schönheit in dem Jungen. Er saß auf dem Baumstamm und war betrunken vor Glück darüber, dass die Welt, in der er lebte, so schön sein konnte. Nachts in seinem Bett träumte er vom Tal und verwechselte es mit der alten Bibelgeschichte vom Garten Eden, die ihm seine Mutter erzählt hatte. Er träumte, dass er und seine Mutter über den Hügel und hinunter ins Tal gingen, aber dass sein Vater, der ein langes weißes Gewand trug und dessen rotes Haar im Wind wehte, am Hang stand, ein langes, flammendes Schwert schwang und sie vertrieb zurück.

Als der Junge wieder über den Hügel ging, war es Oktober und ein kalter Wind blies ihm den Hügel hinunter ins Gesicht. In den Wäldern liefen goldbraune Blätter umher wie verängstigte kleine Tiere, und goldbraun waren die Blätter an den Bäumen um die Bauernhäuser herum, und goldbraun war der Mais, der schockiert auf den Feldern stand. Die Szene machte den Jungen traurig. Ein Kloß bildete sich in seinem Hals und er wollte die grün leuchtende Schönheit des Frühlings zurück. Er wollte die Vögel in der Luft und im Gras am Hang singen hören.

Der geknackte McGregor war in einer anderen Stimmung. Er schien zufriedener als beim ersten Besuch und lief auf der kleinen Eminenz auf und ab, wobei er seine Hände aneinander und an seinen Hosenbeinen rieb. Den ganzen Nachmittag über saß er murmelnd und lächelnd auf dem Baumstamm.

Auf dem Weg nach Hause durch den dunklen Wald erschreckten die unruhigen, eilenden Blätter den Jungen so sehr, dass er angesichts seiner Müdigkeit, weil er gegen den Wind ging, seines Hungers, weil er den ganzen Tag nichts zu essen hatte, und der Kälte, die an seinem Körper nagte, zu weinen begann. Der Vater nahm den Jungen in seine Arme und drückte ihn wie ein Kleinkind an die Brust, während er den Hügel hinunter zu ihrem Haus ging.

An einem Dienstagmorgen starb Cracked McGregor. Sein Tod prägte sich als etwas Schönes im Gedächtnis des Jungen ein, und die Szene und die Umstände begleiteten ihn ein Leben lang und erfüllten ihn mit heimlichem

Stolz wie dem Wissen um gutes Blut. „Es bedeutet etwas, dass ich der Sohn eines solchen Mannes bin", dachte er.

Es war nach zehn Uhr morgens, als der Ruf „Feuer im Bergwerk" den Hügel hinauf zu den Häusern der Bergleute erklang. Eine Panik erfasste die Frauen. In ihren Gedanken sahen sie die Männer, die durch alte Schluchten eilten, in versteckten Korridoren kauerten, verfolgt vom Tod. Der verrückte McGregor, einer aus der Nachtschicht, schlief in seinem Haus. Die Mutter des Jungen warf sich einen Schal um den Kopf, nahm seine Hand und rannte den Hügel hinunter zur Mündung der Mine. Kalte Winde wehten ihnen Schnee ins Gesicht. Sie rannten an den Gleisen der Eisenbahn entlang, stolperten über die Schwellen und standen auf dem Bahndamm, der die Landebahn zur Mine überblickte.

Über der Landebahn und entlang der Böschung standen die schweigsamen Bergleute, die Hände in den Hosentaschen, und starrten unbewegt auf die geschlossene Tür des Bergwerks. Darunter war kein Impuls zu einer konzertierten Aktion. Wie Tiere vor der Tür eines Schlachthauses standen sie da, als warteten sie darauf, an die Tür getrieben zu werden. Eine alte Frau mit gebeugtem Rücken und einem riesigen Stock in der Hand ging gestikulierend und redend von einem der Bergleute zum anderen. „Hol meinen Jungen – meinen Steve! Holt ihn da raus!" schrie sie und wedelte mit dem Stock herum.

Die Tür der Mine öffnete sich und drei Männer kamen heraus, taumelnd, während sie einen kleinen Wagen vor sich herschoben, der auf Schienen fuhr. Auf dem Auto lagen drei weitere Männer, schweigend und regungslos. Eine dünn gekleidete Frau mit großen, höhlenartigen Vertiefungen im Gesicht kletterte die Böschung hinauf und setzte sich auf den Boden unter dem Jungen und seiner Mutter. „Das Feuer ist im alten McCrary-Schnitt", sagte sie mit zitternder Stimme und einem dummen, hoffnungslosen Ausdruck in ihren Augen. „Sie kommen nicht durch, um die Türen zu schließen. Mein Mann Ike ist da drin." Sie senkte den Kopf und saß weinend da. Der Junge kannte die Frau. Sie war eine Nachbarin, die in einem ungestrichenen Haus am Hang lebte. Im Hof vor ihrem Haus spielte eine Schar Kinder zwischen den Steinen. Ihr Mann, ein großer, massiger Kerl, betrank sich und trat seine Frau, als er nach Hause kam. Der Junge hatte sie nachts schreien gehört.

Beaut McGregor in der wachsenden Menge von Bergleuten unterhalb der Böschung, wie sein Vater ruhelos umherging. Auf dem Kopf hatte er seine Mütze mit der brennenden Grubenlampe. Er ging unter den Menschen von Gruppe zu Gruppe und ließ den Kopf zur Seite hängen. Der Junge sah ihn aufmerksam an. Er wurde an den Oktobertag auf der Anhöhe mit Blick auf das fruchtbare Tal erinnert und stellte sich seinen Vater wieder als einen inspirierten Mann vor, der eine Art Zeremonie durchlief. Der große

Bergmann rieb mit den Händen seine Beine auf und ab, er blickte in die Gesichter der schweigenden Männer, die umherstanden, seine Lippen bewegten sich und sein roter Bart tanzte auf und ab.

Als der Junge hinsah, veränderte sich das Gesicht von Cracked McGregor. Er rannte zum Fuß der Böschung und blickte nach oben. In seinen Augen lag der Ausdruck eines verwirrten Tieres. Die Frau bückte sich und begann, mit der weinenden Frau am Boden zu reden und sie zu trösten. Sie sah ihren Mann nicht und der Junge und der Mann standen schweigend da und schauten einander in die Augen.

Dann verschwand der verwirrte Ausdruck aus dem Gesicht des Vaters. Er drehte sich um und rannte mit herumrollendem Kopf bis zur geschlossenen Tür der Mine. Ein Mann, der einen weißen Kragen trug und eine Zigarre im Mundwinkel hatte, streckte seine Hand aus.

"Stoppen! Warten!" er schrie. Der Läufer stieß den Mann mit seinem kräftigen Arm beiseite, öffnete die Tür der Mine und verschwand auf der Landebahn.

Es entstand ein Tumult. Der Mann im weißen Kragen nahm die Zigarre aus dem Mund und begann heftig zu fluchen. Der Junge stand auf der Böschung und sah seine Mutter auf die Landebahn des Bergwerks zulaufen. Ein Bergmann packte sie am Arm und führte sie die Böschung hinauf. In der Menge rief eine Frauenstimme: „Es ist Cracked McGregor, der gegangen ist, um die Tür zum McCrary-Schnitt zu schließen."

Der Mann mit dem weißen Kragen blickte sich wütend um, während er an der Spitze seiner Zigarre kaute. „Er ist verrückt geworden", rief er und schloss erneut die Tür zur Mine.

Der gebrochene McGregor starb in der Mine, fast in Reichweite der Tür zum alten Spalt, wo das Feuer brannte. Mit ihm starben bis auf fünf alle inhaftierten Bergleute. Den ganzen Tag über versuchten Gruppen von Männern, in die Mine zu gelangen. Unten in den versteckten Gängen unter ihren eigenen Häusern starben die umherhuschenden Bergleute wie Ratten in einer brennenden Scheune, während ihre Frauen, mit Schals über dem Kopf, schweigend und weinend am Bahndamm saßen. Am Abend gingen der Junge und seine Mutter allein den Hügel hinauf. Aus den über den Hügel verstreuten Häusern drang das Weinen der Frauen.

Nach der Minenkatastrophe lebten die McGregors , Mutter und Sohn, mehrere Jahre lang in dem Haus am Hang. Die Frau ging jeden Morgen in die Büros der Mine, wo sie Fenster putzte und Böden schrubbte. Die Position war eine Art Anerkennung seitens der Minenbeamten für das Heldentum von Cracked McGregor.

Nance McGregor war eine kleine blauäugige Frau mit einer spitzen Nase. Sie trug eine Brille und war in Coal Creek dafür bekannt, schnell und scharfsinnig zu sein. Sie stand nicht am Zaun, um mit den Frauen anderer Bergleute zu reden, sondern saß in ihrem Haus und nähte oder las ihrem Sohn vor. Sie abonnierte eine Zeitschrift und ließ gebundene Exemplare davon auf den Regalen in dem Raum stehen, in dem sie und der Junge am frühen Morgen frühstückten. Vor dem Tod ihres Mannes hatte sie in ihrem Haus die Gewohnheit des Schweigens bewahrt, aber nach seinem Tod weitete sie sich aus und diskutierte mit ihrem rothaarigen Sohn frei über jede Phase ihres engen Lebens. Als er älter wurde, begann der Junge zu glauben, dass sie wie die Bergleute unter ihrem Schweigen eine geheime Angst vor seinem Vater verborgen hatte. Bestimmte Dinge, die sie über ihr Leben sagte, regten diesen Gedanken an.

Norman McGregor wuchs zu einem großen, breitschultrigen Jungen mit starken Armen, feuerrotem Haar und einer Angewohnheit für plötzliche und heftige Wutausbrüche heran. Irgendetwas an ihm fesselte die Aufmerksamkeit. Als er älter wurde und von Onkel Charlie Wheeler umbenannt wurde , machte er sich auf die Suche nach Ärger. Als die Jungs ihn „ Beaut " nannten, schlug er sie nieder. Als Männer ihm auf der Straße den Namen nachriefen, folgte er ihnen mit schwarzen Blicken. Für ihn war es eine Ehrensache, sich über den Namen zu ärgern. Er brachte es mit der Ungerechtigkeit der Stadt gegenüber Cracked McGregor in Verbindung.

Im Haus am Hang lebten der Junge und seine Mutter glücklich zusammen. Am frühen Morgen gingen sie den Hügel hinunter und über die Gleise zu den Büros der Mine. Von den Büros aus ging der Junge den Hügel auf der anderen Seite des Tals hinauf und setzte sich auf die Stufen des Schulhauses oder schlenderte durch die Straßen und wartete darauf, dass der Schultag begann. Am Abend saßen Mutter und Sohn auf den Stufen vor ihrem Haus und beobachteten den Glanz der Koksöfen am Himmel und die Lichter der schnell fahrenden Personenzüge, die mit dröhnendem Pfeifen in der Nacht verschwanden.

Nance McGregor sprach mit ihrem Sohn über die große Welt außerhalb des Tals und erzählte ihm von den Städten, den Meeren und den seltsamen Ländern und Völkern jenseits der Meere. „Wir haben wie Ratten in der Erde gegraben", sagte sie, „ich und mein Volk und dein Vater und sein Volk." Bei dir wird es anders sein. Von hier aus gelangt man an andere Orte und zu anderen Arbeiten." Sie wurde empört, als sie an das Leben in der Stadt dachte. „Wir stecken hier unten im Dreck fest, leben darin und atmen ihn ein", beklagte sie. „Sechzig Männer starben in diesem Loch im Boden, und dann wurde die Mine mit neuen Männern wieder aufgenommen. Wir bleiben Jahr für Jahr hier und schürfen Kohle, um sie in Motoren zu verbrennen, die andere Menschen über die Meere und in den Westen bringen."

Als der Sohn ein großer, kräftiger Junge von vierzehn Jahren war, kaufte Nance McGregor die Bäckerei, und um sie zu kaufen, brauchte er das von Cracked McGregor gesparte Geld. Damit hatte er geplant, im Tal hinter dem Hügel einen Bauernhof zu kaufen. Dollar für Dollar hatte der Bergmann, der davon träumte, auf seinen eigenen Feldern zu leben, weggesteckt.

In der Bäckerei arbeitete der Junge und lernte, Brot zu backen. Beim Kneten des Teigs wurden seine Arme und Hände so stark wie die eines Bären. Er hasste die Arbeit, er hasste Coal Creek und träumte vom Leben in der Stadt und von der Rolle, die er dort spielen sollte. Unter den jungen Männern begann er sich hier und da anzufreunden. Wie sein Vater erregte er Aufmerksamkeit. Frauen sahen ihn an, lachten über seine große Gestalt und seine markanten, heimeligen Gesichtszüge und schauten noch einmal hin. Wenn sie ihn in der Bäckerei oder auf der Straße ansprachen, antwortete er furchtlos und sah ihnen in die Augen. Junge Mädchen in der Schule gingen mit anderen Jungen den Hügel hinunter nach Hause und träumten nachts von Beaut McGregor. Wenn jemand schlecht über ihn sprach , antworteten sie, indem sie ihn verteidigten und lobten. Wie sein Vater war er ein markierter Mann in der Stadt Coal Creek.

KAPITEL II

An einem Sonntagnachmittag saßen drei Jungen auf einem Baumstamm am Hang des Hügels, der auf Coal Creek hinabblickte. Von ihrem Platz aus konnten sie die Arbeiter der Nachtschicht auf der Main Street in der Sonne faulenzen sehen. Aus den Koksöfen stieg eine dünne Rauchfahne in den Himmel. Ein schwer beladener Güterzug kroch um den Hügel am Ende des Tals. Es war Frühling, und sogar dieser Bienenstock der schwarzen Industrie versprach ein leises Versprechen von Schönheit. Die Jungen sprachen über das Leben der Menschen in ihrer Stadt und dachten dabei über jeden einzelnen nach.

Obwohl er das Tal noch nicht verlassen hatte und dort stark und groß geworden war, wusste Beaut McGregor etwas über die Außenwelt. Es ist keine Zeit, in der Männer sich von ihren Mitmenschen abschotten. Zeitungen und Zeitschriften haben ihre Arbeit zu gut gemacht. Sie griffen sogar in die Hütte des Bergmanns, und die Kaufleute entlang der Hauptstraße von Coal Creek standen nachmittags vor ihren Geschäften und sprachen über das Treiben in der Welt. Beaut McGregor wusste, dass das Leben in seiner Stadt außergewöhnlich war, dass nicht überall Männer den ganzen Tag schwarz und schmutzig im Untergrund schufteten, dass nicht alle Frauen blass, blutleer und verdorben waren. Während er Brot auslieferte, pfiff er ein Lied. „Bring mich zurück zum Broadway", sang er nach der Soubrette in einer Show, die einst in Coal Creek zu Gast war.

Als er nun am Hang saß, redete er ernst, während er mit den Händen gestikulierte. „Ich hasse diese Stadt", sagte er. „Die Männer hier denken, sie seien verdammt lustig. Sie kümmern sich um nichts anderes als dumme Witze zu machen und sich zu betrinken. Ich möchte weggehen." Seine Stimme wurde lauter und Hass flammte in ihm auf. „Warten Sie", prahlte er. „Ich werde dafür sorgen, dass Männer aufhören, Dummköpfe zu sein. Ich werde Kinder daraus machen. Ich werde —" Er hielt inne und blickte seine beiden Gefährten an.

Beaut stocherte mit einem Stock in den Boden. Der Junge, der neben ihm saß, lachte. Er war ein kleiner, gut gekleideter, schwarzhaariger Junge mit Ringen an den Fingern, der in der städtischen Billardhalle arbeitete und Billardkugeln spielte. „Ich würde gerne dorthin gehen, wo es Frauen gibt, in denen Blut fließt", sagte er.

Drei Frauen kamen den Hügel hinauf auf sie zu, eine große, hellbraune Frau von siebenundzwanzig Jahren und zwei hellere junge Mädchen. Der schwarzhaarige Junge rückte seine Krawatte zurecht und begann über ein Gespräch nachzudenken, das er beginnen würde, wenn die Frauen ihn erreichten. Beaut und der andere Junge, ein dicker Kerl, der Sohn eines Lebensmittelhändlers, schauten über die Köpfe der Neuankömmlinge hinweg den Hügel hinunter zur Stadt und setzten in Gedanken die Gedanken fort, die das Gespräch geprägt hatten.

„Hallo Mädels, komm und setz dich hierher", rief der schwarzhaarige Junge lachend und blickte der großen, blassen Frau keck in die Augen. Sie blieben stehen und die große Frau begann über die umgestürzten Baumstämme zu steigen und kam auf sie zu. Die beiden jungen Mädchen folgten lachend. Sie setzten sich neben die Jungen auf den Baumstamm, die große, blasse Frau am Ende neben den rothaarigen McGregor. Beschämtes Schweigen breitete sich über der Party aus. Sowohl Beaut als auch der dicke Junge waren durch diese Wendung ihres Nachmittagsausflugs beunruhigt und fragten sich, wie es ausgehen würde.

Die blasse Frau begann leise zu reden. „Ich möchte hier weg", sagte sie, „ich wünschte, ich könnte Vögel singen hören und grüne Dinge wachsen sehen."

Beaut McGregor hatte eine Idee. „Du kommst mit mir", sagte er. Er stand auf und kletterte über die Baumstämme, und die blasse Frau folgte ihm. Der dicke Junge schrie sie an und milderte seine eigene Verlegenheit, indem er versuchte, sie in Verlegenheit zu bringen. „Wohin gehst du – ihr zwei?" er schrie.

Beaut sagte nichts. Er stieg über die Baumstämme zur Straße und begann den Hügel hinaufzusteigen. Die große Frau ging neben ihm und hielt ihre Röcke aus dem tiefen Staub der Straße. Sogar auf ihrem Sonntagskleid war an den Nähten ein schwacher schwarzer Fleck zu sehen – das Zeichen von Coal Creek.

Als McGregor weiterging, ließ ihn die Verlegenheit nach. Er fand es in Ordnung, dass er mit einer Frau so allein sein konnte. Als sie vom Aufstieg müde war , setzte er sich mit ihr auf einen Baumstamm am Straßenrand und erzählte von dem schwarzhaarigen Jungen. „Er hat deinen Ring am Finger", sagte er, sah sie an und lachte.

Sie hielt ihre Hand fest an ihre Seite gedrückt und schloss die Augen. „Das Klettern tut mir weh", sagte sie.

Zärtlichkeit erfasste Beaut . Als sie weitergingen, ging er hinter ihr her, seine Hand auf ihrem Rücken, und schubste sie den Hügel hinauf. Der Wunsch, sie wegen des schwarzhaarigen Jungen zu ärgern, war verflogen und er wünschte, er hätte nichts über den Ring gesagt. Er erinnerte sich an die Geschichte, die ihm der schwarzhaarige Junge von seiner Eroberung der Frau erzählt hatte. „Höchstwahrscheinlich ein Haufen Lügen", dachte er.

Auf der Hügelkuppe blieben sie stehen und ruhten sich aus. Sie lehnten sich an einen abgenutzten Zaun am Waldrand. Unter ihnen fuhr eine Gruppe Männer in einem Wagen den Hügel hinunter. Die Männer saßen auf Brettern, die quer über den Kasten eines Wagens gelegt waren, und sangen ein Lied. Einer von ihnen stand auf dem Sitz neben dem Fahrer und winkte mit einer Flasche. Er schien eine Rede zu halten. Die anderen schrien und klatschten in die Hände. Die Geräusche kamen schwach und scharf den Hügel hinauf.

Im Wald neben dem Zaun wuchs üppiges Gras. Falken schwebten am Himmel über dem Tal. Ein Eichhörnchen, das am Zaun entlang rannte, blieb stehen und plapperte mit ihnen. McGregor dachte, er hätte noch nie einen so entzückenden Begleiter gehabt. Er empfand bei dieser Frau ein Gefühl der vollkommenen, guten Verbundenheit und Freundlichkeit. Ohne zu wissen, wie die Sache gemacht worden war, verspürte er einen gewissen Stolz darauf. „Kümmern Sie sich nicht darum, was ich über den Ring gesagt habe", drängte er, „ich wollte Sie nur ärgern."

Die Frau neben McGregor war die Tochter eines Bestatters, der oben über seinem Laden in der Nähe der Bäckerei wohnte. Er hatte sie abends im Treppenhaus neben der Ladentür stehen sehen. Nach der Geschichte, die ihm der schwarzhaarige Junge erzählt hatte , war er für sie verlegen gewesen. Als er an ihr vorbeikam, die im Treppenhaus stand, ging er eilig weiter und schaute in den Rinnstein.

Sie gingen den Hügel hinunter und setzten sich auf den Baumstamm am Hang. Seit seinen Besuchen mit Cracked McGregor hatte sich um den Baumstamm eine Gruppe Ältester gebildet, so dass der Ort geschlossen und schattig wie ein Raum war. Die Frau nahm ihren Hut ab und legte ihn neben sich auf den Baumstamm. Eine schwache Farbe stieg in ihre blassen Wangen und ein Anflug von Wut blitzte in ihren Augen auf. „Er hat dich wahrscheinlich wegen mir angelogen", sagte sie, „ich habe ihm diesen Ring nicht gegeben, damit er ihn trägt." Ich weiß nicht, warum ich es ihm gegeben habe. Er wollte es. Er hat mich immer wieder darum gebeten. Er sagte, er wolle es seiner Mutter zeigen. Und jetzt hat er es dir gezeigt und ich nehme an, er hat Lügen über mich erzählt."

Beaut war verärgert und wünschte, er hätte den Ring nicht erwähnt. Er hatte das Gefühl, dass unnötig viel Aufhebens darum gemacht wurde. Er glaubte nicht, dass der schwarzhaarige Junge gelogen hatte, aber er glaubte nicht, dass es eine Rolle spielte.

Er begann von seinem Vater zu sprechen und prahlte mit ihm. Sein Hass auf die Stadt flammte auf. „Sie dachten, sie würden ihn dort unten kennen", sagte er, „sie lachten ihn aus und nannten ihn ‚verrückt'." Sie hielten es für eine verrückte Idee, in die Mine zu rennen, wie ein Pferd, das in einen brennenden Stall rennt. Er war der beste Mann der Stadt. Er war mutiger als alle anderen. Er ging dorthin und starb, als er fast genug Geld hatte, um hier eine Farm zu kaufen." Er zeigte ins Tal.

Beaut erzählte ihr von den Besuchen mit seinem Vater am Berghang und beschrieb, wie sich die Szene auf ihn selbst als Kind ausgewirkt hatte. „Ich dachte, es wäre das Paradies", sagte er.

Sie legte ihre Hand auf seinen Arm und schien ihn zu beruhigen wie ein sorgfältiger Pferdeknecht, der ein aufgeregtes Pferd beruhigt. „Kümmern Sie sich nicht darum", sagte sie, „nach einiger Zeit werden Sie weggehen und sich draußen in der Welt einen Platz für sich selbst schaffen."

Er fragte sich, woher sie das wusste. Ein tiefer Respekt vor ihr überkam ihn. „Das möchte sie unbedingt erraten", dachte er.

Er begann von sich selbst zu reden, prahlte und warf seine Brust vor. „Ich möchte die Chance haben, zu zeigen, was ich kann", erklärte er. Ein Gedanke, der ihm an dem Wintertag durch den Kopf gegangen war, als Onkel Charlie Wheeler ihm den Namen Beaut gab , kam zurück, und er ging vor der Frau auf und ab und machte groteske Bewegungen mit seinen Händen, so wie der Cracked McGregor vor ihm auf und ab gegangen war .

„Ich sage dir was", begann er und seine Stimme war rau. Er hatte die Anwesenheit der Frau vergessen und halb vergessen, was ihm durch den Kopf gegangen war. Er stotterte und starrte über seine Schulter den Hügel hinauf, während er nach Worten suchte. „ Oh zur Hölle mit Männern!" er brach hervor. „Sie sind Vieh, dummes Vieh." Ein Feuer loderte in seinen Augen auf und in seiner Stimme klang ein selbstbewusster Klang. „Ich möchte sie alle zusammenbringen", sagte er, „ich möchte sie –" machen. Ihm fehlten die Worte und er setzte sich wieder auf den Baumstamm neben der Frau. „ Nun , ich würde sie gerne zu einem alten Minenschacht führen und hineinstoßen", schloss er verärgert.

Auf der Anhöhe saßen Beaut und die große Frau und schauten ins Tal hinunter. „Ich frage mich, warum wir nicht dorthin gehen, Mutter und ich", sagte er. „Wenn ich es sehe , bin ich von der Vorstellung erfüllt. Ich glaube, ich möchte Bauer werden und auf den Feldern arbeiten. Stattdessen sitzen Mutter und ich da und planen die Stadt. Ich werde Anwalt. Das ist alles worüber wir reden. Dann komme ich hierher und es scheint, als wäre dies der richtige Ort für mich."

Die große Frau lachte. „Ich sehe dich nachts von den Feldern nach Hause kommen", sagte sie. „Es könnte zu dem weißen Haus dort mit der Windmühle gehen. Du wärst ein großer Mann und hättest Staub in deinen roten Haaren und vielleicht einen roten Bart, der auf deinem Kinn wächst. Und eine Frau mit einem Baby im Arm kam aus der Küchentür, lehnte am Zaun und wartete auf Sie. Wenn du heraufkamst, legte sie ihren Arm um deinen Hals und küsste dich auf die Lippen. Der Bart würde ihre Wange kitzeln. Mit zunehmendem Alter sollte man einen Bart tragen. Dein Mund ist so groß."

Ein seltsames neues Gefühl durchfuhr Beaut . Er fragte sich, warum sie das gesagt hatte und wollte ihre Hand nehmen und sie auf der Stelle küssen. Er stand auf und sah zu, wie die Sonne hinter dem Hügel am anderen Ende des Tals unterging. „Wir sollten besser wieder miteinander auskommen", sagte er.

Die Frau blieb auf dem Baumstamm sitzen. „Setz dich", sagte sie, „ich werde dir etwas sagen – etwas, das du gern hören solltest. Du bist so groß und rot, dass du ein Mädchen dazu verlockst, dich zu belästigen. Zuerst erzählst du mir aber, warum du die Straße entlang gehst und in die Dachrinne schaust, wenn ich abends im Treppenhaus stehe."

Beaut setzte sich wieder auf den Baumstamm und dachte darüber nach, was der schwarzhaarige Junge ihm von ihr erzählt hatte. „Dann war es wahr – was er über dich gesagt hat?" er hat gefragt.

"NEIN! NEIN!" rief sie, sprang ihrerseits auf und begann, ihren Hut aufzusetzen. „Lass uns gehen."

Beaut saß unbewegt auf dem Baumstamm. „Was nützt es, sich gegenseitig zu belästigen", sagte er. „Lass uns hier sitzen, bis die Sonne untergeht. Wir können vor Einbruch der Dunkelheit nach Hause kommen."

Sie setzten sich und sie begann zu reden und prahlte mit sich selbst, wie er mit seinem Vater geprahlt hatte.

„Ich bin zu alt für diesen Jungen", sagte sie; „Ich bin viele Jahre älter als du. Ich weiß, worüber Jungen reden und was sie über Frauen sagen. Mir geht es ziemlich gut. Ich habe niemanden, mit dem ich reden kann, außer Vater, und er sitzt den ganzen Abend da, liest eine Zeitung und schläft auf seinem Stuhl ein. Wenn ich Jungs abends zu mir kommen lasse oder im Treppenhaus mit mir rede, dann liegt das daran, dass ich einsam bin. Es gibt keinen Mann in der Stadt, den ich heiraten würde – keinen einzigen."

Beaut unharmonisch und hart . Er wünschte, sein Vater wäre da, rieb sich die Hände und murmelte, anstatt diese blasse Frau, die ihn aufwiegelte und dann barsch redete wie die Frauen an den Hintertüren in Coal Creek. Er dachte erneut darüber nach, wie er schon zuvor gedacht hatte, dass er die schwarzgesichtigen, betrunkenen und schweigsamen Bergleute ihren blassen, redenden Frauen vorzog. Aus einem Impuls heraus sagte er ihr das, und zwar so grob, dass es weh tat.

Ihre Kameradschaft war verdorben. Sie standen auf und begannen, den Hügel hinauf nach Hause zu steigen. Wieder legte sie ihre Hand an ihre Seite und wieder wollte er seine Hand auf ihren Rücken legen und sie den Hügel hinaufschieben. Stattdessen ging er schweigend neben ihr her und hasste die Stadt erneut.

Auf halber Höhe des Hügels blieb die große Frau am Straßenrand stehen. Es wurde dunkel und der Schein der Koksöfen erhellte den Himmel. „Jemand, der hier oben lebt und dort nie hinabsteigt, könnte es für ziemlich großartig und groß halten", sagte er. Wieder kam der Hass. „Sie könnten denken, dass die Männer, die dort unten leben, etwas wussten, anstatt nur eine Menge Vieh zu sein."

Ein Lächeln erschien auf dem Gesicht der großen Frau und ein sanfterer Blick schlich sich in ihre Augen. „Wir gehen aufeinander los", sagte sie, „wir können einander nicht in Ruhe lassen." Ich wünschte, wir hätten uns nicht gestritten . Wir könnten Freunde sein, wenn wir es versuchen würden. Du hast etwas in dir. Du ziehst Frauen an. Das habe ich von anderen gehört. Dein Vater war so. Die meisten Frauen hier wären lieber die Frau des Cracked McGregor gewesen, so hässlich er auch war, als bei ihren eigenen Ehemännern geblieben zu sein. Ich hörte, wie meine Mutter das zu Vater sagte, als sie nachts im Bett stritten und ich da lag und zuhörte."

Der Junge war überwältigt von dem Gedanken, dass eine Frau so offen mit ihm reden könnte. Er sah sie an und sagte, was ihm durch den Kopf ging. „Ich mag die Frauen nicht", sagte er, „aber ich mochte dich, als ich dich auf der Treppe stehen sah und dachte, du hättest getan, was dir gefiel. Ich dachte, du hättest vielleicht etwas gebracht. Ich weiß nicht, warum dich meine Meinung stören sollte. Ich weiß nicht, warum es eine Frau stören sollte, was ein Mann denkt. Ich denke, du würdest genau das tun, was du tun willst, so wie Mutter und ich, weil ich Anwalt bin."

Er saß auf einem Baumstamm neben der Straße, in der Nähe der Stelle, an der er sie getroffen hatte, und sah zu, wie sie den Hügel hinunterging. „Ich bin ein ziemlicher Kerl, dass ich den ganzen Nachmittag so mit ihr geredet habe", dachte er und Stolz über seine heranwachsende Männlichkeit überkam ihn.

KAPITEL III

Die Stadt Coal Creek war abscheulich. Menschen aus wohlhabenden Städten des Mittleren Westens, aus Ohio, Illinois und Iowa, die nach Osten nach New York oder Philadelphia fuhren, schauten aus den Autofenstern und als sie die armen kleinen Häuser am Hang sahen, dachten sie an Bücher, von denen sie gelesen hatten Leben in Hütten in der alten Welt. In den Sesselwagen lehnten sich Männer und Frauen zurück und schlossen die Augen. Sie gähnten und wünschten, die Reise würde zu Ende gehen. Wenn sie überhaupt an die Stadt dachten, bereuten sie es ein wenig und gaben sie als eine Notwendigkeit des modernen Lebens ab.

Die Häuser am Hang und die Geschäfte entlang der Main Street gehörten der Bergbaugesellschaft. Die Bergbaugesellschaft wiederum gehörte den Beamten der Eisenbahn. Der Leiter des Bergwerks hatte einen Bruder, der Abteilungsleiter war. Es war der Minenmanager, der an der Tür der Mine gestanden hatte, als Cracked McGregor in den Tod ging. Er lebte in einer etwa dreißig Meilen entfernten Stadt und fuhr abends mit dem Zug dorthin. Mit ihm gingen die Angestellten und sogar die Stenographen aus den Büros der Mine. Nach fünf Uhr nachmittags waren auf den Straßen von Coal Creek keine Angestellten mehr zu sehen.

In der Stadt lebten die Männer wie Rohlinge. Stumm vor Anstrengung tranken sie gierig im Saloon an der Main Street und gingen nach Hause, um ihre Frauen zu schlagen. Unter ihnen herrschte ein ständiges leises Gemurmel. Sie fühlten die Ungerechtigkeit ihres Schicksals, konnten es aber nicht logisch ausdrücken, und wenn sie an die Männer dachten, denen die Mine gehörte, fluchten sie stumm und schworen selbst in ihren Gedanken abscheuliche Flüche. Gelegentlich brach ein Streik aus und Barney Butterlips , ein dünner kleiner Mann mit einem Korkbein, stand auf einer Kiste und hielt Reden über die kommende Bruderschaft der Menschen. Einmal wurde eine Kavallerietruppe aus den Waggons entladen und marschierte mit einer Batterie durch die Hauptstraße. Die Batterie bestand aus mehreren Männern in braunen Uniformen. Sie stellten am Ende der Straße eine Gatling-Kanone auf und der Streik ließ nach.

Ein Italiener, der in einem Haus am Hang lebte, pflegte einen Garten. Sein Platz war der einzige Schönheitsort im Tal. Mit einer Schubkarre holte er Erde aus dem Wald oben auf dem Hügel und am Sonntag sah man ihn hin und her gehen und fröhlich pfeifen. Im Winter saß er in seinem Haus und zeichnete auf einem Stück Papier. Im Frühjahr nahm er die Zeichnung und bepflanzte damit seinen Garten, wobei er jeden Zentimeter seines Bodens nutzte . Als es zu einem Streik kam, wurde ihm vom Minenmanager gesagt, er solle zur Arbeit zurückkehren oder aus seinem Haus ausziehen. Er dachte an den Garten und die Arbeit, die er geleistet hatte, und widmete sich wieder seinem Arbeitsalltag im Bergwerk. Während er arbeitete, marschierten die Bergleute den Hügel hinauf und zerstörten den Garten. Am nächsten Tag schloss sich auch der Italiener den streikenden Bergleuten an.

In einer kleinen Einzimmerhütte auf dem Hügel lebte eine alte Frau. Sie lebte allein und war abscheulich schmutzig. In ihrem Haus hatte sie alte, zerbrochene Stühle und Tische, die in der Stadt aufgesammelt und in einem solchen Übermaß aufgestapelt waren, dass sie sich kaum bewegen konnte. An warmen Tagen saß sie in der Sonne vor der Hütte und kaute auf einem in Tabak getauchten Stock. Bergleute, die den Hügel hinaufkamen, warfen Brotstücke und Fleischreste aus ihren Abendesseneimern in eine Kiste, die an einen Baum an der Straße genagelt war. Diese sammelte die alte Frau und aß sie. Als die Soldaten in die Stadt kamen , ging sie die Straße entlang und verspottete sie. "Schöne Jungs! Krusten! Kerle! Trockenwarenverkäufer!" rief sie ihnen nach, während sie an den Schweifen ihrer Pferde vorbeiging. Ein junger Mann mit Brille auf der Nase, der auf einem grauen Pferd saß, drehte sich um und rief seinen Kameraden zu: „Lasst sie in Ruhe – es ist die alte Mutter Elend höchstpersönlich.“

Als der große rothaarige Junge die Arbeiter und die alte Frau ansah, die den Soldaten folgte , hatte er kein Mitleid mit ihnen. Er hasste sie. In gewisser Weise sympathisierte er mit den Soldaten. Der Anblick, wie sie Schulter an Schulter marschierten, ließ sein Blut erzittern. Er glaubte, dass in der Reihe der Uniformierten Ordnung und Anstand herrschten, die sich lautlos und schnell bewegten, und wünschte sich fast, sie würden die Stadt zerstören. Als die Streikenden den Garten des Italieners zerstörten, war er zutiefst berührt und ging vor seiner Mutter im Zimmer auf und ab, wobei er sich selbst proklamierte. „Ich hätte sie getötet, wenn es mein Garten gewesen wäre“, sagte er. „Ich hätte keinen von ihnen am Leben gelassen.“ In seinem Herzen hegte er wie Cracked McGregor seinen Hass auf die Bergleute und auf die Stadt. „Der Ort ist einer, aus dem man rauskommt“, sagte er. „Wenn es einem Mann hier nicht gefällt, soll er aufstehen und gehen.“ Er erinnerte sich an seinen Vater, der für die Farm im Tal gearbeitet und gespart hatte. „Sie dachten, er sei durchgeknallt, aber er wusste mehr als sie. Sie hätten es nicht gewagt, einen Garten anzugreifen, den er angelegt hatte.“

Im Herzen des Sohnes des Bergmanns begannen seltsame halbherzige Gedanken Einzug zu halten. Als er sich in seinen nächtlichen Träumen an die sich bewegenden Kolonnen von Männern in ihren Uniformen erinnerte, erkannte er eine neue Bedeutung in den Geschichtsfetzen, die in der Schule aufgelesen wurden, und die Bewegungen der Männer in der alten Geschichte begannen für ihn eine Bedeutung zu gewinnen. An einem Sommernachmittag, als er vor dem Hotel der Stadt herumlungerte, unter dem sich der Saloon und das Billardzimmer befanden, in dem der schwarzhaarige Junge arbeitete, hörte er zufällig zwei Männer, die über die Bedeutung von Männern sprachen.

Einer der Männer war ein reisender Augenarzt, der einmal im Monat in die Bergbaustadt kam, um Brillen anzupassen und zu verkaufen. Als der Augenarzt mehrere Brillen verkauft hatte , betrank er sich und blieb manchmal eine Woche lang betrunken. Wenn er betrunken war , sprach er Französisch und Italienisch und stand manchmal in der Bar vor den Bergleuten und zitierte Gedichte von Dante. Seine Kleidung war vom langen Tragen fettig und er hatte eine riesige Nase, die von roten und violetten Adern durchzogen war. Aufgrund seiner Sprachkenntnisse und der Zitierung von Gedichten hielten die Bergleute den Augenarzt für unendlich weise. Ihnen kam es so vor, als ob jemand mit einem solchen Geist über fast überirdische Kenntnisse über die Augen und die Passform von Brillen verfügen müsste, und sie trugen mit Stolz die billigen, schlecht sitzenden Dinge, die er ihnen aufdrängte.

Gelegentlich verbrachte der Augenarzt, als ob er seinen Gönnern ein Zugeständnis machen würde, einen Abend unter ihnen. Einmal, nachdem er eines der Sonette von Shakespeare rezitiert hatte, legte er eine Hand auf die Bar und wiegte sich sanft hin und her und sang mit alkoholisierter Stimme eine Ballade, die mit „Die Harfe, die einmal durch Taras Hallen die Seele der Musik vergoss" begann. Nach dem Lied legte er seinen Kopf auf die Bar und weinte, während die Bergleute voller Mitgefühl zusahen.

An dem Sommernachmittag, als Beaut McGregor zuhörte, war der Augenarzt in einen heftigen Streit mit einem anderen Mann verwickelt, der wie er betrunken war. Der zweite Mann war ein schlanker, gutaussehender Mann mittleren Alters, der Schuhe für ein Jobunternehmen in Philadelphia verkaufte. Er saß auf einem Stuhl, der gegen das Hotel gelehnt war, und versuchte, aus einem Buch vorzulesen. Als er mit einem langen Absatz fertig war, unterbrach ihn der Augenarzt. Während er den schmalen Holzsteg vor dem Hotel auf und ab torkelte, schwärmte und fluchte der alte Trunkenbold. Er schien außer sich vor Zorn.

„Ich habe diese gesabberte Philosophie satt", erklärte er. „Selbst wenn man es liest, läuft einem das Wasser aus dem Mund. Du sagst die Worte nicht scharf, und sie können nicht scharf gesagt werden. Ich bin selbst ein starker Mann."

Der Augenarzt spreizte die Beine weit auseinander, blies die Wangen auf und schlug auf seine Brust. Mit einer Handbewegung entließ er den Mann auf dem Stuhl.

„Du sabberst nur und machst ein übles Geräusch", erklärte er. „Ich kenne deine Sorte. Ich spucke auf dich. Der Kongress in Washington ist voll von solchen Leuten, ebenso wie das Unterhaus in England. In Frankreich hatten sie einst das Sagen. Sie leiteten die Dinge in Frankreich, bis ein Mann wie ich kam. Sie verloren sich im Schatten des großen Napoleon."

Beaut zu, als wollte er den Dandy-Mann aus seinen Gedanken verbannen . Er sprach auf Französisch und der Mann auf dem Stuhl fiel in einen unruhigen Schlaf. „Ich bin wie Napoleon", erklärte der Trunkenbold und unterbrach erneut das Englische. Tränen begannen sich in seinen Augen zu zeigen. „Ich nehme das Geld dieser Bergleute und gebe ihnen nichts. Die Brillen, die ich ihren Frauen für fünf Dollar verkaufe, kosten mich nur fünfzehn Cent. Ich reite über diese Bestien, wie Napoleon über Europa ritt. In mir gäbe es Ordnung und Sinn, wenn ich kein Narr wäre. Ich bin wie Napoleon darin, dass ich Menschen völlig verachte."

Immer wieder kamen dem McGregor-Jungen die Worte des Betrunkenen in den Sinn und beeinflussten seine Gedanken. Da er in den Worten des Mannes nichts von der Philosophie begriff, wurde seine Fantasie doch von der Geschichte des Trunkenbolds über den großen Franzosen angeregt, die ihm in die Ohren hallte und in gewisser Weise seinen Hass auf die unorganisierte Wirkungslosigkeit des Lebens um ihn herum zum Ausdruck brachte .

Nachdem Nance McGregor die Bäckerei eröffnet hatte , kam es zu einem weiteren Streik, der den Wohlstand des Unternehmens beeinträchtigte. Wieder gingen die Bergleute müßig durch die Straßen. Sie kamen in die Bäckerei, um Brot zu holen, und sagten zu Nance, sie solle ihnen die Schulden abschreiben. Beaut McGregor war verstört. Er sah, wie das Geld seines Vaters für Mehl ausgegeben wurde, das, nachdem es zu Broten gebacken worden war, unter den Armen der Bergleute, die beim Gehen schlenderten, aus dem Laden verschwand. Eines Nachts kam ein Mann, dessen Name in ihren Büchern stand, gefolgt von einer langen Liste aufgeladener Brote, an der Bäckerei vorbei. McGregor ging zu seiner Mutter und protestierte. „Sie haben Geld, um sich zu betrinken", sagte er, „lassen Sie sie für ihre Brote bezahlen."

Nance McGregor vertraute weiterhin den Bergleuten. Sie dachte an die Frauen und Kinder in den Häusern auf dem Hügel und als sie von den Plänen der Bergbaugesellschaft hörte, die Bergleute aus ihren Häusern zu vertreiben, schauderte sie. „Ich war die Frau eines Bergmanns und ich werde ihnen treu bleiben", dachte sie.

Eines Tages kam der Minenverwalter in die Bäckerei. Er beugte sich über die Vitrine und sprach mit Nance. Der Sohn ging und stand neben seiner Mutter, um zuzuhören. „Das muss gestoppt werden", sagte der Manager. „Ich werde nicht zusehen, wie du dich für dieses Vieh ruinierst. Ich möchte, dass Sie diesen Ort schließen, bis der Streik vorbei ist. Wenn Sie es nicht schließen, werde ich es tun. Das Gebäude gehört uns. Sie haben nicht gewürdigt, was Ihr Mann getan hat, und warum sollten Sie sich für sie ruinieren?"

Die Frau sah ihn an und antwortete leise und voller Entschlossenheit. „Sie dachten, er sei verrückt, und das war er auch", sagte sie; „Aber was machte ihn so – die morschen Balken in der Mine, die ihn zerschmetterten und zerschmetterten. Sie und nicht sie sind für meinen Mann und das, was er war, verantwortlich."

Beaut McGregor unterbrach ihn. „ Nun, ich denke, er hat Recht", erklärte er, beugte sich über die Theke neben seiner Mutter und sah ihr ins Gesicht. „Die Bergleute wollen nichts Besseres für ihre Familien, sie wollen mehr Geld, um sich zu betrinken. Wir werden hier die Türen schließen. Wir werden kein Geld mehr in Brot stecken , das in ihre Schlunde fließt. Sie hassten Vater und er hasste sie und jetzt hasse ich sie auch."

Beaut ging um die Theke herum und ging mit dem Minenmanager zur Tür. Er schloss es ab und steckte den Schlüssel in die Tasche. Dann ging er zum hinteren Teil der Bäckerei, wo seine Mutter weinend auf einer Kiste saß. „Es ist an der Zeit, dass hier ein Mann die Verantwortung übernimmt", sagte er.

Nance McGregor und ihr Sohn saßen in der Bäckerei und sahen sich an. Bergleute kamen die Straße entlang, probierten die Tür und gingen murrend davon. Die Worte liefen von Lippe zu Lippe den Hang hinauf. „Der Minenmanager hat Nance McGregors Laden geschlossen", sagten die Frauen, die sich über die hinteren Zäune beugten. Kinder, die auf dem Boden der Häuser lagen, hoben ihre Köpfe und heulten. Ihr Leben war eine Abfolge neuer Schrecken. Als ein Tag verging, an dem ein neuer Schrecken sie nicht erschütterte, gingen sie glücklich zu Bett. Als der Bergmann und seine Frau an der Tür standen und sich leise unterhielten, weinten sie in der Erwartung, hungrig zu Bett gebracht zu werden. Als an der Tür kein vorsichtiges Gespräch stattfand, kam der Bergmann betrunken nach Hause und schlug die Mutter, und die Kinder lagen zitternd vor Angst in Betten an der Wand.

Spät in der Nacht kam eine Gruppe Bergleute an die Tür der Bäckerei und schlug mit den Fäusten dagegen. „Mach hier auf!" Sie riefen. Beaut kam aus den Räumen über der Bäckerei und stand im leeren Laden. Seine Mutter saß auf einem Stuhl in ihrem Zimmer und zitterte. Er ging zur Tür, schloss sie auf und trat hinaus. Die Bergleute standen in Gruppen auf dem hölzernen Gehweg und im Schlamm der Straße. Unter ihnen stand die alte Frau, die neben den Pferden hergelaufen war und die Soldaten angeschrien hatte. Ein Bergmann mit schwarzem Bart kam und stellte sich vor den Jungen. Er winkte der Menge zu und sagte: „Wir sind gekommen, um die Bäckerei zu eröffnen. Einige von uns haben keine Öfen in ihren Herden. Sie geben uns den Schlüssel und wir öffnen den Ort. Wir brechen die Tür auf, wenn Sie das nicht möchten. Das Unternehmen kann es Ihnen nicht verübeln, wenn wir es mit Gewalt tun. Sie können sich darüber im Klaren sein, was wir nehmen. Wenn der Streik dann beigelegt ist, werden wir Sie bezahlen."

Eine Flamme schoss dem Jungen in die Augen. Er ging die Stufen hinunter und stellte sich zwischen die Bergleute. Er steckte die Hände in die Taschen und blickte ihnen ins Gesicht. Als er sprach, hallte seine Stimme durch die Straße: „Du hast meinen Vater verspottet, Cracked McGregor, als er für dich in die Mine ging. Du hast ihn ausgelacht, weil er sein Geld gespart und es nicht ausgegeben hat, um dir Getränke zu kaufen. Jetzt kommst du hierher, um Brot zu bekommen, das er für sein Geld gekauft hat, und du bezahlst nicht. Dann betrinkst du dich und taumelst an dieser Tür vorbei. Jetzt möchte ich Ihnen etwas sagen." Er hob die Hände in die Luft und schrie. „Der Minenmanager hat diesen Ort nicht geschlossen. Ich habe es geschlossen. Du hast dich über Cracked McGregor lustig gemacht, einen besseren Mann als jeder von euch. Du hattest Spaß mit mir und hast mich ausgelacht. Jetzt verspotte ich dich." Er rannte die Stufen hinauf und schloss die Tür auf, während er im Türrahmen stand. „Zahlen Sie das Geld, das Sie dieser Bäckerei schulden, und es wird hier Brot zum Verkauf geben", rief er, ging hinein und schloss die Tür ab.

Die Bergleute gingen die Straße hinauf. Der Junge stand mit zitternden Händen in der Bäckerei. „Ich habe ihnen etwas gesagt", dachte er, „ich habe ihnen gezeigt, dass sie mich nicht lächerlich machen können." Er ging die Treppe hinauf zu den Zimmern darüber. Am Fenster saß seine Mutter, den Kopf in den Händen, und schaute auf die Straße hinunter. Er saß auf einem Stuhl und dachte über die Situation nach. „Sie werden hierher zurückkommen und den Ort zerstören, als hätten sie diesen Garten zerrissen", sagte er.

Am nächsten Abend saß Beaut in der Dunkelheit auf den Stufen vor der Bäckerei. In seinen Händen hielt er einen Hammer. Ein dumpfer Hass auf die Stadt und die Bergleute brannte in seinem Gehirn. „Ich werde es einigen von ihnen heiß machen, wenn sie hierher kommen", dachte er. Er hoffte, dass sie kommen würden. Als er den Hammer in seiner Hand betrachtete, kam ihm ein Satz aus dem Munde des betrunkenen alten Augenarztes in den Sinn, der über Napoleon plapperte. Er begann zu denken, dass er auch wie die Figur sein musste, von der der Trunkenbold gesprochen hatte. Er erinnerte sich an eine Geschichte, die der Augenarzt von einer Schlägerei in den Straßen einer europäischen Stadt erzählt hatte, und murmelte und fuchtelte mit dem Hammer herum. Oben saß seine Mutter mit dem Kopf in den Händen am Fenster. Aus dem Saloon auf der anderen Straßenseite schimmerte ein Licht auf dem nassen Bürgersteig. Die große, blasse Frau, die mit ihm auf die Anhöhe mit Blick auf das Tal gegangen war, kam die Treppe über dem Leichenbestatter herunter. Sie rannte den Bürgersteig entlang. Auf ihrem Kopf trug sie einen Schal, den sie beim Laufen mit der Hand umklammerte. Die andere Hand hielt sie an ihrer Seite.

Als die Frauen den Jungen erreichten, der schweigend vor der Bäckerei saß , legten sie ihre Hände auf seine Schultern und flehten ihn an. „Komm weg", sagte sie. „Hol deine Mutter und komm zu uns. Sie werden dich hier oben zerschlagen. Du wirst verletzt werden."

Beaut stand auf und stieß sie weg. Ihr Kommen hatte ihm neuen Mut gegeben. Sein Herz machte einen Sprung bei dem Gedanken an ihr Interesse an ihm und er wünschte, dass die Bergleute kämen, damit er vor ihr gegen sie kämpfen könnte. „Ich wünschte, ich könnte unter so anständigen Menschen wie ihr leben", dachte er.

Am Bahnhof unten an der Straße hielt ein Zug. Man hörte das Trampeln von Männern und schnelle, scharfe Befehle. Ein Strom von Männern strömte aus dem Saloon auf den Bürgersteig. Die Straße entlang kam eine Reihe Soldaten mit Waffen über der Schulter. Wieder Beaut war begeistert von dem Anblick ausgebildeter Sanitäter, die Schulter an Schulter entlangschritten. In Gegenwart dieser Männer wirkten die unorganisierten Bergleute erbärmlich schwach und unbedeutend. Das Mädchen zog den Schal um ihren Kopf und rannte die Straße hinauf, um im Treppenhaus zu verschwinden. Der Junge schloss die Tür auf, ging nach oben und ins Bett.

konnte Nance McGregor, die nur unbezahlte Konten besaß, die Bäckerei nicht eröffnen. Ein kleiner Mann mit weißem Schnurrbart, der Tabak kaute, kam aus der Mühle, nahm das unbenutzte Mehl und verschiffte es. Der Junge und seine Mutter lebten weiterhin über dem Lagerraum der Bäckerei. Wieder ging sie morgens in die Büros der Mine, um die Fenster zu putzen und die Böden zu schrubben, und ihr rothaariger Sohn stand auf der Straße oder saß im Billardraum und redete mit dem schwarzhaarigen Jungen. „Nächste Woche werde ich in die Stadt gehen und anfangen, etwas aus mir selbst zu machen", sagte er. Als die Zeit gekommen war zu gehen , wartete er und müßte auf der Straße herum. Als ihn einmal ein Bergmann wegen seiner

Untätigkeit verspottete , warf er ihn in die Gosse. Die Bergleute, die ihn wegen seiner Rede auf den Stufen hassten, bewunderten ihn für seine Stärke und seinen rohen Mut.

KAPITEL IV

In einem kellerähnlichen Haus, das wie ein Pfahl in den Hang oberhalb von Coal Creek getrieben wurde, lebte Kate Hartnet mit ihrem Sohn Mike. Ihr Mann war zusammen mit den anderen bei dem Brand in der Mine ums Leben gekommen. Ihr Sohn arbeitete wie Beaut McGregor nicht in der Mine. Er eilte durch die Hauptstraße oder rannte halb zwischen den Bäumen auf den Hügeln hindurch. Die Bergleute schüttelten den Kopf, als sie sahen, wie er mit bleichem, eindringlichem Gesicht dahineilte. „Er ist am Ende", sagten sie. „Er wird noch jemandem weh tun ."

Beaut sah Mike durch die Straßen eilen. Als er ihn im Kiefernwald oberhalb der Stadt traf, ging er mit ihm spazieren und versuchte, ihn zum Reden zu bringen. In seinen Taschen trug Mike Bücher und Broschüren. Er stellte Fallen im Wald auf und brachte Kaninchen und Eichhörnchen nach Hause. Er sammelte Sammlungen von Vogeleiern, die er in den Zügen, die in Coal Creek hielten, an Frauen verkaufte, und wenn er Vögel fing, stopfte er sie aus, steckte ihnen Perlen in die Augenhöhlen und verkaufte sie ebenfalls. Er erklärte sich selbst zum Anarchisten und murmelte wie Cracked McGregor vor sich hin, während er weitereilte.

Eines Tages begegnete Beaut Mike Hartnet , der auf einem Baumstamm mit Blick auf die Stadt saß und ein Buch las. Ein Schock durchfuhr McGregor, als er dem Mann über die Schulter blickte und sah, welches Buch er las. „Es ist seltsam", dachte er, „dass dieser Kerl sich an dasselbe Buch hält, mit dem der dicke alte Weeks seinen Lebensunterhalt verdient."

Beaut saß neben Hartnet auf dem Baumstamm und beobachtete ihn. Der lesende Mann blickte auf und nickte nervös, dann rutschte er am Baumstamm entlang zum anderen Ende. Beaut lachte. Er schaute auf die Stadt und dann auf den verängstigten, nervösen Mann auf dem Baumstamm, der ein Buch las. Eine Inspiration kam zu ihm.

„Wenn du die Macht hättest, Mike, was würdest du mit Coal Creek machen?" er hat gefragt.

Der nervöse Mann zuckte zusammen und Tränen traten ihm in die Augen. Er stand vor dem Baumstamm und breitete die Hände aus. „Ich würde unter die Menschen gehen wie Christus", rief er und hob seine Stimme, als würde er sich an ein Publikum wenden. „Arme und bescheidene Menschen, ich würde ihnen die Liebe beibringen." Er breitete seine Hände aus wie jemand, der einen Segen ausspricht, und rief: „Oh Männer von Coal Creek, ich würde euch Liebe und die Zerstörung des Bösen lehren."

Beaut sprang vom Baumstamm auf und schritt vor der zitternden Gestalt her. Er war seltsam bewegt. Er packte den Mann und stieß ihn zurück auf den Baumstamm. Seine eigene Stimme rollte in einem großen, brüllenden Lachen den Hang hinunter. „Männer von Coal Creek", rief er und ahmte die Ernsthaftigkeit von Hartnet nach , „hört auf die Stimme von McGregor." Ich hasse dich. Ich hasse dich, weil du meinen Vater und mich verspottet hast und weil du meine Mutter, Nance McGregor, betrogen hast. Ich hasse dich, weil du schwach und unorganisiert bist wie Vieh. Ich würde gerne zu Ihnen kommen und die Macht der Gewalt lehren. Ich möchte euch einen nach dem anderen töten, nicht mit Waffen, sondern mit meinen nackten Fäusten. Wenn sie dich wie Ratten arbeiten lassen, die in einem Loch vergraben sind , haben sie Recht. Es ist das Recht des Menschen, zu tun, was er kann. Steh auf und kämpfe. Kämpfe und ich komme auf die andere Seite und du kannst gegen mich kämpfen. Ich helfe dir, dich wieder in deine Löcher zu treiben."

Beaut hörte auf zu reden und sprang über die Baumstämme und rannte die Straße entlang. Unter den ersten Häusern des Bergmanns blieb er stehen und lachte verlegen. „Auch ich bin am Ende", dachte er, „und schreie die Leere auf einem Hügel an." Er ging nachdenklich weiter und fragte sich, welche Macht ihn ergriffen hatte. „Ich hätte gerne einen Kampf – einen Kampf gegen alle Widrigkeiten", dachte er. „Ich werde für Aufsehen sorgen, wenn ich Anwalt in der Stadt bin."

Mike Hartnet rannte McGregor auf den Fersen die Straße entlang. „Erzähl es nicht", flehte er zitternd. „ Erzähl in der Stadt nichts von mir. Sie werden lachen und Namen nach mir rufen. Ich möchte in Ruhe gelassen werden."

Beaut befreite sich von der ihn festhaltenden Hand und ging weiter den Hügel hinunter. Als er außer Sichtweite von Hartnet war , setzte er sich auf den Boden. Eine Stunde lang blickte er auf die Stadt im Tal und dachte an sich. Er war halb stolz, halb beschämt über das, was passiert war.

In den blauen Augen von McGregor blitzte die Wut schnell und plötzlich auf. Er spazierte schaukelnd durch die Straßen von Coal Creek, sein großer Körper flößte ihm Angst ein. Seine Mutter war ernst und schweigsam geworden und arbeitete in den Büros der Minen. Wieder hatte sie die Angewohnheit, in ihrem eigenen Zuhause zu schweigen und blickte ihren Sohn an, halb fürchtete sie ihn. Den ganzen Tag arbeitete sie in den Minenbüros und saß abends schweigend auf einem Stuhl auf der Veranda vor ihrem Haus und blickte auf die Main Street hinunter.

Beaut McGregor hat nichts getan. Er saß in dem schmuddeligen kleinen Billardzimmer und unterhielt sich mit dem schwarzhaarigen Jungen oder ging mit einem Stock in der Hand über die Hügel spazieren und dachte an die Stadt, in die er bald gehen würde, um seine Karriere zu beginnen. Als er durch die Straßen ging, blieben Frauen stehen, um ihn anzusehen und dachten an die Schönheit und Stärke seines heranreifenden Körpers. Die Bergleute gingen schweigend an ihm vorbei, hassten ihn und fürchteten seinen Zorn. Als er durch die Hügel ging, dachte er viel an sich. „Ich bin zu allem fähig", dachte er, hob den Kopf und blickte auf die hoch aufragenden Hügel, „ich frage mich, warum ich hier bleibe."

Als er achtzehn war, wurde Beauts Mutter krank. Den ganzen Tag lag sie auf dem Rücken im Bett im Zimmer über der leeren Bäckerei. Beaut schüttelte sich aus seiner Wachstarre und machte sich auf die Suche nach Arbeit. Er hatte nicht das Gefühl, träge zu sein. Er hatte gewartet. Jetzt rührte er sich. „Ich werde nicht in die Minen gehen", sagte er, „nichts wird mich dorthin bringen."

Er bekam Arbeit in einem Pferdestall, wo er die Pferde reinigte und fütterte. Seine Mutter stand auf und machte sich erneut auf den Weg zu den Minenbüros. Nachdem Beaut mit der Arbeit begonnen hatte , blieb er dort und dachte, es sei nur eine Zwischenstation auf dem Weg zu der Position, die er eines Tages in der Stadt erreichen würde.

Im Stall arbeiteten zwei kleine Jungen, Söhne von Bergleuten. Sie fuhren reisende Männer aus den Zügen zu Bauerndörfern in Tälern zurück zwischen den Hügeln, und abends saßen sie mit Beaut McGregor auf einer Bank vor der Scheune und schrien die Leute an, die am Stall den Hügel hinauf gingen.

Der Pferdestall in Coal Creek gehörte einem Buckligen namens Weller, der in der Stadt lebte und nachts nach Hause ging. Tagsüber saß er im Stall und unterhielt sich mit dem rothaarigen McGregor. „Du bist ein großes Biest", sagte er lachend. „Du redest davon, in die Stadt zu gehen und etwas aus dir zu machen, und trotzdem bleibst du hier und tust nichts. Sie möchten mit dem Gerede über den Anwaltsberuf aufhören und ein Preiskämpfer werden. Das Gesetz ist ein Ort für Gehirne, nicht für Muskeln." Er ging durch die Ställe, legte den Kopf zur Seite und blickte zu dem großen Kerl auf, der die Pferde streifte. McGregor beobachtete ihn und grinste. „Ich zeige es dir", sagte er.

Der Bucklige war erfreut, als er vor McGregor stolzierte. Er hatte gehört, wie Männer von der Stärke und der bösen Laune seines Stallknechts sprachen, und es gefiel ihm, dass ein so wilder Bursche die Pferde putzte. Nachts saß er in der Stadt mit seiner Frau unter der Lampe und prahlte. „Ich lasse ihn herumlaufen", sagte er.

Im Stall folgte der Bucklige McGregor auf den Fersen. „Und da ist noch etwas anderes", sagte er, steckte die Hand in die Hosentaschen und stellte sich auf die Zehenspitzen. „Passen Sie auf die Tochter des Bestatters auf. Sie will dich. Wenn sie dich bekommt, gibt es für dich kein Jurastudium, sondern einen Platz in den Minen. Du lässt sie in Ruhe und fängst an, dich um deine Mutter zu kümmern."

Beaut putzte weiterhin die Pferde und dachte darüber nach, was der Bucklige gesagt hatte. Er hielt es für sinnvoll. Er hatte auch Angst vor dem großen, blassen Mädchen. Manchmal, wenn er sie ansah, durchfuhr ihn ein Schmerz, und eine Kombination aus Angst und Verlangen erfasste ihn. Er ging davon weg und wurde frei, so wie er sich aus dem Leben in der Dunkelheit unten in der Mine befreite. „Er hat eine Art Genie darin, sich von den Dingen fernzuhalten, die er nicht mag", sagte der Lackierer, als er in der Sonne vor der Tür des Postamtes mit Onkel Charlie Wheeler sprach.

Eines Nachmittags machten ihn die beiden Jungen, die mit McGregor im Pferdestall arbeiteten, betrunken. Die Affäre war ein grober Scherz, sorgfältig geplant. Der Bucklige war den ganzen Tag in der Stadt geblieben, und keine fahrenden Männer stiegen aus den Zügen, um über die Hügel gefahren zu werden. Am Nachmittag wurde Heu, das aus dem fruchtbaren Tal über den Hügel gebracht worden war, auf den Dachboden der Scheune gelegt, und zwischen den Ladungen saßen McGregor und die beiden Jungen auf der Bank neben der Stalltür. Die beiden Jungen gingen in den Saloon, brachten Bier mit und bezahlten es aus einem zu diesem Zweck eingerichteten Fonds. Der Fonds war das Ergebnis eines von den beiden Fahrern ausgearbeiteten Systems. Als ein Fahrgast einem von ihnen am Ende eines Fahrtages eine Münze schenkte, legte er sie in den Gemeinschaftsfonds. Als der Fonds eine gewisse Größe erreicht hatte, gingen die beiden in den Saloon und standen vor der Bar und tranken, bis er aufgebraucht war, und schliefen dann wieder auf dem Heu in der Scheune ein, um ihre Benommenheit auszuschlafen. Nach einer erfolgreichen Woche gab ihnen der Bucklige gelegentlich einen Dollar für den Fonds.

Von dem Bier trank McGregor nur ein schäumendes Glas. Trotz all seines Müßiggangs in Coal Creek hatte er noch nie zuvor Bier getrunken und es schmeckte stark und bitter in seinem Mund. Er warf den Kopf hoch und schluckte, dann drehte er sich um und ging zur Rückseite des Stalls, um die Tränen zu verbergen, die ihm der Geschmack des Zeugs in die Augen getrieben hatte.

Die beiden Fahrer saßen auf der Bank und lachten. Das Getränk, das sie Beaut gegeben hatten, war eine schreckliche Sauerei, die der lachende Barkeeper auf ihren Vorschlag hin zubereitet hatte. „Wir machen den Großen betrunken und hören ihn brüllen", hatte der Barkeeper gesagt.

Als er zum hinteren Teil des Stalls ging, erfasste Beaut eine krampfartige Übelkeit . Er stolperte und fiel nach vorne, sodass sein Gesicht auf dem Boden aufschlug. Dann drehte er sich auf den Rücken und stöhnte, und ein kleiner Blutstrahl lief über seine Wange.

Die beiden Jungen sprangen von der Bank auf und rannten auf ihn zu. Sie standen da und blickten auf seine blassen Lippen. Angst erfasste sie. Sie versuchten, ihn hochzuheben, aber er fiel ihnen aus den Armen und lag wieder weiß und regungslos auf dem Stallboden. Voller Angst rannten sie aus dem Stall und durch die Hauptstraße. „Wir müssen einen Arzt holen", sagten sie im Vorbeieilen, „Er ist furchtbar krank – dieser Kerl."

In der Tür, die zu den Räumen über dem Leichenbestatter führte, stand das große, blasse Mädchen. Einer der Laufjungen blieb stehen und sprach sie an: „Dein Rotschopf", rief er, „liegt blind betrunken auf dem Stallboden. Er hat sich den Kopf verletzt und blutet."

Das große Mädchen rannte die Straße hinunter zu den Büros der Mine. Mit Nance McGregor eilte sie zum Stall. Die Ladenbesitzer entlang der Main Street schauten aus ihren Türen und sahen die beiden blassen und mit ernsten Gesichtern wirkenden Frauen die riesige Gestalt von Beaut McGregor halb über die Straße und in die Tür der Bäckerei tragen.

Um acht Uhr abends bestieg Beaut McGregor, dessen Beine immer noch unsicher und sein Gesicht weiß war, einen Personenzug und verließ das Leben von Coal Creek. Auf dem Sitz neben ihm befand sich eine Tasche mit all seinen Kleidungsstücken. In seiner Tasche lagen ein Ticket nach Chicago und fünfundachtzig Dollar, die letzten Ersparnisse von Cracked McGregor. Er schaute aus dem Autofenster auf die kleine Frau, dünn und erschöpft, die allein auf dem Bahnsteig stand, und eine große Welle der Wut durchfuhr ihn. „Ich werde es ihnen zeigen", murmelte er. Die Frau sah ihn an und zwang sich zu einem Lächeln auf den Lippen. Der Zug begann sich in Richtung Westen zu bewegen. Beaut schaute auf seine Mutter und auf die verlassenen Straßen von Coal Creek und legte seinen Kopf auf seine Hände und in das überfüllte Auto, bevor die gaffenden Menschen vor Freude weinten, dass er das Ende seiner Jugend gesehen hatte. Er blickte voller Hass auf Coal Creek zurück. Wie Nero hätte er sich gewünscht, dass alle Einwohner der Stadt nur einen Kopf hätten, damit er ihn mit einem Schwerthieb abschlagen oder mit einem gewaltigen Schlag in die Gosse werfen könnte.

BUCH II

KAPITEL I

Es war Spätsommer 1893, als McGregor nach Chicago kam, eine schlechte Zeit für Jungen und Männer in dieser Stadt. Die große Ausstellung des Vorjahres hatte tausende ruhelose Arbeiter in die Stadt gebracht, und ihre führenden Bürger, die nach der Ausstellung verlangt und lautstark von dem kommenden großen Wachstum gesprochen hatten, wussten nicht, was sie mit dem Wachstum anfangen sollten jetzt, wo es gekommen war. Die Depression, die auf die große Show folgte, und die Finanzpanik, die in diesem Jahr das Land erfasste, hatten dazu geführt, dass Tausende hungriger Männer stumm auf Parkbänken warteten, über Stellenanzeigen in den Tageszeitungen brüteten und geistesabwesend auf den See blickten hatte sie dazu getrieben, ziellos und voller Vorahnungen durch die Straßen zu laufen.

In Zeiten des Überflusses zeigt eine große amerikanische Stadt wie Chicago der Welt weiterhin ein mehr oder weniger fröhliches Gesicht, während in den Ecken und Winkeln der Seitenstraßen und Gassen Armut und Elend zusammengekauert in kleinen, übelriechenden Räumen sitzen und Laster züchten. In Zeiten der Depression kriechen diese Kreaturen hervor und marschieren gemeinsam mit Tausenden Arbeitslosen durch die langen Nächte durch die Straßen oder schlafen auf Bänken in den Parks. In den Gassen der Madison Street auf der Westseite und der State Street auf der Südseite verkauften eifrige Frauen, getrieben von der Lust, ihre Körper für 25 Cent an Passanten. Eine Anzeige in den Zeitungen über eine unbesetzte Stelle brachte tausend Männer dazu, bei Tageslicht die Straßen vor einem Fabriktor zu blockieren. In der Menge fluchten die Männer und stießen sich gegenseitig um. Zur Verzweiflung getriebene Arbeiter gingen auf die stillen Straßen, und die umgeworfenen Bürger nahmen ihr Geld und ihre Uhren und rannten zitternd in die Dunkelheit. Ein Mädchen aus der 24. Straße wurde getreten und in die Gosse geworfen, weil sie bei einem Überfall durch Diebe nur fünfunddreißig Cent in ihrer Handtasche hatte. Ein Professor der University of Chicago sagte vor seiner Klasse, dass er, nachdem er in die hungrigen, verzerrten Gesichter von fünfhundert Männern geschaut hatte, die sich um eine Stelle als Tellerwäscher in einem billigen Restaurant bewarben, bereit sei, alle Ansprüche auf sozialen Aufstieg in Amerika für eine Erfindung zu erklären die Gehirne optimistischer Narren. Ein großer, ungeschickter Mann, der die State Street entlangging, warf einen Stein durch das Fenster eines Ladens. Ein Polizist drängte ihn durch die Menge. „Dafür kriegst du eine Arbeitshausstrafe", sagte er.

„Du Narr, das ist es, was ich will. Ich möchte, dass Eigentum, das mich nicht beschäftigt, mich ernährt", sagte der große, hagere Mann, der, ausgebildet in der saubereren und gesünderen Armut der Grenze, ein Lincoln hätte sein können, der für die Menschheit leidet.

In diesen Strudel des Elends und der grimmigen, verzweifelten Not stürzte sich Beaut McGregor aus Coal Creek – riesig, körperlos ohne Anmut, geistig träge, ungeschult, ungebildet, die Welt hassend. Innerhalb von zwei Tagen hatte er vor den Augen dieser hungrigen marschierenden Armee drei Preise erbeutet, drei Orte, an denen ein Mann, der den ganzen Tag arbeitete, Kleidung bekam, die er auf dem Rücken tragen konnte, und Essen, das er in den Magen stopfen konnte.

In gewisser Weise hatte McGregor bereits etwas gespürt, dessen Verwirklichung dazu beitragen würde, jeden Mann zu einer starken Figur in der Welt zu machen. Er ließ sich nicht mit Worten schikanieren. Den ganzen Tag über hätten ihm Redner über den Fortschritt der Menschheit in Amerika gepredigt, vielleicht hätten Fahnen geschwenkt und Zeitungen hätten ihm vielleicht die Wunder seines Landes ins Gedächtnis eingeprägt. Er hätte nur seinen großen Kopf geschüttelt. Er kannte noch nicht die ganze Geschichte, wie die Menschen, die aus Europa kamen und denen Millionen Quadratmeilen fruchtbares schwarzes Land, Minen und Wälder geschenkt wurden, an der ihnen vom Schicksal gestellten Herausforderung scheiterten und nur außerhalb der herrschaftlichen Ordnung der Natur hervorbrachten die schmutzige Unordnung des Menschen. McGregor kannte die ganze Tragik seiner Rasse nicht. Er wusste nur, dass die Männer, die er gesehen hatte, größtenteils Zwerge waren. Als er mit dem Zug nach Chicago fuhr, hatte sich bei ihm etwas verändert. Der Hass auf Coal Creek, der in ihm brannte, hatte etwas anderes in Brand gesetzt. Er saß da und blickte aus dem Autofenster auf die Bahnhöfe, die nachts und am folgenden Tag in den Maisfeldern von Indiana vorbeifuhren, und schmiedete seine Pläne. In Chicago wollte er etwas unternehmen. Da er aus einer Gemeinschaft stammte, in der sich kein Mensch über den Zustand stiller, brutaler Arbeit erhob , wollte er ins Licht der Macht treten. Voller Hass und Verachtung gegenüber der Menschheit meinte er, dass die Menschheit ihm dienen sollte. Aufgewachsen unter Männern, die nur Männer waren, wollte er ein Meister sein.

Und seine Ausrüstung war besser, als er wusste. In einer ungeordneten, willkürlichen Welt ist Hass ein ebenso wirksamer Antrieb, der Menschen zum Erfolg treibt, wie Liebe und große Hoffnung. Es ist ein uralter Impuls, der seit den Tagen Kains im Herzen des Menschen schlummert. In gewisser Weise klingt es wahr und kraftvoll über dem abscheulichen Getöse des modernen Lebens. Indem es Angst weckt, usurpiert es die Macht.

McGregor hatte keine Angst. Er hatte seinen Herrn noch nicht getroffen und blickte mit Verachtung auf die Männer und Frauen, die er gekannt hatte.

Ohne es zu wissen, hatte er neben einem riesigen, harten Körper auch ein klares und klares Gehirn. Die Tatsache, dass er Coal Creek hasste und es für schrecklich hielt, bewies seinen Eifer. Es war schrecklich. Chicago hätte vielleicht gezittert und reiche Männer, die abends über den Michigan Boulevard schlenderten, hätten sich ängstlich umgesehen, als dieser riesige rote Kerl, der die billige Handtasche trug und mit seinen blauen Augen auf die ruhelosen Massen von Menschen starrte, zum ersten Mal durch den Boulevard ging Straßen. In seinem Körper bestand die Möglichkeit von etwas, einem Schlag, einem Schock, einem Stoß aus der dürren Seele der Stärke in die gallertartige Fleischlichkeit der Schwäche.

Nichts ist in der Welt der Menschen so selten wie das Wissen der Menschen. Christus selbst fand die Kaufleute, die ihre Waren sogar auf dem Boden des Tempels feilboten, und in seiner naiven Jugend wurde er zornig und trieb sie wie Fliegen durch die Tür. Und die Geschichte hat ihn wiederum als einen Mann des Friedens dargestellt, so dass nach diesen Jahrhunderten die Tempel wieder durch den Handel mit Waren gestützt werden und sein feiner, knabenhafter Zorn vergessen ist. In Frankreich brauchte es nach der großen Revolution und dem Geplapper vieler Stimmen, die von der Brüderlichkeit der Menschen sprachen, nur einen kleinen und sehr entschlossenen Mann mit einem instinktiven Wissen über Trommeln, Kanonen und mitreißende Worte, um dieselben Schwätzer schreiend über offene Räume zu schicken. Sie stolperten durch Gräben und fielen kopfüber in die Arme des Todes. Im Interesse dessen, der überhaupt nicht an die Brüderlichkeit der Menschen glaubte, starben diejenigen, die bei der Erwähnung des Wortes „Brüderlichkeit" geweint hatten, als kämpfende Brüder.

Im Herzen aller Menschen schlummert die Liebe zur Ordnung. Wie wir aus unserem seltsamen Wirrwarr von Formen, aus Demokratien und Monarchien, Träumen und Bestrebungen Ordnung schaffen können, ist das Rätsel des Universums und das, was im Künstler die Leidenschaft für Form genannt wird und worüber er auch ins Gesicht lachen wird Der Tod ist in allen Menschen. Indem sie diese Tatsache begriffen haben, haben Cäsar, Alexander, Napoleon und unser eigener Grant aus den langweiligsten Erdklumpen, die es gibt, Helden gemacht und nicht einen Mann aus all den Tausenden, die mit Sherman zum Meer marschierten, aber den Rest ihres Lebens mit etwas Süßerem, Mutigerem verbrachten und ein schönerer Schlaf in seiner Seele, als jemals der Reformator hervorbringen wird, der aus einer Seifenkiste heraus über die Brüderlichkeit schimpft. Der lange Marsch, das Brennen im Hals und das Stechen des Staubs in den Nasenlöchern, die Berührung von Schulter an Schulter, die schnelle Verbindung einer gemeinsamen, unbestrittenen, instinktiven Leidenschaft, die im Orgasmus des Kampfes platzt, das Vergessen von Worten und das Tun der Sache, sei es das Gewinnen von Schlachten oder das Zerstören von Hässlichkeit, das leidenschaftliche Zusammenziehen von Menschen für den Erfolg – das sind die Zeichen, falls sie jemals in unserem Land erwachen, an denen Sie vielleicht erkennen, dass Sie an den Tagen der Herstellung angelangt sind Männer.

In Chicago im Jahr 1893 und bei den Männern, die in diesem Jahr ziellos auf der Suche nach Arbeit durch die Straßen Chicagos gingen, gab es keines dieser Anzeichen. Wie die Kohlebergbaustadt, aus der Beaut McGregor gekommen war, lag die Stadt weitläufig und wirkungslos vor ihm, eine kitschige, unordentliche Behausung für Millionen von Männern, die von ein paar seltsamen Fleischverpackern nicht für die Herstellung von Menschen, sondern für die Herstellung von Millionen erbaut worden war und Trockenwarenhändler .

Mit einem leichten Anheben seiner großen Schultern spürte McGregor diese Dinge, obwohl er seine Empfindungen nicht hätte ausdrücken können, und der Hass und die Verachtung der Menschen, die aus seiner Jugend in der Bergbaustadt entstanden waren, wurden durch den Anblick der Stadtmänner, die ängstlich und ängstlich umherwanderten, neu entfacht verwirrt durch die Straßen ihrer eigenen Stadt.

McGregor wusste nichts von den Bräuchen der Arbeitslosen und ging nicht durch die Straßen, um nach Schildern mit der Aufschrift „Männer gesucht" zu suchen. Er saß nicht auf Parkbänken und studierte Stellenanzeigen, Stellenanzeigen, die sich so oft als Köder erwiesen, die von höflichen Männern über schmutzige Treppen verteilt wurden, um die letzten paar Pennys aus den Taschen der Bedürftigen herauszuholen. Als er die Straße entlangging, schwang er seinen großen Körper durch die Türen, die zu den Büros der Fabriken führten. Als ein frecher junger Mann versuchte, ihn aufzuhalten, sagte er kein Wort, sondern zog drohend seine Faust zurück und ging mit finsterem Blick hinein. Die jungen Männer an den Fabriktüren blickten in seine blauen Augen und ließen ihn unangefochten passieren.

Am Nachmittag seines ersten Suchtages bekam Beaut einen Platz in einem Apfellager auf der Nordseite, den dritten Platz, der ihm tagsüber angeboten wurde und den er annahm. Die Chance bot sich ihm durch eine Demonstration seiner Stärke. Zwei Männer, alt und gebeugt, kämpften darum, ein Fass Äpfel vom Bürgersteig auf eine hüfthohe Plattform an der Vorderseite des Lagerhauses zu schaffen. Das Fass war von einem in der Rinne stehenden Lastwagen auf den Bürgersteig gerollt. Der Fahrer des Lastwagens stand da, die Hände in die Hüften gestemmt, und lachte. Ein Deutscher mit blonden Haaren stand auf dem Bahnsteig und fluchte in gebrochenem Englisch. McGregor stand auf dem Bürgersteig und blickte die beiden Männer an, die mit dem Fass kämpften. In seinen Augen leuchtete ein Gefühl ungeheurer Verachtung für ihre Schwäche. Er schob sie beiseite, ergriff das Fass, schleuderte es mit einem gewaltigen Schwung auf die Plattform und wirbelte durch eine offene Tür in den Empfangsraum des Lagerhauses. Die beiden Arbeiter standen verlegen lächelnd auf dem Bürgersteig. Auf der anderen Straßenseite klatschte eine Gruppe Stadtfeuerwehrleute, die vor einem Maschinenhaus in der Sonne saßen, in die Hände. Der LKW-Fahrer drehte sich um und bereitete sich darauf vor, ein weiteres Fass über die Planke zu schicken, die vom LKW über den Bürgersteig zur Lagerplattform führte. Aus einem Fenster im oberen Teil des Lagerhauses ragte ein grauer Kopf hervor und eine scharfe Stimme rief zu dem großen Deutschen herab. „Hey Frank, heuer diesen ‚Husky' an und lass etwa sechs der Toten, die du hier hast, nach Hause gehen."

McGregor sprang auf die Plattform und ging durch die Tür des Lagerhauses hinein. Der Deutsche folgte ihm und bezifferte mit etwas wie Missbilligung die Größe des rothaarigen Riesen. Sein Blick schien zu sagen: „Ich mag starke Kerle, aber du bist zu stark." Er betrachtete das Unbehagen der beiden schwachen Arbeiter auf dem Bürgersteig als eine Art Nachdenken über sich selbst. Die beiden Männer standen im Empfangsraum und sahen sich an. Ein Umstehender hätte denken können, dass sie sich auf einen Kampf vorbereiteten.

Und dann fuhr ein Lastenaufzug langsam vom oberen Teil des Lagerhauses herunter und daraus sprang ein kleiner grauhaariger Mann mit einem Zollstock in der Hand. Er hatte einen scharfen, unruhigen Blick und einen kurzen, grauen Stummelbart. Er schlug mit einem Satz auf den Boden und begann zu reden. „Wir zahlen hier zwei Dollar für neun Stunden Arbeit – beginnen um sieben und hören um fünf auf. Wirst du kommen?" Ohne eine Antwort abzuwarten, wandte er sich an den Deutschen. „Sag diesen beiden alten ‚Rommies', sie sollen sich Zeit nehmen und hier verschwinden", sagte er, drehte sich wieder um und sah McGregor erwartungsvoll an.

McGregor mochte den flinken kleinen Mann und grinste anerkennend über seine Entschlossenheit. Er nickte zustimmend zu dem Vorschlag und lachte, als er den Deutschen ansah. Der kleine Mann verschwand durch eine Tür, die zu einem Büro führte, und McGregor ging auf die Straße. An einer Ecke drehte er sich um und sah den Deutschen auf dem Bahnsteig vor dem Lagerhaus stehen und sich um ihn kümmern. „Er fragt sich, ob er mich auspeitschen kann oder nicht", dachte McGregor.

Im Apfellager arbeitete McGregor drei Jahre lang, stieg im zweiten Jahr zum Vorarbeiter auf und löste den großen Deutschen ab. Der Deutsche erwartete Ärger mit McGregor und war entschlossen, kurzen Prozess mit ihm zu machen. Er fühlte sich durch das Verhalten des grauhaarigen Kommissars bei der Einstellung des Mannes beleidigt und hatte das Gefühl, dass ein ihm zustehendes Vorrecht missachtet wurde. Den ganzen Tag folgte er McGregor mit seinen Augen und versuchte, die Kraft und den Mut in dem riesigen Körper einzuschätzen. Er wusste, dass Hunderte hungriger Männer durch die Straßen gingen, und kam am Ende zu dem Schluss, dass die Notwendigkeit der Arbeit, wenn nicht sogar der Geist des Mannes ihn unterwürfig machen würde. In der zweiten Woche stellte er die Frage, die ihm im Kopf herumbrannte, auf die Probe. Er folgte McGregor in einen schwach beleuchteten oberen Raum, in dem Fässer mit Äpfeln, die bis zur Decke gestapelt waren, nur schmale Durchgangswege ließen. Während er im Halbdunkel stand, schrie er und beschimpfte den Mann, der zwischen den Apfelfässern arbeitete: „Ich lasse dich nicht da drin herumlungern, du rothaariger Bastard", schrie er.

McGregor sagte nichts. Er war nicht beleidigt über die Abscheulichkeit des Namens, den der Deutsche ihm gegeben hatte, und betrachtete ihn lediglich als eine Herausforderung, die er erwartet hatte und die er annehmen wollte. Mit einem grimmigen Lächeln auf den Lippen ging er auf den Deutschen zu, und als nur noch ein Apfelfass zwischen ihnen lag, streckte er die Hand aus und zerrte den stotternden und fluchenden Vorarbeiter durch den Flur zu einem Fenster am Ende des Raumes. Am Fenster blieb er stehen und legte seine Hand auf die Kehle des kämpfenden Mannes, um ihn zur Unterwerfung zu zwingen. Schläge trafen sein Gesicht und seinen Körper. Der Deutsche kämpfte fürchterlich und trat mit verzweifelter Energie gegen McGregors Beine. Obwohl seine Ohren von den hammerartigen Schlägen hallten, die auf seinen Hals und seine Wangen einschlugen, verstummte McGregor im Sturm. Seine blauen Augen leuchteten vor Hass und die Muskeln seiner großen Arme tanzten im Licht, das durch das Fenster fiel. Als er in die hervortretenden Augen des sich windenden Deutschen blickte , dachte er an den fetten Reverend Minot Weeks aus Coal Creek und ließ das Fleisch zwischen seinen Fingern noch einmal zucken. Als der Mann an der Wand eine Geste der Unterwerfung machte, trat er zurück und ließ seinen Griff los. Der Deutsche fiel zu Boden. Über ihm stehend stellte McGregor sein Ultimatum. „Wenn Sie das melden oder versuchen, mich feuern zu lassen, bringe ich Sie sofort um", sagte er. „Ich bleibe in diesem Job, bis ich bereit bin, ihn aufzugeben. Sie können mir sagen, was ich tun soll und wie es geht, aber wenn Sie noch einmal mit mir sprechen, sagen Sie „McGregor" – Mr. McGregor, das ist mein Name."

Der Deutsche stand auf und begann, den Gang zwischen den Reihen gestapelter Fässer entlangzugehen. Während er ging, bediente er sich mit seinen Händen. McGregor machte sich wieder an die Arbeit. Nachdem der Deutsche sich zurückgezogen hatte, rief er: „Suchen Sie sich eine neue Stelle, wenn Sie Niederländisch können. Ich werde Ihnen diesen Job wegnehmen, wenn ich dazu bereit bin."

Als McGregor an diesem Abend zum Auto ging , sah er den kleinen grauhaarigen Kommissar vor einem Saloon stehen und auf ihn warten. Der Mann machte ein Zeichen und McGregor ging hinüber und stellte sich neben ihn. Sie gingen zusammen in den Saloon, lehnten sich an die Bar und sahen einander an. Ein Lächeln spielte um die Lippen des kleinen Mannes. „Was hast du mit Frank gemacht?" er hat gefragt.

McGregor wandte sich an den Barkeeper, der vor ihm wartete. Er dachte, dass der Superintendent versuchen wollte, ihn zu bevormunden , indem er ihm einen Drink ausgab, und dieser Gedanke gefiel ihm nicht. "Was wirst du haben? Ich nehme eine Zigarre für meine", sagte er schnell und vereitelte damit den Plan des Kommissars, indem er als Erster sprach. Als der Barkeeper die Zigarren brachte , bezahlte McGregor sie und ging zur Tür hinaus. Er fühlte sich wie jemand, der ein Spiel spielt. „Wenn Frank mich zur Unterwerfung zwingen wollte, meint dieser Mann auch etwas."

Auf dem Bürgersteig vor dem Saloon blieb McGregor stehen. „Sehen Sie", sagte er, drehte sich um und sah den Hausverwalter an, „ich bin hinter Franks Wohnung her. Ich werde das Geschäft so schnell wie möglich erlernen. Ich werde es Ihnen nicht zumuten, ihn zu feuern. Wenn ich mich auf den Ort vorbereite, wird er nicht da sein."

Ein Licht blitzte in den Augen des kleinen Mannes auf. Er hielt die Zigarre, die McGregor bezahlt hatte, in der Hand, als wollte er sie auf die Straße werfen. „Wie weit kannst du deiner Meinung nach mit deinen großen Fäusten kommen?" fragte er mit steigender Stimme.

McGregor lächelte. Er glaubte, einen weiteren Sieg errungen zu haben, und als er seine Zigarre anzündete, hielt er dem kleinen Mann das brennende Streichholz hin. „Gehirne sollen Fäusten helfen", sagte er, „ich habe beides."

Der Kommissar blickte auf das brennende Streichholz und die Zigarre zwischen seinen Fingern. „Wenn ich es nicht tue, welches wirst du bei mir anwenden?" er hat gefragt.

McGregor warf das Streichholz auf die Straße. „Ach! Fragen Sie nicht", sagte er und hielt ihm ein weiteres Streichholz hin.

McGregor und der Superintendent gingen die Straße entlang. „Ich würde dich gerne feuern, aber das werde ich nicht tun. Eines Tages werden Sie dieses Lager wie ein Uhrwerk führen", sagte der Superintendent.

McGregor saß in der Straßenbahn und dachte an seinen Tag. Für ihn war es ein Tag voller zwei Schlachten gewesen. Zuerst der direkte brutale Faustkampf im Flur und dann dieser andere Kampf mit dem Kommissar. Er dachte, er hätte beide Kämpfe gewonnen. An den Kampf mit dem großen Deutschen dachte er wenig. Er hatte damit gerechnet, das zu gewinnen. Der andere war anders. Er hatte das Gefühl, dass der Kommissar ihn bevormunden wollte , indem er ihm auf die Schulter klopfte und ihm Getränke spendierte. Stattdessen hatte er den Superintendenten bevormundet . In den Gehirnen der beiden Männer hatte ein Kampf stattgefunden, und er hatte gewonnen. Er hatte eine neue Art von Mann kennengelernt, einen, der nicht von der bloßen Kraft seiner Muskeln lebte, und er hatte ein gutes Bild von sich abgegeben. Die Überzeugung, dass er neben guten Fäusten auch ein gutes Gehirn hatte, überkam ihn und verherrlichte ihn. Er dachte an den Satz „Gehirne sollen Fäusten helfen" und fragte sich, wie er darauf gekommen war.

KAPITEL II

Die Straße, in der McGregor in Chicago lebte, hieß Wycliff Place, nach einer gleichnamigen Familie, die einst das dortige Land besessen hatte. Die Straße war vollständig in ihrer Abscheulichkeit. Unschöneres kann man sich nicht vorstellen. Mit freier Hand hatten eine wahllose Schar schlecht ausgebildeter Zimmerleute und Maurer neben der Kopfsteinpflasterstraße Häuser gebaut , die in ihrer Hässlichkeit und Unbequemlichkeit das Fantastische berührten.

Im großen Westen von Chicago gibt es Hunderte solcher Straßen, und die Kohlebergbaustadt, aus der McGregor stammte, war als Wohnort inspirierender. Als arbeitsloser junger Mann, der sich nicht besonders für zufällige Freundschaften interessierte, hatte Beaut viele lange Abende damit verbracht, allein auf den Hügeln oberhalb seiner Heimatstadt umherzuwandern. Nachts hatte der Ort eine schreckliche Schönheit. Das lange schwarze Tal mit seiner dichten Rauchwolke, die auf- und abstieg und sich im Mondlicht zu fantastischen Formen formte, die armen kleinen Häuser, die sich an den Hang schmiegten, der gelegentliche Schrei einer Frau, die von einem betrunkenen Ehemann geschlagen wurde, der grelle Glanz des Koksfeuer und das Rumpeln von Kohlewaggons, die über die Eisenbahnschienen geschoben wurden, all dies machte einen düsteren und ziemlich inspirierenden Eindruck auf den Geist des jungen Mannes, so dass er, obwohl er die Minen und die Bergleute hasste, manchmal auf seinen nächtlichen Wanderungen innehielt und beiseite stand Seine großen Schultern hoben sich, er atmete tief und fühlte Dinge, die er nicht in Worte fassen konnte.

In Wycliff Place bekam McGregor keine derartigen Reaktionen. Fauliger Staub erfüllte die Luft. Den ganzen Tag rumpelte und dröhnte die Straße unter den Rädern der Lastwagen und leichten Lieferwagen. Der Ruß aus den Fabrikschornsteinen wurde vom Wind erfasst und flog, vermischt mit pulverisiertem Pferdemist von der Fahrbahn, in die Augen und Nasenlöcher der Fußgänger. Ständig herrschte Stimmengewirr. An einer Ecke des Saloons hielten Fuhrleute an, um ihre Getränkedosen mit Bier füllen zu lassen, und standen fluchend und schreiend herum. Abends gingen Frauen und Kinder von ihren Häusern hin und her und trugen Bier in Krügen aus demselben Saloon. Hunde heulten und kämpften, betrunkene Männer taumelten über den Bürgersteig und die Frauen der Stadt erschienen in ihrer billigen Pracht und paradierten vor den Müßiggängern an der Saloon-Tür.

Die Frau, die das Zimmer an McGregor vermietete, prahlte ihm gegenüber mit Wycliff-Blut. Sie erzählte ihm, dass sie von ihrem Zuhause in Cairo, Illinois, nach Chicago gekommen sei. „Der Ort wurde mir überlassen und da ich nicht wusste, was ich sonst damit anfangen sollte, kam ich hierher, um zu leben", sagte sie. Sie erklärte ihm, dass die Wycliffs in der frühen Geschichte Chicagos bedeutende Persönlichkeiten gewesen seien. Das riesige alte Haus mit den rissigen Steinstufen und dem Schild „ROOMS TO MIETE" im Fenster war einst ihr Familiensitz gewesen.

Die Geschichte dieser Frau war charakteristisch für die Fehlschläge eines Großteils des amerikanischen Lebens. Sie war im Grunde ein gesundes Wesen, das in einem hübschen Fachwerkhaus in einem Dorf hätte leben und einen Garten pflegen sollen. Am Sonntag hätte sie sich sorgfältig anziehen und mit verschränkten Händen und ruhiger Seele in eine Landkirche gehen sollen.

Der Gedanke, ein Haus in der Stadt zu besitzen, hatte ihr Gehirn jedoch gelähmt. Das Haus selbst war mehrere tausend Dollar wert, und ihr Verstand konnte sich dieser Tatsache nicht entziehen, sodass ihr gutes, breites Gesicht vom Schmutz der Stadt verschmutzt war und ihr Körper von der endlosen Mühe, sich um die Zimmerbewohner zu kümmern, erschöpft war. An Sommerabenden saß sie auf den Stufen vor ihrem Haus, gekleidet in ein Stück Wycliff-Pracht, das sie aus einer Truhe auf dem Dachboden genommen hatte, und als ein Mieter zur Tür herauskam, sah sie ihn wehmütig an und sagte: „In einer Nacht wie dieser konnte die Pfiffe auf den Flussdampfern in Kairo hören."

McGregor wohnte in einem kleinen Zimmer am Ende eines Hochhauses im zweiten Stock des Wycliff-Hauses. Die Fenster des Zimmers blickten auf einen schmutzigen kleinen Hof, der fast von gemauerten Lagerhäusern umgeben war. Das Zimmer war mit einem Bett, einem Stuhl, der ständig zu zerbrechen drohte, und einem Schreibtisch mit schwach geschnitzten Beinen ausgestattet.

In diesem Raum saß McGregor Nacht für Nacht und bemühte sich, seinen Coal-Creek-Traum zu verwirklichen, seinen Geist zu schulen und sich in der Welt einen Namen zu machen. Von halb acht bis halb neun saß er an einem Schreibtisch in einer Abendschule. Von zehn bis Mitternacht las er in seinem Zimmer. Er dachte nicht an seine Umgebung, an die große Unordnung des Lebens um ihn herum, sondern versuchte mit aller Kraft, so etwas wie Ordnung und Sinn in seinen eigenen Geist und sein eigenes Leben zu bringen.

In dem kleinen Hof unter dem Fenster lagen vom Wind herumgewirbelte Haufen weggeworfener Zeitungen. Dort, im Herzen der Stadt, eingemauert von dem gemauerten Lagerhaus und halb verborgen unter Stapeln von Stuhlbeinen, Dosen und zerbrochenen Flaschen, lagen zweifellos zwei Baumstämme ihrer Zeit, ein Teil des Hains, der einst um das Haus herum lag. Die Nachbarschaft hatte sich so schnell von Landsitzen zu Wohnhäusern und von Häusern zu Mietwohnungen und riesigen Backsteinlagern entwickelt, dass in den Stämmen der Baumstämme noch immer die Spuren der Axt des Holzfällers zu sehen waren.

McGregor sah den kleinen Hof selten, es sei denn, seine Hässlichkeit wurde durch die Dunkelheit oder das Mondlicht verfeinert und beschönigt. An heißen Abenden legte er sein Buch nieder, lehnte sich weit aus dem Fenster, rieb sich die Augen und sah zu, wie die weggeworfenen Zeitungen, von den Windstrudeln im Hof beunruhigt, hin und her rannten, gegen die Lagerhauswände prallten und vergeblich versuchten, darüber zu fliehen das Dach. Der Anblick faszinierte ihn und brachte ihn zum Nachdenken. Er begann zu denken, dass das Leben der meisten Menschen um ihn herum einer schmutzigen Zeitung ähnelte, die von widrigen Winden bedrängt und von hässlichen Mauern aus Fakten umgeben war. Der Gedanke trieb ihn vom Fenster weg, um sich erneut in seinen Büchern umzusehen. „Ich werde hier sowieso etwas unternehmen. Ich werde es ihnen zeigen", knurrte er.

Jemand, der während dieser ersten Jahre in der Stadt mit McGregor im Haus lebte, hätte sein Leben vielleicht für dumm und alltäglich gehalten, aber ihm kam es nicht so vor. Für den Sohn des Bergmanns war es eine Zeit des plötzlichen und enormen Wachstums. Voller Vertrauen in die Stärke und Schnelligkeit seines Körpers begann er auch Vertrauen in die Kraft und Klarheit seines Gehirns zu entwickeln. Im Lagerhaus ging er mit offenen Augen und Ohren umher, dachte sich neue Methoden für den Warentransport aus, beobachtete die Männer bei der Arbeit, markierte die Drückeberger und bereitete sich darauf vor, den Platz des großen Deutschen als Vorarbeiter einzunehmen.

Der Leiter des Lagerhauses, der die Wendung des Gesprächs mit McGregor auf dem Bürgersteig vor dem Saloon nicht verstand, beschloss, ihn zu mögen und lachte, als sie sich im Lagerhaus trafen. Der große Deutsche bewahrte eine Politik des mürrischen Schweigens und gab sich alle Mühe, ihn nicht anzusprechen.

Nachts begann McGregor in seinem Zimmer Jura zu lesen, las jede Seite immer wieder und dachte darüber nach, was er am nächsten Tag gelesen hatte, während er Apfelfässer in den Gängen des Lagerhauses rollte und stapelte.

McGregor hatte ein Gespür und einen Appetit auf Fakten. Er las Jura, wie ein anderer und sanfterer Mensch vielleicht Gedichte oder alte Legenden gelesen hätte. Was er nachts las, erinnerte er sich und dachte tagsüber darüber nach. Er träumte nicht von der Herrlichkeit des Gesetzes. Die Tatsache, dass diese Regeln, die von Menschen zur Steuerung ihrer sozialen Organisation aufgestellt wurden, das Ergebnis eines jahrhundertelangen Strebens nach Perfektion waren, interessierte ihn nicht besonders und er betrachtete sie nur als Waffen, mit denen er in dem Kampf der Gehirne, den er jetzt meinte, angreifen und verteidigen konnte kämpfen. Sein Geist freute sich vor Freude auf die Schlacht.

KAPITEL III

Und dann setzte sich im Leben von McGregor ein neues Element durch. Eine der Hunderten zerfallenden Kräfte, die starke Naturen angreifen und danach streben, ihre Kraft in die hinteren Strömungen des Lebens zu zerstreuen, griff ihn an. Sein großer Körper begann mit erschütternder Beharrlichkeit den Ruf des Sex zu spüren.

Im Haus am Wycliff Place galt McGregor als Mysterium. Durch sein Schweigen erlangte er den Ruf seiner Weisheit. Die Angestellten in den Flurschlafzimmern hielten ihn für einen Wissenschaftler. Die Frau aus Kairo hielt ihn für einen Theologiestudenten. Am anderen Ende des Flurs träumte nachts ein hübsches Mädchen mit großen schwarzen Augen, das in einem Kaufhaus in der Stadt arbeitete, von ihm. Als er abends die Tür zu seinem Zimmer zuschlug und den Flur entlang zur Abendschule ging, saß sie auf einem Stuhl neben der offenen Tür ihres Zimmers. Als er vorbeikam , hob sie den Blick und sah ihn kühn an. Als er zurückkam, war sie wieder an der Tür und sah ihn erneut kühn an.

In seinem Zimmer fiel es McGregor nach den Treffen mit dem schwarzäugigen Mädchen schwer, sich auf die Lektüre zu konzentrieren. Er fühlte sich so, wie er sich mit dem blassen Mädchen am Hang hinter Coal Creek gefühlt hatte. Bei ihr wie bei dem blassen Mädchen verspürte er das Bedürfnis, sich zu verteidigen. Er fing an, es sich zur Gewohnheit zu machen, an ihrer Tür vorbeizueilen.

Das Mädchen im Schlafzimmer im Flur dachte ständig an McGregor. Als er zur Abendschule gegangen war, kam ein anderer junger Mann des Hauses, der einen Panamahut trug, vom Stockwerk darüber, legte seine Hände auf die Türrahmen ihres Zimmers, stand da, schaute sie an und redete. In seinen Lippen hielt er eine Zigarette, die beim Reden schlaff aus seinem Mundwinkel hing.

Dieser junge Mann und das schwarzäugige Mädchen kommentierten ununterbrochen die Taten des rothaarigen McGregor. Das Thema begann mit dem jungen Mann, der ihn wegen seines Schweigens hasste, und wurde von dem Mädchen am Leben gehalten, das über McGregor sprechen wollte.

Samstagabends gingen der junge Mann und das Mädchen manchmal zusammen ins Theater. Eines Nachts im Sommer, als sie vor dem Haus zurückgekehrt waren, blieb das Mädchen stehen. „Mal sehen, was der große Rotschopf macht", sagte sie.

Sie gingen um den Block herum und schlichen sich in der Dunkelheit durch eine Gasse, blieben in dem kleinen, schmutzigen Hof stehen und blickten zu McGregor auf, der mit den Füßen im Fenster und einer brennenden Lampe an seiner Schulter in seinem Zimmer saß und las.

Als sie zur Vorderseite des Hauses zurückkehrten, küsste das schwarzäugige Mädchen den jungen Mann, schloss die Augen und dachte an McGregor. Später lag sie in ihrem Zimmer und träumte. Sie stellte sich vor, wie sie von dem jungen Mann angegriffen wurde, der sich in ihr Zimmer geschlichen hatte, und wie McGregor durch den Flur gestürmt kam, um ihn zu schnappen und vor die Tür zu schleudern.

Am Ende des Flurs, in der Nähe der Treppe, die zur Straße führte, wohnte ein Friseur. Er hatte Frau und vier Kinder in einer Stadt in Ohio verlassen und sich, um nicht erkannt zu werden, einen schwarzen Bart wachsen lassen. Zwischen diesem Mann und McGregor hatte sich eine Freundschaft entwickelt, und sie gingen sonntagmorgens gemeinsam im Park spazieren. Der schwarzbärtige Mann nannte sich Frank Turner.

Frank Turner hatte eine Leidenschaft. Abends und sonntagnachmittags saß er in seinem Zimmer und baute Geigen. Er arbeitete mit einem Messer, Leim, Glasstücken und Sandpapier und kaufte von seinem Verdienst Zutaten für die Herstellung von Lacken. Als er ein Stück Holz bekam, das eine Antwort auf seine Gebete zu sein schien , brachte er es in McGregors Zimmer, hielt es gegen das Licht und sprach darüber, was er damit machen würde. Manchmal brachte er eine Geige mit und probierte im offenen Fenster die Qualität ihres Klangs. Eines Abends nahm er sich eine Stunde Zeit, um McGregor über den Lack von Cremona zu sprechen und ihm aus einem abgenutzten kleinen Buch über die alten italienischen Meister des Geigenbaus vorzulesen.

Auf einer Bank im Park saß Turner, der Geigenbauer, der Mann, der von der Wiederentdeckung des Lacks von Cremona träumte, und unterhielt sich mit McGregor, dem Sohn des Bergmanns aus Pennsylvania.

Es war ein Sonntagnachmittag und der Park war voller Leben. Den ganzen Tag über hatten die Straßenbahnen Chicagoer am Parkeingang ausgeladen. Sie kamen zu zweit und in Gruppen, junge Männer mit ihren Liebsten und Väter mit ihren Familien auf den Fersen. Jetzt, am Ende des Tages, kamen sie weiter, ein stetiger Strom von Menschen, der den Kiesweg entlang floss, vorbei an der Bank, auf der die beiden Männer saßen und sich unterhielten. Durch den Bach und dessen Überquerung floss ein weiterer Bach heimwärts.

Babys weinten. Väter riefen den Kindern beim Spielen auf der Wiese zu. Autos, die voll gefüllt in den Park kamen, gingen voll gefüllt wieder weg.

McGregor sah sich um und dachte an sich selbst und an die unruhigen Menschen, die sich bewegten. In ihm gab es nichts von der vagen Angst vor der Menge, die vielen einsamen Seelen eigen ist. Seine Verachtung der Menschen und des von ihnen gelebten Lebens verstärkte seine angeborene Kühnheit. Die seltsame kleine Rundung der Schultern selbst der athletischen jungen Männer veranlasste ihn, seine eigenen Schultern voller Stolz zu strecken, und dicke und schlanke, große und kleine Männer betrachteten ihn als Konter in einigen großen Spielen, in denen er bald ein Meister sein sollte Spieler.

Die Leidenschaft für Form, diese seltsame intuitive Kraft, die viele Menschen gespürt haben und nur die Meister des menschlichen Lebens verstanden haben, begann in ihm zu erwachen. Er begann bereits zu begreifen, dass das Gesetz für ihn nur ein Zwischenfall in einem weitreichenden Plan war, und er war völlig unberührt von dem Wunsch, in der Welt voranzukommen, von dem gierigen kleinen Geplänkel nach Kleinigkeiten, das der ganze Zweck des Gesetzes war Leben so vieler Menschen um ihn herum. Als irgendwo im Park eine Band zu spielen begann , nickte er mit dem Kopf auf und ab und fuhr mit der Hand nervös an den Beinen seiner Hose auf und ab. In ihm kam der Wunsch, vor dem Friseur zu prahlen und ihm zu erzählen, was er in der Welt vorhatte, aber er verdrängte den Wunsch. Stattdessen saß er schweigend da, blinzelte mit den Augen und wunderte sich über die anhaltende Wirkungslosigkeit der Menschen, die vorbeikamen. Als eine Kapelle vorbeikam und Marschmusik spielte und ihm etwa fünfzig Männer folgten, die weiße Federn auf ihren Hüten trugen und mit verlegener Unbeholfenheit gingen, erschrak er. Unter den Menschen glaubte er, dass es eine Veränderung gäbe. Etwas wie ein laufender Schatten huschte über sie hinweg. Das Stimmengewirr verstummte, und die Menschen begannen wie er selbst zu nicken. Ein Gedanke, der in seiner Einfachheit gigantisch war, kam ihm in den Sinn, wurde aber sofort von seiner Ungeduld mit den Demonstranten ausgelöscht. Der Wahnsinn, aufzuspringen und zwischen ihnen hindurchzurennen, sie umzuwerfen und sie mit der Kraft, die aus Verlassenheit entsteht, zum Marschieren zu bringen, hätte ihn fast von der Bank gehoben. Sein Mund zuckte und seine Finger sehnten sich nach Taten.

Zwischen den Bäumen und auf den Grünflächen bewegten sich die Menschen hin und her. Am Ufer eines Teiches saßen Männer und Frauen und aßen das Abendessen aus Körben oder weißen Tüchern, die im Gras ausgebreitet waren. Sie lachten und schrien einander und die Kinder an und riefen sie von den Kiesauffahrten voller fahrender Kutschen zurück. Beaut sah, wie ein Mädchen mit einer Eierschale einen Jungen zwischen die Augen schlug und dann lachend am Ufer des Teiches entlang rannte. Unter einem Baum stillte eine Frau ein Baby und bedeckte ihre Brüste mit einem Schal, so dass nur der schwarze Kopf des Babys sichtbar war. Seine kleine Hand umklammerte den Mund der Frau. Auf einem offenen Platz im Schatten eines Gebäudes spielten junge Männer Baseball, wobei die Rufe der Zuschauer das Gemurmel der Stimmen der Menschen auf dem Kiesweg übertönten.

McGregor kam ein Gedanke in den Sinn, den er mit dem älteren Mann besprechen wollte. Der Anblick der Frauen bewegte ihn und schüttelte sich wie jemand, der aus einem Traum erwacht. Dann fing er an, auf den Boden zu schauen und mit dem Fuß den Kies aufzuwirbeln. „Sehen Sie", sagte er und wandte sich an den Friseur, „was soll ein Mann mit Frauen tun, um von den Frauen zu bekommen, was er will?"

Der Friseur schien es zu verstehen. „Dann ist es soweit gekommen?" fragte er und blickte schnell auf. Er zündete sich eine Pfeife an und blickte die Leute an. Dann erzählte er McGregor von der Frau und den vier Kindern in der Stadt in Ohio und beschrieb das kleine Backsteinhaus und den Garten und den Hühnerstall dahinter wie jemand, der an einem Ort verweilt, der ihm am Herzen liegt. Als er fertig war, lag etwas Altes und Müdes in seiner Stimme.

„Es war nicht meine Entscheidung", sagte er. „Ich bin weggegangen, weil ich nichts anderes tun konnte. Ich entschuldige mich nicht, ich sage es dir nur. Es war etwas Unordentliches und Unordentliches an allem, an meinem Leben mit ihr und mit ihnen. Ich konnte es nicht ertragen. Ich hatte das Gefühl, von etwas überflutet zu werden. Ich wollte ordentlich sein und arbeiten, wissen Sie? Ich konnte den Geigenbau nicht alleine lassen. Herr, wie ich es versucht habe — versucht habe, mich darüber zu bluffen — es eine Modeerscheinung zu nennen."

Der Friseur sah McGregor nervös an, um sich von seinem Interesse zu überzeugen. „Ich besaß ein Geschäft an der Hauptstraße unserer Stadt. Dahinter befand sich eine Schmiede. Tagsüber stand ich am Stuhl in meinem Laden und redete mit rasierten Männern über die Liebe der Frauen und die Pflicht eines Mannes gegenüber seiner Familie. An Sommernachmittagen setzte ich mich auf ein Fass in der Schmiede und redete mit dem Schmied über dasselbe, aber das alles nützte mir nichts.

„Als ich mich gehen ließ , träumte ich nicht von meiner Pflicht gegenüber meiner Familie, sondern davon, ungestört zu arbeiten, wie ich es jetzt hier in der Stadt abends und sonntags in meinem Zimmer tue."

Die Stimme des Sprechers wurde schärfer. Er wandte sich an McGregor und redete energisch wie jemand, der sich verteidigt . „Meine Frau war ganz gut", sagte er. „Ich nehme an, Lieben ist eine Kunst wie das Schreiben eines Buches, das Zeichnen von Bildern oder das Bauen von Geigen. Die Leute versuchen es und haben keinen Erfolg. Am Ende haben wir den Job aufgegeben und einfach zusammengelebt, wie es die meisten Menschen tun. Unser Leben wurde chaotisch und bedeutungslos. So war es.

„Bevor sie mich heiratete, war meine Frau Stenographin in einer Fabrik, die Blechdosen herstellte. Sie mochte diese Arbeit. Sie konnte ihre Finger über die Tasten tanzen lassen. Als sie zu Hause ein Buch las , dachte sie, dass es dem Autor nichts ausmachte, wenn er Fehler bei der Zeichensetzung machte. Ihr Chef war so stolz auf sie, dass er vor Besuchern mit ihrer Arbeit prahlte und manchmal angeln ging und ihr die Führung des Geschäfts überließ.

„Ich weiß nicht, warum sie mich geheiratet hat. Sie war dort glücklicher und ist jetzt dort glücklicher. Wir gingen sonntagabends zusammen spazieren und standen unter den Bäumen in Seitenstraßen, küssten uns und sahen uns an. Wir haben über viele Dinge gesprochen. Wir schienen einander zu brauchen. Dann haben wir geheiratet und angefangen, zusammen zu leben.

„Es hat nicht geklappt. Nachdem wir ein paar Jahre verheiratet waren, änderten sich die Dinge. Ich weiß nicht warum. Ich dachte, ich wäre derselbe wie zuvor, und ich glaube, sie war es auch. Wir saßen immer herum und stritten darüber, wobei jeder dem anderen die Schuld gab. Jedenfalls kamen wir nicht miteinander klar.

„Abends saßen wir auf der kleinen Veranda unseres Hauses, sie prahlte mit der Arbeit, die sie in der Dosenfabrik geleistet hatte, und ich träumte von Ruhe und der Gelegenheit, an den Geigen zu arbeiten. Ich dachte, ich wüsste einen Weg, die Qualität und Schönheit des Tons zu steigern, und mir kam die Idee zu Lack, von der ich Ihnen erzählt habe. Ich habe sogar davon geträumt, Dinge zu tun, die diese alten Leute von Cremona nicht getan haben.

„Wenn sie vielleicht eine halbe Stunde lang über ihre Arbeit im Büro gesprochen hatte, schaute sie auf und stellte fest, dass ich nicht zugehört hatte. Wir würden uns streiten. Wir haben uns sogar vor den Kindern gestritten , nachdem sie gekommen waren. Einmal sagte sie, sie wüsste nicht, wie wichtig es wäre, wenn nie Geigen gebaut worden wären, und in dieser Nacht träumte ich davon, sie im Bett zu ersticken. Ich wachte auf und lag neben ihr und dachte mit so etwas wie echter Befriedigung darüber nach, allein bei dem Gedanken, dass ein langer, fester Griff meiner Finger sie für immer aus dem Weg räumen würde.

„Wir haben nicht immer so empfunden. Von Zeit zu Zeit vollzog sich bei uns beiden eine Veränderung und wir begannen, uns füreinander zu interessieren. Ich wäre stolz auf die Arbeit, die sie in der Fabrik geleistet hatte, und würde damit vor den Männern prahlen, die in die Werkstatt kamen. Abends hatte sie Verständnis für die Geigen und brachte das Baby ins Bett, damit ich bei meiner Arbeit in der Küche allein sein konnte.

„Dann fingen wir an, in der Dunkelheit im Haus zu sitzen und uns gegenseitig an den Händen zu halten. Wir verziehen Dinge, die gesagt wurden, und spielen eine Art Spiel, indem wir einander in der Dunkelheit durch den Raum jagen, gegen die Stühle stoßen und lachen. Dann begannen wir, uns anzusehen und zu küssen. Bald würde es ein weiteres Baby geben.“

Der Friseur hob mit einer Geste der Ungeduld die Hände. Seine Stimme verlor ihren sanfteren, erinnernden Klang. „Solche Zeiten haben nicht lange angehalten“, sagte er. „Im Großen und Ganzen war es kein Leben zum Leben. Ich bin weggekommen. Die Kinder sind in einer staatlichen Einrichtung und sie ist wieder ihrer Arbeit im Büro nachgegangen. Die Stadt hasst mich. Sie haben eine Heldin aus ihr gemacht. Ich rede hier mit diesen Schnurrhaaren im Gesicht zu Ihnen, damit mich die Leute aus meiner Stadt nicht erkennen, wenn sie vorbeikommen. Ich bin Friseur und würde sie mir schnell genug abrasieren, wenn das nicht wäre.“

Eine vorbeigehende Frau blickte zu McGregor zurück. In ihren Augen lag eine Einladung. Es erinnerte ihn an etwas in den Augen der blassen Tochter des Bestatters von Coal Creek. Ein unruhiges Zittern durchfuhr ihn. „Was machst du jetzt mit Frauen?“ er hat gefragt.

Die Stimme des kleineren Mannes erklang rau und aufgeregt in der Abendluft. „Ich habe das Gefühl, als ob einem Mann ein Zahn repariert werden würde“, sagte er. „Ich bezahle Geld für die Dienstleistung und konzentriere mich darauf, was ich tun möchte. Dafür gibt es viele Frauen, Frauen, die nur dafür gut sind. Als ich zum ersten Mal hierher kam , wanderte ich nachts umher und wollte in mein Zimmer gehen und arbeiten, aber mein Geist und mein Wille waren durch dieses Gefühl gelähmt . Das mache ich jetzt nicht und werde es auch nicht wieder tun. Was ich tue, tun viele Männer – gute Männer – Männer, die gute Arbeit leisten. Was nützt es, darüber nachzudenken, wenn man nur gegen eine Steinmauer rennt und verletzt wird?“

Der schwarzbärtige Mann stand auf, steckte die Hände in die Hosentaschen und sah sich um. Dann setzte er sich wieder hin. Er schien von unterdrückter Aufregung erfüllt zu sein. „Im modernen Leben geht etwas Großes im Verborgenen vor sich", sagte er und sprach schnell und aufgeregt. „Früher berührte es nur die Männer weiter oben, jetzt erreicht es Männer wie mich – Friseure und Arbeiter. Männer wissen davon, reden aber nicht und trauen sich nicht, darüber nachzudenken. Ihre Frauen haben sich verändert. Früher waren Frauen bereit, alles für Männer zu tun, nur ihre Sklaven zu sein. Die besten Männer verlangen das jetzt nicht und wollen das auch nicht."

Er sprang auf und stellte sich über McGregor. „Männer verstehen nicht, was vor sich geht, und es ist ihnen egal", sagte er. „Sie sind zu sehr damit beschäftigt, Dinge zu erledigen, zu Ballspielen zu gehen oder sich über Politik zu streiten.

„Und was wissen sie darüber, wenn sie dumm genug sind, darüber nachzudenken? Sie werden in falsche Vorstellungen verwickelt. Sie sehen um sich herum viele gute, zielstrebige Frauen, die sich vielleicht um ihre Kinder kümmern, und sie geben sich selbst die Schuld für ihre Laster und schämen sich. Dann wenden sie sich trotzdem an die anderen Frauen, schließen die Augen und gehen weiter. Sie bezahlen für das, was sie wollen, wie sie für ein Abendessen bezahlen würden, und denken nicht mehr an die Frauen, die sie bedienen, als an die Kellnerinnen, die sie in den Restaurants bedienen. Sie weigern sich, an die neue Art von Frau zu denken, die heranwächst. Sie wissen, dass sie, wenn sie sentimental werden, in Schwierigkeiten geraten oder vor neue Prüfungen gestellt werden, verstört sein werden und ihre Arbeit oder ihren Seelenfrieden zerstören werden. Sie wollen nicht in Schwierigkeiten geraten oder gestört werden. Sie wollen einen besseren Job finden, Spaß an einem Ballspiel haben, eine Brücke bauen oder ein Buch schreiben. Sie halten einen Mann, der gegenüber einer Frau sentimental wird, für einen Dummkopf, und das ist er natürlich auch."

„Meinst du, dass das alle tun?" fragte McGregor. Er war nicht verärgert über das, was gesagt wurde. Es schien ihm wahr zu sein. Er selbst hatte Angst vor Frauen. Es schien ihm, als würde sein Begleiter eine Straße bauen, auf der er sicher reisen konnte. Er wollte, dass der Mann weiter redete. In seinem Kopf schoß der Gedanke auf, dass der Nachmittag, den er mit dem blassen Mädchen am Hügel verbracht hatte, anders enden würde, wenn er die Sache drüben zu tun gehabt hätte.

Der Friseur setzte sich auf die Bank. Die Röte aus seinen Wangen. „ Nun , ich habe es selbst ziemlich gut gemacht", sagte er, „aber Sie wissen ja, dass ich Geigen baue und nicht an Frauen denke." Ich bin seit zwei Jahren in Chicago und habe gerade einmal elf Dollar ausgegeben. Ich würde gerne wissen, was der durchschnittliche Mann ausgibt. Ich wünschte, jemand würde die Fakten erfahren und sie veröffentlichen. Es würde die Leute aufhorchen lassen. Hier müssen jedes Jahr Millionen ausgegeben werden."

„Sie sehen, ich bin nicht sehr stark und stehe den ganzen Tag im Friseurladen." Er sah McGregor an und lachte. „Das schwarzäugige Mädchen im Flur ist hinter dir her", sagte er. „Du solltest besser aufpassen. Du hast sie in Ruhe gelassen. Bleiben Sie bei Ihren Gesetzbüchern. Du bist nicht wie ich. Du bist groß und rot und stark. Mit elf Dollar kann man sich hier in Chicago keine zwei Jahre lang finanzieren."

McGregor blickte noch einmal auf die Menschen, die sich in der zunehmenden Dunkelheit auf den Parkeingang zubewegten. Er fand es wunderbar, dass ein Gehirn etwas so klar ausdenken konnte und Worte Gedanken so klar ausdrücken konnten. Sein Eifer, den vorbeikommenden Mädchen mit den Augen zu folgen, war verschwunden. Er interessierte sich für den Standpunkt des älteren Mannes. „Und was ist mit Kindern?" er hat gefragt.

Der ältere Mann saß seitlich auf der Bank. In seinen Augen lag ein besorgter Ausdruck und in seiner Stimme lag ein unterdrückter Eifer. „Das werde ich dir erzählen", sagte er. „Ich möchte nichts zurückhalten.

"Schau hier!" „Forderte er, rutschte an der Bank entlang auf McGregor zu und betonte seine Argumente, indem er eine Hand auf die andere schlug. „ Sind nicht alle Kinder meine Kinder?" Er hielt inne und versuchte, seine zerstreuten Gedanken in Worte zu fassen. Als McGregor zu sprechen begann , hob er die Hand, als wollte er einen neuen Gedanken oder eine andere Frage abwehren. „Ich versuche nicht auszuweichen", sagte er. „Ich versuche, Gedanken, die mir Tag für Tag durch den Kopf gegangen sind, in eine Form zu bringen, die ich erzählen kann. Ich habe noch nie versucht, sie auszudrücken. Ich weiß, dass Männer und Frauen an ihren Kindern festhalten. Es ist das Einzige, was ihnen von dem Traum geblieben ist, den sie vor ihrer Heirat hatten. Ich habe es so empfunden. Es hat mich lange gehalten. Es würde mich jetzt nur noch festhalten, wenn die Geigen so stark an mir zerrten."

Er warf ungeduldig die Hand hoch. „Sehen Sie, ich musste eine Antwort finden. Ich konnte mir nicht vorstellen, ein Stinktier zu sein – wegzulaufen – und ich konnte nicht bleiben. Es war nicht meine Absicht zu bleiben. Manche Männer sind dazu bestimmt, zu arbeiten, sich um Kinder zu kümmern und vielleicht Frauen zu dienen, aber andere müssen ihr ganzes Leben lang nach etwas Unbestimmtem suchen – so wie ich nach einem Ton auf einer Geige suche. Wenn sie es nicht bekommen, ist es egal, sie müssen es weiter versuchen.

„Meine Frau sagte immer, ich würde es satt haben. Keine Frau versteht jemals wirklich, dass ein Mann sich um etwas anderes als sich selbst kümmert. Das habe ich aus ihr rausgehauen."

Der kleine Mann sah zu McGregor auf. „Glaubst du, ich bin ein Stinktier?" er hat gefragt.

McGregor sah ihn ernst an. „Ich weiß es nicht", sagte er. „Mach weiter und erzähl mir von den Kindern."

„Ich sagte, sie seien die letzten Dinge, an denen man sich festhalten könne. Sie sind. Früher hatten wir Religion. Aber das ist jetzt so gut wie vorbei – die alte Art. Jetzt denken Männer an Kinder, ich meine eine bestimmte Art von Männern – diejenigen, die Arbeit haben, mit der sie weitermachen wollen. Kinder und Arbeit sind die einzigen Dinge, die uns am Herzen liegen. Wenn sie Gefühle für Frauen hegen , dann nur für ihre eigenen – die, die sie bei sich zu Hause haben. Sie wollen, dass es schöner bleibt, als sie selbst sind. Also trainieren sie die anderen Gefühle gegenüber den bezahlten Frauen.

„Frauen machen viel Aufhebens darum, dass Männer Kinder lieben. Es ist ihnen sehr wichtig. Es ist nur ein Plan, um für sich selbst Anerkennung zu fordern, die sie nicht verdienen. Als ich einmal zum ersten Mal in die Stadt kam, nahm ich eine Stelle als Diener in einer wohlhabenden Familie an. Ich wollte in Deckung bleiben, bis mein Bart wuchs. Früher kamen Frauen zu Empfängen und Treffen am Nachmittag dorthin, um über Reformen zu sprechen, an denen sie interessiert waren – Bah! Sie arbeiten und planen, an Männer heranzukommen. Sie sind ihr ganzes Leben lang dabei, schmeicheln uns, lenken uns ab, vermitteln uns falsche Vorstellungen und geben vor, schwach und unsicher zu sein, obwohl sie stark und entschlossen sind. Sie kennen keine Gnade. Sie führen Krieg gegen uns und versuchen, uns zu Sklaven zu machen. Sie wollen uns als Gefangene nach Hause in ihre Häuser bringen, so wie Caesar Gefangene nach Rom brachte.

„Schau her!" Er sprang wieder auf und schüttelte McGregor die Finger. „Man probiert einfach etwas aus. Versuchen Sie, gegenüber einer Frau – jeder Frau – offen, offen und ehrlich zu sein, so wie Sie es auch gegenüber einem Mann tun würden. Lass sie ihr eigenes Leben leben und bitte sie, dich dein Leben leben zu lassen. Du versuchst es. Das wird sie nicht. Sie wird zuerst sterben."

Er setzte sich wieder auf die Bank und schüttelte den Kopf hin und her. „Herr, ich wünschte, ich könnte reden!" er sagte. „Ich mache da ein Durcheinander und wollte es dir sagen. Oh, wie ich es dir sagen wollte! Es gehört zu meiner Vorstellung, dass ein Mann einem Jungen alles erzählen sollte, was er weiß. Wir müssen aufhören, sie anzulügen."

McGregor blickte zu Boden. Er war zutiefst bewegt und interessiert, da ihn noch nie zuvor etwas anderes als Hass bewegt hatte.

Zwei Frauen, die den Kiesweg entlangkamen, blieben unter einem Baum stehen und blickten zurück. Der Friseur lächelte und hob seinen Hut. Als sie ihn anlächelten, stand er auf und ging auf sie zu. „Komm schon, Junge", flüsterte er McGregor hinter seiner Hand zu. „Lass sie uns holen."

Als McGregor die Szene betrachtete, machten ihn seine Augen wütend. Der lächelnde Friseur mit dem Hut in der Hand, die beiden Frauen, die unter dem Baum warteten, der Ausdruck halb schuldiger Unschuld auf den Gesichtern von ihnen allen lösten in seinem Gehirn eine blinde Wut aus. Er sprang nach vorne und umklammerte Turners Schulter mit seiner Hand. Er wirbelte ihn herum und warf ihn auf Hände und Knie. „Raust hier, ihr Frauen!" Er brüllte die Frauen an, die entsetzt den Weg entlang rannten.

Der Friseur setzte sich wieder neben McGregor auf die Bank. Er rieb seine Hände aneinander, um die Kiesreste aus dem Fleisch zu bürsten. „Was ist mit dir los?" er hat gefragt.

McGregor zögerte. Er fragte sich, wie er sagen sollte, was in seinem Kopf vorging. „Alles an seinem Platz", sagte er schließlich. „Ich wollte mit unserem Gespräch fortfahren."

Lichter blitzten aus der Dunkelheit des Parks. Die beiden Männer saßen auf der Bank und dachten jeder über seine eigenen Gedanken nach.

„Ich möchte heute Abend etwas Arbeit von den Klammern nehmen", sagte der Friseur und blickte auf seine Uhr. Gemeinsam gingen die beiden Männer die Straße entlang. „Sehen Sie hier", sagte McGregor. „Ich wollte dich nicht verletzen. Diese beiden Frauen, die auftauchten und sich in unsere Arbeit einmischten, machten mich wütend."

„Frauen mischen sich immer ein", sagte der Friseur. „Sie machen den Männern die Hölle heiß." Sein Verstand war erschöpft und begann mit dem weltalten Problem der Geschlechter zu spielen. „Wenn viele Frauen im Kampf mit uns Männern fallen und unsere Sklavinnen werden – und uns wie die bezahlten Frauen dienen – müssen sie sich dann darüber aufregen? Lassen Sie sie mutig sein und versuchen Sie mitzuhelfen, dass es klappt, so wie Männer mutig waren und über Jahrhunderte der Ratlosigkeit und Niederlage hinweg gearbeitet und nachgedacht haben."

Der Friseur blieb an der Straßenecke stehen, um seine Pfeife zu stopfen und anzuzünden. „Frauen können alles ändern, wenn sie wollen", sagte er, blickte McGregor an und ließ das Match in seinen Fingern ausbrennen. „Sie können eine Mutterschaftsrente und die Möglichkeit haben, ihre eigenen Probleme in der Welt oder alles andere, was sie wirklich wollen, zu lösen. Sie können Männern gegenüberstehen. Sie wollen nicht. Sie wollen uns mit ihren Gesichtern und Körpern versklaven. Sie wollen den alten, alten, ermüdenden Kampf fortsetzen." Er tippte McGregor auf den Arm. „Wenn ein paar von uns – die mit aller Kraft etwas erreichen wollen – sie mit ihren eigenen Mitteln schlagen, haben wir dann nicht den Sieg verdient?" er hat gefragt.

„Aber manchmal denke ich, ich hätte gerne eine Frau, mit der ich zusammenleben kann, wissen Sie, einfach nur sitzen und mit mir reden", sagte McGregor.

Der Friseur lachte. Er paffte an seiner Pfeife und ging die Straße entlang. "Um sicher zu sein! Um sicher zu sein!" er sagte. "Ich würde. Jeder Mann würde es tun. Am Abend sitze ich gerne eine Zeit lang im Zimmer und rede mit dir, aber ich würde es hassen, den Geigenbau aufzugeben und mein ganzes Leben lang nur dir und deinen Zielen dienen zu müssen."

Im Flur ihres eigenen Hauses sprach der Friseur mit McGregor, während er den Flur entlang blickte, wo sich gerade die Tür zum Zimmer des schwarzäugigen Mädchens geöffnet hatte. „Sie lassen Frauen in Ruhe", sagte er; „Wenn du das Gefühl hast, dass du dich nicht länger von ihnen fernhalten kannst, kommst du zu mir und besprichst es mit mir."

McGregor nickte und ging den Flur entlang zu seinem eigenen Zimmer. In der Dunkelheit stand er am Fenster und blickte in den Hof hinunter. Das Gefühl verborgener Macht, die Fähigkeit, sich über das Chaos zu erheben, in das das moderne Leben versunken war und das ihn im Park überfallen hatte, kehrte zurück und er ging nervös umher. Als er sich schließlich auf einen Stuhl setzte, sich vorbeugte und den Kopf in die Hände stützte, fühlte er sich wie jemand, der eine lange Reise durch ein fremdes und gefährliches Land angetreten hat und unerwartet auf einen Freund gestoßen ist, der den gleichen Weg geht.

KAPITEL IV

Die Menschen in Chicago gehen abends von der Arbeit nach Hause – treibend, in Scharen und in Eile. Es ist verblüffend, sie genau zu betrachten. Die Leute reden schlecht. Ihr Maul ist schlaff und die Kiefer hängen nicht richtig. Die Münder sind wie die Schuhe, die sie tragen. Die Schuhe sind an den Ecken abgenutzt, weil sie zu oft auf dem harten Boden getreten sind, und die Münder sind schief geworden, weil die Seele zu sehr müde war.

Mit dem modernen amerikanischen Leben stimmt etwas nicht, und wir Amerikaner wollen uns das nicht ansehen. Wir nennen uns viel lieber ein großartiges Volk und belassen es dabei.

Es ist Abend und die Menschen in Chicago gehen von der Arbeit nach Hause. Klappern, klappern, klappern, mit den Fersen auf den harten Gehwegen, die Kiefer wackeln, der Wind weht und der Dreck weht und durchsiebt die Massen der Menschen. Jeder hat schmutzige Ohren. Der Gestank in den Straßenbahnen ist schrecklich. Die veralteten Brücken über die Flüsse sind voller Menschen. Die nach Süden und Westen führenden Vorortzüge sind billig gebaut und gefährlich. Ein Volk, das sich „groß" nennt und in einer Stadt lebt, die ebenfalls „groß" genannt wird, besteht in seinen Häusern nur aus einer ungeordneten Masse billig ausgestatteter Menschen. Alles ist günstig. Wenn die Leute nach Hause kommen, sitzen sie auf billigen Stühlen vor billigen Tischen und essen billiges Essen. Sie haben ihr Leben für billige Dinge gegeben. Der ärmste Bauer eines der alten Länder ist von mehr Schönheit umgeben. Seine Lebensausstattung ist solider.

Der moderne Mensch gibt sich mit dem Billigen und Unschönen zufrieden, weil er erwartet, in der Welt aufzusteigen. Er hat sein Leben diesem trostlosen Traum gewidmet und lehrt seine Kinder, denselben Traum zu verfolgen. McGregor war davon berührt. Da er von der Sexfrage verwirrt war, hatte er auf den Rat des Friseurs gehört und wollte die Dinge auf billige Weise regeln. Eines Abends einen Monat nach dem Vortrag im Park eilte er mit diesem Ziel vor Augen die Lake Street auf der Westseite entlang. Es war fast acht Uhr und es wurde dunkel, und McGregor hätte in der Abendschule sein sollen. Stattdessen ging er die Straße entlang und betrachtete die heruntergekommenen Fachwerkhäuser. Ein Fieber brannte in seinem Blut. Ein Impuls, der für einen Moment stärker war als der Impuls, der ihn Nacht für Nacht dort in der großen, ungeordneten Stadt mit Büchern beschäftigte, und noch stärker als jeder neue Impuls zu einem energischen, zwingenden Marsch durch das Leben, hatte ihn ergriffen. Seine Augen starrten in die Fenster. Er eilte weiter, erfüllt von einer Lust, die sein Gehirn und seinen Willen lahmlegte. Eine Frau, die am Fenster eines kleinen Fachwerkhauses saß, lächelte und winkte ihm zu.

McGregor ging den Weg entlang, der zu dem kleinen Fachwerkhaus führte. Der Weg verlief durch einen heruntergekommenen Hof. Es war ein übler Ort wie der Hof unter seinem Fenster hinter dem Haus am Wycliff Place. Auch hier drehten sich vom Wind aufgewühlte, verfärbte Papiere in verrückten Kreisen. McGregors Herz raste und sein Mund fühlte sich trocken und unangenehm an. Er fragte sich, was er sagen und wie er es sagen sollte, wenn er in die Gegenwart der Frau kam. Er wünschte, es gäbe jemanden, den er mit der Faust schlagen könnte. Er wollte keine Liebe machen, er wollte Erleichterung. Er hätte einen Kampf viel lieber gehabt.

Die Adern an McGregors Hals begannen anzuschwellen und als er in der Dunkelheit vor der Haustür stand, fluchte er. Er blickte die Straße hinauf und hinunter, aber der Himmel, dessen Anblick ihm vielleicht geholfen hätte, war durch das Bauwerk einer Hochbahn verborgen. Er stieß die Tür des Hauses auf und trat ein. Im trüben Licht konnte er nichts sehen, außer dass eine Gestalt aus der Dunkelheit sprang und ein Paar kräftiger Arme seine Hände an seinen Seiten festhielten. McGregor sah sich schnell um. Ein Mann, so groß wie er selbst, drückte ihn fest an die Tür. Er hatte ein Glasauge und einen kurzen schwarzen Bart und sah im Dämmerlicht unheimlich und gefährlich aus. Die Hand der Frau, die ihm vom Fenster aus zugewinkt hatte, fummelte in McGregors Taschen herum und kam mit einer kleinen Geldrolle heraus. Ihr Gesicht, jetzt ernst und hässlich wie das des Mannes, blickte unter den Armen ihres Verbündeten zu ihm auf.

Einen Augenblick später hörte McGregors Herz auf zu klopfen und der trockene, unangenehme Geschmack verschwand aus seinem Mund. Er war erleichtert und froh über diese plötzliche Wende in der Angelegenheit.

Mit einem schnellen Hochschnellen seiner Knie in den Bauch des Mannes, der ihn festgehalten hatte, befreite sich McGregor. Ein heftiger Schlag in den Nacken ließ seinen Angreifer stöhnend zu Boden fallen. McGregor sprang durch den Raum. In der Ecke neben dem Bett fing er die Frau auf. Er packte sie an den Haaren und wirbelte sie herum. „Gib das Geld her", sagte er grimmig.

Die Frau hob die Hände und flehte ihn an. Der Griff seiner Hände in ihr Haar trieb ihr Tränen in die Augen. Sie drückte ihm die Geldscheinrolle in die Hände und wartete zitternd, weil sie glaubte, er hätte vor, sie zu töten.

Ein neues Gefühl überkam McGregor. Der Gedanke, auf Einladung dieser Frau ins Haus gekommen zu sein, empfand einen Ekel. Er fragte sich, wie er so ein Biest sein konnte. Als er im trüben Licht stand und darüber nachdachte und die Frau ansah , verlor er sich in Gedanken und fragte sich, warum die Idee, die ihm der Friseur gegeben hatte und die ihm so klar und vernünftig vorgekommen war, nun so dumm erschien. Sein Blick starrte auf die Frau, als seine Gedanken zu dem schwarzbärtigen Friseur zurückkehrten, der auf der Parkbank redete, und eine blinde Wut erfasste ihn, eine Wut, die sich nicht gegen die Leute in dem stinkenden kleinen Raum richtete, sondern gegen sich selbst und seine eigene Blindheit. Wieder erfasste ihn ein großer Hass auf die Unordnung des Lebens, und als ob alle unordentlichen Menschen der Welt in ihr personifiziert wären, fluchte er und schüttelte die Frau, wie ein Hund einen schmutzigen Lappen geschüttelt hätte.

"Schleichen. Dodger. „Muscheliger Idiot", murmelte er und stellte sich vor, er sei ein Riese, der von einer ekelerregenden Bestie angegriffen wird. Die Frau schrie vor Angst. Als sie den Gesichtsausdruck ihres Angreifers sah und die Bedeutung seiner Worte missverstand, zitterte sie und dachte erneut an den Tod. Sie griff unter das Kissen auf dem Bett, holte eine weitere Rolle Geldscheine hervor und drückte diese ebenfalls in McGregors Hände. „Bitte geh", flehte sie. „Wir haben uns geirrt. Wir dachten, du wärst jemand anderes."

McGregor schritt zur Tür, vorbei an dem Mann auf dem Boden, der stöhnte und herumrollte. Er ging um die Ecke zur Madison Street und stieg in ein Auto, um zur Abendschule zu fahren. Im Auto sitzend zählte er das Geld in der Rolle, die ihm die kniende Frau in die Hand drückte, und lachte so, dass die Leute im Auto ihn verwundert ansahen. „Turner hat in zwei Jahren elf Dollar für sie ausgegeben und ich habe in einer Nacht siebenundzwanzig Dollar bekommen", dachte er. Er sprang aus dem Auto und ging unter den Straßenlaternen entlang, um sich Gedanken zu machen. „Ich kann mich auf niemanden verlassen", murmelte er. „Ich muss meinen eigenen Weg gehen. Der Friseur ist genauso verwirrt wie die anderen und weiß es nicht. Es gibt einen Ausweg aus der Verwirrung und ich werde ihn finden, aber ich muss ihn alleine schaffen. Ich kann niemandes Wort für irgendetwas nehmen."

KAPITEL V

Die Frage nach McGregors Einstellung gegenüber Frauen und dem Ruf des Sex wurde durch den Streit im Haus in der Lake Street natürlich nicht geklärt. Er war ein Mann, der selbst in den Tagen seiner großen Grobheit stark an den Paarungsinstinkt der Frauen appellierte und mehr als einmal war es so, dass seine Absichten durch die Formen, die Gesichter und die Augen von Frauen erschüttert und sein Geist verstört wurden.

McGregor dachte, er hätte die Angelegenheit geklärt. Er vergaß das schwarzäugige Mädchen im Flur und dachte nur an den Aufstieg im Lagerhaus und an das nächtliche Lernen in seinem Zimmer. Ab und zu nahm er sich einen Abend frei und machte einen Spaziergang durch die Straßen oder in einen der Parks.

In den Straßen von Chicago, unter den Nachtlichtern, unter den rastlosen, sich bewegenden Menschen war er eine unvergessliche Figur. Manchmal sah er die Menschen überhaupt nicht, sondern schwamm in der gleichen Stimmung weiter, in der er in den Hügeln von Pennsylvania gewandert war. Er strebte danach, eine schwer fassbare Lebensqualität zu erlangen, die für immer außer Reichweite zu sein schien. Er wollte weder Anwalt noch Lagerist werden. Was wollte er? Er ging die Straße entlang und versuchte, sich zu entscheiden, und weil er kein sanfter Mensch war, trieb ihn seine Ratlosigkeit in Wut und er fluchte.

Er ging mit großen Schritten die Madison Street auf und ab und murmelte Worte auf seinen Lippen. In einem Ecksalon spielte jemand Klavier. Gruppen von Mädchen gingen lachend und redend vorbei. Er kam zu der Brücke, die über den Fluss in das Schleifenviertel führte, und drehte sich dann unruhig um. Auf den Bürgersteigen entlang der Canal Street sah er kräftige Männer, die vor billigen Herbergen herumlungerten. Ihre Kleidung war vom langen Tragen schmutzig und in ihren Gesichtern war kein Ausdruck von Entschlossenheit zu sehen. In den kleinen, feinen Zwischenräumen des Stoffes, aus dem ihre Kleidung bestand, sammelte sich der Schmutz der Stadt, in der sie lebten, und in den Stoffen ihrer Natur hatte auch der Schmutz und die Unordnung der modernen Zivilisation Einzug gehalten.

McGregor ging weiter und blickte auf von Menschenhand geschaffene Dinge, und die Flamme der Wut in ihm brannte immer stärker. Er sah die ziehenden Wolken von Menschen aller Nationen, die nachts in der Halstead Street umherwanderten, und als er in eine Seitenstraße einbog, sah er auch die Italiener, Polen und Russen, die sich abends auf den Bürgersteigen vor den Mietshäusern in diesem Viertel versammelten.

Der Wunsch von McGregor nach irgendeiner Aktivität wurde zum Wahnsinn. Sein Körper zitterte vor der Kraft seines Wunsches, der großen Unordnung des Lebens ein Ende zu setzen. Mit der ganzen Begeisterung seiner Jugend wollte er sehen, ob er mit der Kraft seines Arms die Menschheit aus ihrer Trägheit erwecken könnte. Ein betrunkener Mann ging vorbei und hinter ihm kam ein großer Mann mit einer Pfeife im Mund. Der große Mann lief nicht mit einem Anflug von Kraft in seinen Beinen. Er schlurfte weiter. Er war wie ein riesiges Kind mit dicken Wangen und einem großen, untrainierten Körper, ein Kind ohne Muskeln und Härte, das sich an die Grenzen des Lebens klammerte.

McGregor konnte den Anblick der großen, ungelenken Gestalt nicht ertragen. Der Mann schien all die Dinge zu verkörpern, gegen die sich seine Seele auflehnte, und er blieb stehen und stand geduckt da, ein wildes Licht brannte in seinen Augen.

Der Mann rollte in die Rinne, betäubt von der Wucht des Schlags, den ihm der Sohn des Bergmanns versetzt hatte. Er kroch auf Händen und Knien und schrie um Hilfe. Seine Pfeife war in die Dunkelheit gerollt. McGregor stand auf dem Bürgersteig und wartete. Eine Gruppe Männer, die vor einem Mietshaus standen, rannten auf ihn zu. Erneut ging er in die Hocke. Er betete, dass sie herankommen und ihn ebenfalls gegen sie kämpfen lassen würden. In Erwartung eines großen Kampfes leuchtete Freude in seinen Augen und seine Muskeln zuckten.

Und dann stand der Mann in der Gosse auf und rannte weg. Die Männer, die auf ihn zugelaufen waren, blieben stehen und drehten sich um. McGregor ging weiter, sein Herz war schwer vom Gefühl der Niederlage. Es tat ihm ein wenig leid für den Mann, den er geschlagen hatte und der auf Händen und Knien so lächerlich geworden war, und er war ratloser als je zuvor.

McGregor versuchte erneut, das Problem der Frauen zu lösen. Er war über den Ausgang der Affäre in dem kleinen Fachwerkhaus sehr erfreut und kaufte am nächsten Tag mit den siebenundzwanzig Dollar, die ihm die verängstigte Frau in die Hand drückte, Gesetzesbücher. Später stand er in seinem Zimmer und streckte seinen großen Körper wie ein Löwe, der von der Tötung zurückgekehrt war, und dachte an den kleinen schwarzbärtigen Friseur im Raum am Ende des Flurs, der sich über seine Geige beugte und in Gedanken damit beschäftigt war, sich dafür zu rechtfertigen Er würde sich keinem der Probleme des Lebens stellen müssen. Das Gefühl des Grolls gegen den Mann war verschwunden. Er dachte an den Kurs, den dieser

Philosoph für ihn vorgezeichnet hatte, und lachte. „Es gibt etwas, das man vermeiden sollte, als würde man sich damit abfinden, im Dreck unter der Erde zu graben", sagte er sich.

McGregors zweites Abenteuer begann an einem Samstagabend und wieder ließ er sich vom Friseur hineinführen. Die Nacht war heiß und der jüngere Mann saß in seinem Zimmer, erfüllt von dem Wunsch, hinauszugehen und die Stadt zu erkunden. Die Stille des Hauses, das ferne Rumpeln der Straßenbahnen, der Klang einer Musikkapelle, die weiter unten auf der Straße spielte, störten und lenkten seine Gedanken ab. Er wünschte, er könnte einen Stock in die Hand nehmen und hinausgehen, um zwischen den Hügeln umherzustreifen, wie er es in solchen Nächten in seiner Jugend in der Stadt in Pennsylvania getan hatte.

Die Tür zu seinem Zimmer öffnete sich und der Friseur kam herein. In seiner Hand hielt er zwei Eintrittskarten. Er setzte sich auf die Fensterbank, um es zu erklären.

„In einem Saal in der Monroe Street findet ein Tanz statt", sagte der Friseur aufgeregt. „Ich habe hier zwei Tickets. Ein Politiker hat sie an den Chef in dem Laden verkauft, in dem ich arbeite." Der Friseur warf den Kopf zurück und lachte. Für ihn war der Gedanke daran, dass der Cheffriseur von den Politikern gezwungen wurde, Tanzkarten zu kaufen, etwas Köstliches. „Sie kosten jeweils zwei Dollar", rief er und schüttelte sich vor Lachen. „Sie hätten sehen sollen, wie sich mein Chef windet. Er wollte die Tickets nicht, hatte aber Angst, sie nicht anzunehmen. Der Politiker könnte ihm Ärger machen, und er wusste es. Sehen Sie, wir machen im Laden ein Handbuch über die Rennen, und das verstößt gegen das Gesetz. Der Politiker könnte uns Ärger machen. Der Chef zahlte die vier Dollar unter lautem Fluchen aus und als der Politiker hinausgegangen war, warf er sie mir zu. „Da, nimm sie", rief er, „ich will die faulen Dinger nicht." Ist der Mensch eine Pferdetränke, an der jedes Tier zum Trinken anhalten kann?"'

McGregor und der Friseur saßen im Raum und lachten über den Cheffriseur, der lächelnd die Eintrittskarten gekauft hatte, während er von innerer Wut erfüllt war. Der Friseur drängte McGregor, ihn zum Tanz zu begleiten. „Wir werden eine Nacht daraus machen", sagte er. „Wir werden dort Frauen sehen — zwei, die ich kenne. Sie wohnen oben über einem Lebensmittelgeschäft. Ich war bei ihnen. Sie werden dir die Augen öffnen. Das sind Frauen, die man noch nicht kannte, mutige und kluge und auch gute Kerle."

McGregor stand auf und zog sein Hemd über seinen Kopf. Eine Welle fieberhafter Erregung lief über seinen Körper. „Das werden wir sehen", sagte er, „wir werden sehen, ob das wieder ein falscher Weg ist, auf den Sie mich

locken." Du gehst in dein Zimmer und machst dich fertig. Ich werde mich
wieder in Ordnung bringen."

Im Tanzsaal saß McGregor auf einem Sitz an der Wand mit einer der
beiden vom Friseur gelobten Frauen und einer dritten, die gebrechlich und
blutleer war. Für ihn war das Abenteuer ein Fehlschlag gewesen. Der
Schwung der Tanzmusik berührte ihn nicht. Er sah die Paare auf dem Boden
liegen, einander in den Armen liegend, sich windend und umdrehend, hin
und her schwankend, einander in die Augen schauend, dann wandte er sich
ab und wünschte sich zurück in sein Zimmer zwischen den Gesetzbüchern.

Der Friseur sprach mit zwei der Frauen und scherzte über sie. McGregor
hielt das Gespräch für albern und trivial. Es bewegte sich am Rande der
Dinge und endete in vagen Anspielungen auf andere Zeiten und Abenteuer,
von denen er nichts wusste.

Der Friseur tanzte mit einer der Frauen davon. Sie war groß und der Kopf
des Friseurs reichte kaum über ihre Schulter. Sein schwarzer Bart glänzte vor
ihrem weißen Kleid. Die beiden Frauen saßen neben ihm und redeten.
McGregor vermutete , dass die gebrechliche Frau eine Hutmacherin war.
Etwas an ihr zog ihn an und er lehnte sich an die Wand und sah sie an, ohne
das Gespräch zu hören.

Ein Jugendlicher kam und nahm die andere Frau mit. Von der anderen
Seite des Flurs winkte ihm der Friseur zu.

Ein Gedanke schoss ihm durch den Kopf. Diese Frau neben ihm war
gebrechlich und dünn und blutleer wie die Frauen von Coal Creek. Ein
Gefühl der Vertrautheit mit ihr überkam ihn. Ihm ging es genauso, wie ihm
gegenüber dem großen, blassen Mädchen aus Coal Creek gefühlt hatte, als
sie gemeinsam den Hügel zu der Anhöhe erklommen hatten, die in das Tal
der Bauernhöfe hinabblickte.

KAPITEL VI

Edith Carson, die Hutmacherin, die das Schicksal in die Gesellschaft von McGregor geworfen hatte, war eine gebrechliche Frau von vierunddreißig Jahren und lebte allein in zwei Zimmern im hinteren Teil ihres Hutmacherladens. Ihr Leben war nahezu farblos . Am Sonntagmorgen schrieb sie einen langen Brief an ihre Familie auf einer Farm in Indiana, setzte dann einen Hut aus den Mustern in der Vitrine an der Wand auf und ging in die Kirche, wo sie Sonntag für Sonntag allein auf demselben Platz saß und sich danach erinnerte nichts von der Predigt.

Am Sonntagnachmittag fuhr Edith mit der Straßenbahn in einen Park und ging allein unter den Bäumen spazieren. Wenn Regen drohte, saß sie im größeren der beiden Räume hinter dem Laden und nähte neue Kleider für sich selbst oder für eine Schwester, die in der Stadt Indiana einen Schmied geheiratet hatte und vier Kinder hatte.

Edith hatte weiches, mausfarbenes Haar und graue Augen mit kleinen braunen Flecken auf der Iris. Sie war so schlank, dass sie unter ihrem Kleid Polster um den Körper trug, um ihn auszufüllen. In ihrer Jugend hatte sie einen Schatz gehabt – einen dicken Jungen mit runden Wangen, der auf der nächsten Farm lebte. Einmal waren sie zusammen zum Jahrmarkt in der Kreisstadt gefahren und abends im Kinderwagen nach Hause gekommen, hatte er seinen Arm um sie gelegt und sie geküsst. „Du bist nicht sehr groß", hatte er gesagt.

Edith schickte zu einem Versandhaus in Chicago und kaufte die Polsterung, die sie unter ihrem Kleid trug. Dazu kam ein Öl, mit dem sie sich selbst einrieb. Auf dem Etikett der Flasche wurde mit großem Respekt vom Inhalt als wunderbarer Entwickler gesprochen. Die schweren Polster an ihrer Seite hatten wunde Stellen, an denen ihre Kleidung rieb, aber sie ertrug den Schmerz mit grimmigem Stoizismus und erinnerte sich daran, was der dicke Junge gesagt hatte.

eigenes Geschäft eröffnete, erhielt sie einen Brief von ihrem ehemaligen Verehrer. „Es gefällt mir, daran zu denken, dass derselbe Wind, der über mich weht, auch über dich weht", hieß es. Nach diesem einen Brief hörte sie nichts mehr von ihm. Er hatte den Satz aus einem Buch, das er gelesen hatte, und hatte den Brief an Edith geschrieben, damit er ihn verwenden könne. Nachdem der Brief weg war , dachte er an ihre gebrechliche Figur und bereute den Impuls, der ihn zum Schreiben verleitet hatte. Halb beunruhigt begann er, den Hof zu machen, und heiratete bald darauf ein anderes Mädchen.

Manchmal hatte Edith bei ihren seltenen Besuchen zu Hause ihren ehemaligen Liebhaber die Straße entlangfahren sehen. Die Schwester, die den Schmied geheiratet hatte, sagte, er sei geizig, seine Frau habe nichts zum Anziehen als ein billiges Kattunkleid und er sei am Samstag allein in die Stadt gefahren und habe sie zurückgelassen, um die Kühe zu melken und die Schweine und Pferde zu füttern. Einmal begegnete er Edith auf der Straße und versuchte, sie in den Wagen zu locken, damit sie mit ihm fahren könne. Obwohl sie die Straße entlanggegangen war und ihn ignoriert hatte , holte sie an Frühlingsabenden oder nach einem Spaziergang im Park den Brief über den Wind, der über sie beide wehte, aus einer Schublade und las ihn noch einmal. Nachdem sie es gelesen hatte, saß sie in der Dunkelheit vor dem Laden und blickte durch die Fliegengittertür auf die Menschen auf der Straße und fragte sich, was das Leben für sie bedeuten würde, wenn sie einen Mann hätte, dem sie ihre Liebe schenken könnte. In ihrem Herzen glaubte sie, dass sie im Gegensatz zur Frau des dicken Jünglings Kinder geboren hätte.

In Chicago hatte Edith Carson Geld verdient. Sie hatte ein Genie für Sparsamkeit in der Führung ihres Unternehmens. Innerhalb von sechs Jahren hatte sie eine große Schuld aus dem Geschäft beglichen und verfügte über ein angenehmes Guthaben auf der Bank. Mädchen, die in Fabriken oder in Geschäften arbeiteten, kamen und ließen den größten Teil ihres mageren Überschusses in ihrem Laden zurück, und andere Mädchen, die nicht arbeiteten, kamen herein, warfen Dollars herum und redeten über „Gentlemen-Freunde". Edith hasste das Feilschen, ging aber klug und mit einem ruhigen, entwaffnenden kleinen Lächeln im Gesicht dabei vor. Was ihr gefiel, war, ruhig im Zimmer zu sitzen und Hüte zu trimmen. Als das Geschäft wuchs, hatte sie eine Frau, die sich um den Laden kümmerte, und ein Mädchen, das neben ihr saß und mit den Hüten half. Sie hatte eine Freundin, die Frau eines Straßenbahnfahrers, die sie manchmal abends besuchte. Die Freundin war eine rundliche kleine Frau, unzufrieden mit ihrer Ehe, und sie ließ sich von Edith jedes Jahr mehrere neue Hüte anfertigen, für die sie nichts bezahlte.

Edith ging zu dem Tanz, bei dem sie McGregor mit der Frau des Fahrers und einem Mädchen traf, das oben über einer Bäckerei neben dem Laden wohnte. Der Tanz fand in einem Saal über einem Saloon statt und wurde zugunsten einer politischen Organisation in durchgeführt in dem der Bäcker ein Anführer war. Die Frau des Bäckers kam herein und verkaufte Edith zwei Fahrkarten, eine für sich selbst und eine für die Frau des Autofahrers, der gerade bei ihr saß.

An diesem Abend, nachdem die Frau des Autofahrers nach Hause gegangen war, beschloss Edith, zum Ball zu gehen, und die Entscheidung war so etwas wie ein Abenteuer für sich. Die Nacht war heiß und schwül, Blitze zuckten am Himmel und Staubwolken fegten über die Straße. Edith saß in der Dunkelheit hinter der verriegelten Fliegengittertür und blickte auf die Menschen, die die Straße entlang nach Hause eilten. Eine Welle der Empörung über die Enge und Leere ihres Lebens erfasste sie. Tränen traten ihr in die Augen. Sie schloss die Ladentür, ging in den hinteren Raum, zündete das Gas an und betrachtete sich selbst im Spiegel. „Ich gehe zum Tanz", dachte sie. „Vielleicht bekomme ich einen Mann. Wenn er mich nicht heiratet, kann er trotzdem von mir haben, was er will."

Im Tanzsaal saß Edith bescheiden an der Wand in der Nähe eines Fensters und sah zu, wie die Paare auf dem Boden herumwirbelten. Durch eine offene Tür konnte sie Paare sehen, die in einem anderen Raum an Tischen saßen und Bier tranken. Ein großer junger Mann in weißen Hosen und weißen Hausschuhen ging auf der Tanzfläche umher. Er lächelte und verneigte sich vor den Frauen. Als er einmal über den Boden auf Edith zuging, schlug ihr Herz schneller, doch als sie gerade glaubte, er wolle mit ihr und der Frau des Fahrers sprechen, drehte er sich um und ging in einen anderen Teil des Zimmers. Edith folgte ihm mit ihren Augen und bewunderte seine weißen Hosen und seine strahlend weißen Zähne.

Die Frau des Fahrers ging mit einem kleinen heterosexuellen Mann mit grauem Schnurrbart weg, von dem Edith dachte, er hätte unangenehme Augen, und zwei Mädchen kamen und setzten sich neben sie. Sie waren Kunden ihres Ladens und lebten zusammen in einer Wohnung über einem Lebensmittelgeschäft in der Monroe Street. Edith hatte gehört, wie das Mädchen, das mit ihr im Arbeitszimmer saß, geringschätzig über sie sprach. Die drei saßen zusammen an der Wand und redeten über Hüte.

Und dann kamen zwei Männer über den Boden des Tanzsaals, ein riesiger rothaariger Kerl und ein kleiner Mann mit schwarzem Bart. Die beiden Frauen begrüßten sie und die fünf saßen zusammen und feierten eine Party an der Wand, während der kleine Mann mit Ediths beiden Begleitern einen Strom von Kommentaren über die Leute auf dem Boden aufrechterhielt. Ein Tanz begann und der schwarzbärtige Mann nahm eine der Frauen mit und tanzte davon. Edith und die andere Frau sprachen wieder über Hüte. Der riesige Kerl neben ihr sagte nichts, sondern folgte den Frauen mit seinen Augen durch den Tanzsaal. Edith glaubte, noch nie einen so heimeligen Kerl gesehen zu haben.

Am Ende des Tanzes ging der schwarzbärtige Mann durch die Tür in den mit kleinen Tischen gefüllten Raum und gab dem rothaarigen Mann ein Zeichen, ihm zu folgen. Ein jungenhaft aussehender Kerl erschien und ging mit der anderen Frau weg, und Edith saß allein auf der Bank an der Wand neben McGregor.

„Dieser Ort interessiert mich nicht", sagte McGregor schnell. „Ich sitze nicht gern da und beobachte, wie Leute auf Zehenspitzen herumhüpfen.

Wenn du mit mir kommen willst, verschwinden wir hier und gehen irgendwo hin, wo wir reden und uns kennenlernen können."

Die kleine Hutmacherin ging auf dem Arm von McGregor über den Boden, ihr Herz machte einen Sprung vor Aufregung. „Ich habe einen Mann", dachte sie jubelnd. Sie wusste, dass der Mann sich bewusst für sie entschieden hatte. Sie hatte die Vorstellung und das scherzhafte Gerede des schwarzbärtigen Mannes gehört und die Gleichgültigkeit des großen Mannes gegenüber den anderen Frauen bemerkt.

Edith betrachtete den riesigen Körper ihres Begleiters und vergaß seine Gemütlichkeit. In ihrem Kopf tauchte ein Bild des dicken Jungen auf, der zu einem Mann herangewachsen war, wie er im Wagen die Straße entlang fuhr und sie lüstern bat, mit ihm mitzufahren. Eine Flut von Wut überkam sie, als sie sich an den gierigen, selbstsicheren Blick in seinen Augen erinnerte. „Dieser könnte ihn über einen Sechs-Gitter-Zaun stoßen", dachte sie.

"Wo gehen wir jetzt hin?" Sie fragte.

McGregor sah auf sie herab. „An einen Ort, wo wir reden können", sagte er. „Ich hatte diesen Ort satt. Du solltest wissen, wohin wir gehen. Ich gehe mit dir. Du gehst nicht mit mir."

McGregor wünschte, er wäre in Coal Creek. Er hatte das Gefühl, er würde diese Frau am liebsten über den Hügel mitnehmen und sich auf den Baumstamm setzen, um über seinen Vater zu sprechen.

Als sie die Monroe Street entlanggingen, dachte Edith an den Vorsatz, den sie gefasst hatte, als sie an dem Abend, als sie beschlossen hatte, zum Ball zu kommen, vor dem Spiegel in ihrem Zimmer im hinteren Teil des Ladens stand. Sie fragte sich, ob ihr das große Abenteuer bevorstehen würde und ihre Hand auf McGregors Arm zitterte. Eine heiße Welle der Hoffnung und Angst durchfuhr sie.

An der Tür des Modegeschäfts fummelte sie mit unsicheren Händen herum, als sie die Tür aufschloss. Ein köstliches Gefühl erschütterte sie. Sie fühlte sich wie eine Braut, froh und doch beschämt und ängstlich.

Im Raum im hinteren Teil des Ladens zündete McGregor das Gas an, zog seinen Mantel aus und warf ihn auf die Couch an der Seite des Raums. Er war überhaupt nicht aufgeregt und zündete mit ruhiger Hand das Feuer im kleinen Ofen an, blickte dann auf und fragte Edith, ob er rauchen dürfe. Er wirkte wie ein Mann, der nach Hause kommt, und die Frau saß auf der

Stuhlkante, nahm ihren Hut ab und wartete hoffnungsvoll darauf, wie das Abenteuer der Nacht verlaufen würde.

Zwei Stunden lang saß McGregor im Schaukelstuhl in Edith Carsons Zimmer und erzählte von Coal Creek und seinem Leben in Chicago. Er redete frei und ließ sich gehen, wie es ein Mann tun würde, der nach langer Abwesenheit mit einem seiner eigenen Leute redet. Seine Haltung und der leise Klang in seiner Stimme verwirrten und verwirrten Edith. Sie hatte etwas ganz anderes erwartet.

Sie ging in das kleine Nebenzimmer, holte einen Teekessel hervor und bereitete sich darauf vor, Tee zu kochen. Der große Mann saß immer noch rauchend und redend auf ihrem Stuhl. Ein herrliches Gefühl von Geborgenheit und Gemütlichkeit überkam sie. Sie fand ihr Zimmer schön, aber in ihre Zufriedenheit mischte sich ein schwacher grauer Streifen Angst. „ Natürlich kommt er nicht wieder zurück“, dachte sie.

Kapitel VII

Im Jahr nach Beginn seiner Bekanntschaft mit Edith Carson arbeitete McGregor weiterhin hart und stetig im Lagerhaus und nachts an seinen Büchern. Er wurde zum Vorarbeiter befördert und ersetzte den Deutschen, und er glaubte, mit seinem Studium Fortschritte gemacht zu haben. Wenn er nicht zur Abendschule ging, ging er zu Edith Carson und saß an einem kleinen Tisch im Hinterzimmer, las ein Buch und rauchte seine Pfeife.

Edith bewegte sich sanft und leise im Zimmer und in ihrem Laden und aus ihm heraus. Ein Licht begann in ihre Augen zu kommen und ihre Wangen zu färben . Sie sprach nicht, aber neue und gewagte Gedanken kamen ihr in den Sinn und ein Schauer des wiedererwachten Lebens durchströmte ihren Körper. Mit sanfter Beharrlichkeit ließ sie ihre Träume nicht in Worte fassen und hoffte fast, dass sie für immer so weitermachen könnte, wenn dieser starke Mann in ihre Gegenwart käme und in den Mauern ihres Hauses in seine eigenen Angelegenheiten vertieft sitze. Manchmal wollte sie, dass er redete, und wünschte, sie hätte die Macht, ihn dazu zu bringen, kleine Fakten aus seinem Leben zu erzählen. Sie wollte von seiner Mutter und seinem Vater, von seiner Kindheit in der Stadt in Pennsylvania, von seinen Träumen und Wünschen erfahren, aber im Großen und Ganzen gab sie sich mit dem Warten zufrieden und hoffte nur, dass nichts passieren würde, was ihrem Warten ein Ende bereiten würde.

McGregor begann, Geschichtsbücher zu lesen und vertiefte sich in die Figuren bestimmter Männer, allesamt Soldaten und Soldatenführer, die über die Seiten schlenderten, auf denen die Geschichte des menschlichen Lebens geschrieben stand. Die Figuren von Sherman, Grant, Lee, Jackson, Alexander, Caesar, Napoleon und Wellington schienen sich deutlich von den anderen Figuren in den Büchern abzuheben, und als er in der Mittagsstunde in die öffentliche Bibliothek ging, bekam er Bücher über diese Männer und verlor eine Zeit lang das Interesse am Studium der Rechtswissenschaften und widmete sich der Betrachtung der Gesetzesbrecher.

Damals hatte McGregor etwas Schönes an sich. Er war so jungfräulich und rein wie ein Brocken harter Steinkohle aus den Hügeln seines eigenen Staates und wie die Kohle, die bereit war, sich selbst zur Macht zu verbrennen. Die Natur war gütig zu ihm gewesen. Er hatte die Gabe der Stille und der Isolation. Überall um ihn herum waren andere Männer, körperlich vielleicht so stark wie er selbst und mit besser geschultem Geist, die zerstört wurden, und er wurde nicht zerstört. Für die anderen lässt sich das Leben in der endlosen Erledigung kleiner Aufgaben, dem Nachdenken kleiner Gedanken und dem immer wieder endlosen Aussprechen von Wortgruppen ausleben wie Papageien, die in Käfigen sitzen und ihr Brot damit verdienen, Passanten zwei oder drei Sätze zuzuschreien von .

Es ist schrecklich, darüber zu spekulieren, wie der Mensch durch seine Fähigkeit, Worte zu sagen, besiegt wurde. Der Braunbär im Wald verfügt nicht über diese Kraft, und der Mangel daran hat es ihm ermöglicht, eine Art edles Verhalten zu bewahren, das uns leider fehlt. Immer weiter gehen wir durchs Leben, Sozialisten, Träumer, Gesetzesmacher, Warenverkäufer und Anhänger des Frauenwahlrechts, und wir sagen ständig Worte, abgenutzte Worte, krumme Worte, Worte ohne Kraft oder Schwangerschaft.

Die Sache ist eine Angelegenheit, über die sich Jugendliche und Mädchen, die zur Geschwätzigkeit neigen, ernsthaft Gedanken machen sollten. Wer es gewohnt ist, wird sich nie ändern. Die Götter, die sich über den Rand der Welt beugen, um über uns zu lachen, haben sie für ihre Unfruchtbarkeit gezeichnet.

Und doch muss das Wort weitergehen. McGregor, der Schweigende, wollte sein Wort. Er wollte, dass seine wahre Persönlichkeit als Individuum über dem Stimmengewirr erklingt, und dann wollte er die Stärke und Männlichkeit in sich selbst nutzen, um sein Wort weit zu tragen. Was er nicht wollte, war, dass sein Mund schmutzig wurde und sein Gehirn durch das Aussprechen der Worte und das Nachdenken über die Gedanken anderer Menschen taub wurde und dass er seinerseits zu einer bloßen, fleißigen, essenverzehrenden, plappernden Marionette der Götter wurde.

Lange fragte sich der Sohn des Bergmanns, welche Macht in den Männern steckte , deren Figuren auf den Seiten der Bücher, die er las, so kühn hervortraten. Er versuchte, über die Sache nachzudenken, während er in Ediths Zimmer saß oder alleine durch die Straßen ging. Im Lagerhaus blickte er mit neuer Neugier auf die Männer, die in den großen Räumen arbeiteten und Apfelfässer sowie Eier- und Obstkisten auf- und abstapelten Die Geschäfte begannen sich geschäftig zu entwickeln. Sie schwatzten nicht mehr, aber solange er blieb, arbeitete er verzweifelt und beobachtete verstohlen, wie er dastand und sie anstarrte.

fragte sich McGregor. Er versuchte, das Geheimnis der Kraft zu ergründen, die sie bereit machte, so lange zu arbeiten, bis ihre Körper gebeugt und gebeugt waren, die ihnen die Angst vor Scham verlieh und die sie am Ende zu bloßen Sklaven von Worten und Formeln machte.

Der verwirrte junge Mann, der die Männer im Lagerhaus beobachtete, begann zu denken, dass die Leidenschaft für die Fortpflanzung etwas damit zu tun haben könnte. Vielleicht hat seine ständige Verbindung mit Edith diesen Gedanken geweckt. Seine eigenen Lenden waren schwer von den Samen von Kindern, und nur die Versunkenheit in den Gedanken, sich selbst zu finden, hielt ihn davon ab, sich der Befriedigung seiner Lüste zu widmen. Eines Tages hatte er im Lagerhaus ein Gespräch über die Angelegenheit. Das Gespräch kam auf diese Weise zustande.

Im Lagerhaus kamen die Männer morgens durch die Tür herein und schwebten herein wie Fliegen, die an einem Sommertag durch die offenen Fenster hereinspazieren. Mit gesenktem Blick schlurften sie über den langen, kalkweißen Boden. Morgen für Morgen kamen sie zur Tür herein und gingen schweigend zu ihren Plätzen, blickten auf den Boden und blickten finster drein. Ein schlanker junger Mann mit strahlenden Augen, der tagsüber als Speditionskaufmann arbeitete, saß in einem kleinen Hühnerstall, und die Männer riefen ihm im Vorbeigehen ihre Nummern zu. Von Zeit zu Zeit versuchte der Schifffahrtsbeamte, ein Ire, mit einem von ihnen zu scherzen, indem er scharf mit einem Bleistift auf seinen Schreibtisch tippte, als wollte er Aufmerksamkeit erregen. „Sie taugen nichts“, sagte er sich, als sie auf seine Ausfälle nur vage lächelten. „Obwohl sie nur anderthalb Dollar am Tag bekommen, sind sie überbezahlt!“ Wie McGregor hegte er nichts als Verachtung für die Männer, deren Zahlen er in das Buch eintrug. Ihre Dummheit nahm er als Kompliment für sich selbst auf. „Wir sind diejenigen, die Dinge erledigen“, dachte er, während er den Bleistift hinter sein Ohr steckte und das Buch zuklappte. In seinem Kopf flammte der vergebliche Stolz des Mittelschichtsmenschen auf. In seiner Verachtung für die Arbeiter vergaß er auch, sich selbst zu verachten.

Eines Morgens standen McGregor und der Schiffsbeamte auf einer Bordplattform mit Blick auf die Straße, und der Schiffsbeamte sprach über die Abstammung. „Die Frauen der Arbeiter hier haben Kinder wie Rinder Kälber“, sagte der Ire. Von einem verborgenen Gefühl in ihm bewegt, fügte er herzlich hinzu. „Na ja, wofür ist ein Mann da? Es ist schön, Kinder im Haus zu sehen. Ich habe selbst vier Kinder. Wenn ich abends nach Hause komme, solltest du sie im Garten meines Hauses in Oak Park spielen sehen.“

McGregor dachte an Edith Carson und ein schwacher Hunger begann in ihm zu wachsen. Ein Wunsch, der später beinahe den Sinn seines Lebens zunichte machen sollte, machte sich bemerkbar. Mit einem Knurren kämpfte er gegen das Verlangen an und verwirrte den Iren, indem er ihn angriff. „Na, wie geht es dir besser?“ fragte er unverblümt. „Glauben Sie, dass Ihre Kinder wichtiger sind als ihre? Du hast vielleicht einen besseren Geist, aber ihre Körper sind besser und dein Geist hat dich, soweit ich das beurteilen kann, nicht gerade zu einer besonders auffälligen Figur gemacht.“

McGregor wandte sich von dem Iren ab, der angefangen hatte, vor Zorn zu stottern, und ging mit dem Aufzug in einen entfernten Teil des Gebäudes, um über die Worte des Iren nachzudenken. Von Zeit zu Zeit redete er scharf mit einem Arbeiter, der in einem der Gänge zwischen den Stapeln von Kisten und Fässern herumlungerte. Unter seiner Hand begann die Arbeit im Lagerhaus in Ordnung zu kommen, und der kleine grauhaarige Aufseher, der ihn angestellt hatte, rieb sich vor Freude die Hände.

In einer Ecke am Fenster stand McGregor und fragte sich, warum auch er sein Leben nicht dem Vatersein von Kindern widmen wollte. Im trüben Licht vor dem Fenster kroch langsam eine dicke alte Spinne. Im abscheulichen Körper des Insekts befand sich etwas, das dem Verstand des kämpfenden Denkers die Trägheit der Welt nahelegte. Unbestimmt tastete sein Geist nach Worten und Ideen, um auszudrücken, was in seinem Gehirn vorging. „Hässliche Krabbeldinger, die auf den Boden schauen", murmelte er. „Wenn sie Kinder haben, geschieht das ohne Ordnung oder Zweck. Es ist ein Unfall wie der Unfall der Fliege, die hier in das Netz fällt, das das Insekt gebaut hat. Das Kommen der Kinder ist wie das Kommen der Fliegen, es nährt bei den Menschen eine Art Feigheit. Die Männer hoffen vergeblich, bei den Kindern etwas geschehen zu sehen, wozu sie nicht den Mut haben."

Mit einem Fluch zerschmetterte McGregor mit seinem schweren Lederhandschuh das dicke Ding, das ziellos über das Licht wanderte. „Ich darf mich nicht von Kleinigkeiten verwirren lassen. Es wird immer noch versucht, mich in das Loch im Boden zu zwingen. Hier gibt es ein Loch, in dem Männer leben und arbeiten, genau wie in der Bergbaustadt, aus der ich komme."

McGregor eilte an diesem Abend aus seinem Zimmer und ging zu Edith. Er wollte sie ansehen und nachdenken. In dem kleinen Raum hinten saß er eine Stunde lang und versuchte, ein Buch zu lesen, und dann teilte er ihr zum ersten Mal seine Gedanken mit. „Ich versuche herauszufinden, warum Männer so wenig wichtig sind", sagte er plötzlich. „Sind sie bloße Werkzeuge für Frauen? Erzähl es mir. Sag mir, was Frauen denken und was sie wollen?"

Antwort abzuwarten, wandte er sich wieder der Lektüre des Buches zu. „Na ja", fügte er hinzu, „es muss mich nicht stören. Ich lasse mich von keiner Frau dazu verleiten, für sie ein Fortpflanzungswerkzeug zu sein."

Edith war alarmiert. Sie nahm McGregors Ausbruch als Kriegserklärung an sich selbst und ihren Einfluss und ihre Hände begannen zu zittern. Dann kam ihr ein neuer Gedanke. „Er braucht Geld, um in der Welt voranzukommen", sagte sie sich und ein kleiner Freudenschauer durchfuhr sie, als sie an ihren eigenen sorgfältig gehüteten Schatz dachte. Sie fragte sich, wie sie es ihm anbieten konnte, ohne dass die Gefahr einer Ablehnung bestand.

„Alles in Ordnung", sagte McGregor und bereitete sich auf den Abschied vor. „Man mischt sich nicht in die Gedanken eines Mannes ein."

Edith errötete und blickte wie die Arbeiter im Lagerhaus auf den Boden. Etwas in seinen Worten erschreckte sie und als er weg war , ging sie zu ihrem Schreibtisch und holte ihr Sparbuch heraus und blätterte mit neuer Freude darin um. Ohne zu zögern hätte sie, die sich nichts gönnte, McGregor alles gegeben.

Und der Mann ging auf die Straße und dachte über seine eigenen Angelegenheiten nach. Er verdrängte die Gedanken an Frauen und Kinder aus seinem Kopf und begann wieder an die bewegenden Persönlichkeiten der Geschichte zu denken, die ihn so stark angezogen hatten. Als er eine der Brücken überquerte, blieb er stehen und beugte sich über die Reling, um auf das schwarze Wasser unten zu schauen. „Warum ist es dem Denken nie gelungen, das Handeln zu ersetzen?" fragte er sich. „Warum sind die Männer, die Bücher schreiben, irgendwie weniger bedeutungsvoll als die Männer, die Dinge tun?"

McGregor war verblüfft über den Gedanken, der ihm gekommen war, und fragte sich, ob er den falschen Weg eingeschlagen hatte, als er in die Stadt kam und versuchte, sich weiterzubilden. Eine Stunde lang stand er in der Dunkelheit und versuchte, sich Gedanken zu machen. Es begann zu regnen, aber es machte ihm nichts aus. In seinem Gehirn begann sich der Traum einer riesigen Ordnung einzuschleichen, die aus der Unordnung herauskam. Er war wie jemand, der vor einer gigantischen Maschine mit vielen komplizierten Teilen stand, die anfingen, wie verrückt zu laufen, ohne Rücksicht auf den Zweck des Ganzen. „Auch im Denken liegt eine Gefahr", murmelte er vage. „Überall gibt es Gefahr, in der Arbeit , in der Liebe und im Denken. Was soll ich mit mir machen?"

McGregor drehte sich um und warf die Hände hoch. Ein neuer Gedanke fegte wie ein breiter Lichtstrahl durch die Dunkelheit seines Geistes. Er begann zu erkennen, dass die Soldaten, die Tausende von Männern in die Schlacht geführt hatten, ihn angezogen hatten, weil sie bei der Verwirklichung ihrer Ziele Menschenleben mit der Rücksichtslosigkeit von Göttern eingesetzt hatten. Sie hatten den Mut dazu gefunden und ihr Mut war großartig. Tief in den Herzen der Menschen schlummerte eine Liebe zur Ordnung, und sie hatten diese Liebe ergriffen. Wenn sie es schlecht benutzt hatten, spielte das eine Rolle? Hatten sie nicht den Weg gewiesen?

McGregors Geist erinnerte sich an eine Nachtszene in seiner Heimatstadt. Lebhaft sah er in seiner Fantasie die arme, ungepflegte kleine Straße gegenüber den Eisenbahnschienen und die Gruppen streikender Bergleute, die sich im Licht vor der Tür eines Saloons drängten, während auf der Straße eine Gruppe Soldaten vorbeimarschierte, deren Uniformen grau aussahen und deren Gesichter grimmig wirkten das unsichere Licht. „Sie marschierten", flüsterte McGregor. „Das hat sie so mächtig erscheinen lassen. Sie waren ganz normale Männer, aber sie gingen wie ein Mann mit. Etwas an dieser Tatsache veredelte sie. Das wusste Grant und Caesar wusste. Das ist es, was Grant und Caesar so groß erscheinen ließ. Sie wussten es und hatten keine Angst, ihr Wissen zu nutzen. Vielleicht haben sie sich nicht die Mühe gemacht, darüber nachzudenken, wie alles ausgehen würde. Sie hofften, dass ein anderer Typ Mann das Denken übernehmen würde. Vielleicht fiel ihnen überhaupt nichts ein, sondern sie gingen einfach voran und versuchten, jeder seinen Beitrag zu leisten.

„Ich werde hier meinen Teil beitragen", rief McGregor. „Ich werde den Weg finden." Sein Körper zitterte und seine Stimme dröhnte über den Fußweg der Brücke. Männer blieben stehen und blickten zurück auf die große, schreiende Gestalt. Zwei vorbeigehende Frauen schrien und rannten auf die Fahrbahn. McGregor ging schnell zu seinem eigenen Zimmer und seinen Büchern. Er wusste nicht, wie er den neuen Impuls nutzen sollte, der in ihn gekommen war, aber als er durch dunkle Straßen und an Reihen dunkler Gebäude vorbeiging , dachte er erneut an die große Maschine, die verrückt und ziellos lief, und war froh, dass er es tat kein Teil davon. „Ich werde für mich bleiben und bereit sein für das, was passiert", sagte er voller neuem Mut.

Buch III

KAPITEL I

Als McGregor sich den Platz im Apfellager gesichert hatte und mit seinem ersten Wochenlohn, zwölf Dollar, in der Tasche nach Hause in das Haus am Wycliff Place ging, dachte er an seine Mutter, Nance McGregor, die in den Minenbüros der Stadt in Pennsylvania arbeitete und das Falten eines Fünf-Dollar -Scheins schickte es ihr in einem Brief. „Ich werde jetzt anfangen, mich um sie zu kümmern", dachte er, und mit dem groben Sinn für Gerechtigkeit in solchen Angelegenheiten, der für arbeitende Menschen üblich ist, hatte er nicht die Absicht, sich zu benehmen. „Sie hat mich gefüttert, und jetzt werde ich anfangen, sie zu füttern", sagte er sich.

Die fünf Dollar kamen zurück. "Behalte es. Ich will dein Geld nicht", schrieb die Mutter. „Wenn Sie nach der Bezahlung Ihrer Ausgaben noch Geld übrig haben, beginnen Sie mit der Sanierung. Besorgen Sie sich besser ein neues Paar Schuhe oder einen Hut. Versuchen Sie nicht, auf mich aufzupassen. Ich werde es nicht haben. Ich möchte, dass du auf dich selbst aufpasst. Zieh dich gut an und halte deinen Kopf hoch, das ist alles, was ich verlange. In der Stadt ist Kleidung ein gutes Geschäft. Auf lange Sicht wird es mir mehr bedeuten, dich als echten Mann zu sehen, als dass du ein guter Sohn bist."

Als Nance in ihren Zimmern über der leerstehenden Bäckerei in Coal Creek saß, begann sie, neue Befriedigung aus der Betrachtung ihrer selbst als Frau mit einem Sohn in der Stadt zu ziehen. Am Abend dachte sie daran, wie er zwischen Männern und Frauen durch die überfüllten Straßen ging und wie sich ihre gebeugte kleine alte Gestalt vor Stolz aufrichtete. Als ein Brief kam, in dem sie von seiner Arbeit in der Abendschule erzählte, machte ihr Herz einen Sprung und sie schrieb einen langen Brief voller Gespräche über Garfield und Grant und über Lincoln, der am brennenden Tannenzweig lag und seine Bücher las. Es kam ihr unglaublich romantisch vor, dass ihr Sohn eines Tages Anwalt werden und in einem überfüllten Gerichtssaal aufstehen und anderen Männern seine Gedanken aus dem Kopf erzählen sollte. Sie dachte, wenn dieser große rothaarige Junge, der zu Hause so unbeherrschbar und so schnell mit den Fäusten gewesen war, am Ende ein Mann mit Büchern und Verstand sein sollte, dann hätten sie und ihr Mann, Cracked McGregor, nicht zusammengelebt vergeblich. Ein süßes neues Gefühl des Friedens überkam sie. Sie vergaß ihre eigenen Jahre der Arbeit und nach und nach kehrten ihre Gedanken zu dem schweigsamen Jungen zurück, der im Jahr nach dem Tod ihres Mannes mit ihr auf der Treppe vor ihrem Haus saß und mit ihm über die Welt sprach, und so dachte sie an ihn, a stiller, eifriger Junge, der dort in der fernen Stadt tapfer umhergeht.

Der Tod überraschte Nance McGregor. Nach einem ihrer langen Arbeitstage im Minenbüro erwachte sie und sah ihn grimmig und erwartungsvoll neben ihrem Bett sitzen. Seit Jahren litt sie wie die meisten Frauen der Kohlenstadt unter dem, was man „Herzensbeschwerden" nennt. Hin und wieder hatte sie „Schlechtphasen". An diesem Frühlingsabend legte sie sich ins Bett und kämpfte, auf die Kissen gestützt, ihren Kampf allein aus wie ein erschöpftes Tier, das sich in ein Loch im Wald verkrochen hat.

Mitten in der Nacht überkam sie die Überzeugung, dass sie sterben würde. Der Tod schien sich im Raum zu bewegen und auf sie zu warten. Auf der Straße standen zwei betrunkene Männer und unterhielten sich. Ihre Stimmen waren besorgt über ihre eigenen menschlichen Angelegenheiten, die durch das Fenster hereindrangen und der sterbenden Frau das Leben sehr nahe und teuer erscheinen ließen. „Ich war überall", sagte einer der Männer. „Ich war in Städten, an deren Namen ich mich nicht einmal erinnern kann. Sie fragen Alex Fielder, der in Denver einen Saloon betreibt. Fragen Sie ihn, ob Gus Lamont dort gewesen ist."

Der andere Mann lachte. „Du warst bei Jake und hast zu viel Bier getrunken", spottete er.

Nance hörte, wie die beiden Männer die Straße hinunterstolperten und der Reisende gegen den Unglauben seines Freundes protestierte. Es schien ihr, als würde das Leben mit all seinen Farben, Klängen und Bedeutungen vor ihrer Gegenwart davonlaufen. Die Abgase des Motors drüben an der Mine dröhnten in ihren Ohren. Sie stellte sich die Mine wie ein großes Monster vor, das unter der Erde schläft, seine riesige Nase in die Luft streckt und sein Maul offen hat, um Menschen zu fressen. In der Dunkelheit des Zimmers nahm ihr über die Stuhllehne geworfener Mantel die Form und Umrisse eines riesigen und grotesken Gesichts an, das schweigend an ihr vorbei in den Himmel starrte.

Nance McGregor keuchte und rang nach Luft. Sie umklammerte die Bettdecke mit ihren Händen und kämpfte grimmig und lautlos. Sie dachte nicht an den Ort, an den sie nach dem Tod gehen würde. Sie gab sich große Mühe, nicht dorthin zu gehen. Es war ihre Lebensgewohnheit gewesen, dafür zu kämpfen, keine Träume zu träumen.

Nance dachte an ihren Vater, der in den alten Tagen vor ihrer Hochzeit betrunken war und sein Geld herumwarf, an die Spaziergänge, die sie als junges Mädchen sonntagnachmittags mit ihrem Geliebten gemacht hatte, und an die Zeiten, als sie zusammen am Hang saßen mit Blick auf das Bauernland. Wie in einer Vision sah die sterbende Frau, wie sich das weite, fruchtbare Land vor ihr ausbreitete, und machte sich Vorwürfe, dass sie nicht mehr getan hatte, um ihrem Mann bei der Erfüllung der Pläne zu helfen, die sie und er gemacht hatten, dorthin zu gehen und dort zu leben. Dann dachte sie an die Nacht, als ihr Junge kam und wie sie, als sie ihren Mann aus der Mine holen wollten, ihn offensichtlich tot unter den umgestürzten Balken fanden, sodass sie glaubte, Leben und Tod hätten sie in einer Nacht Hand in Hand heimgesucht .

Nance saß steif im Bett. Sie meinte, das Geräusch schwerer Schritte auf der Treppe zu hören. „Das wird Beaut sein , der aus dem Laden kommt", murmelte sie und fiel tot auf das Kissen zurück.

KAPITEL II

Beaut McGregor ging nach Pennsylvania, um seine Mutter zu begraben, und spazierte an einem Sommernachmittag erneut durch die Straßen seiner Heimatstadt. Vom Bahnhof ging er sofort zu der leeren Bäckerei, über der er mit seiner Mutter gewohnt hatte, blieb aber nicht dort. Einen Moment lang stand er mit der Tasche in der Hand da und lauschte den Stimmen der Bergmannsfrauen im Raum darüber, dann stellte er die Tasche hinter eine leere Kiste und eilte davon. Die Stimmen der Frauen durchbrachen die Stille des Raumes, in dem er stand. Ihre dünne Schärfe schmerzte etwas in ihm und er konnte den Gedanken an die ebenso dünne, scharfe Stille, von der er wusste, dass sie sich über die Frauen legen würde, die sich im Raum darüber um den Leichnam seiner Mutter kümmerten, als er in die Gegenwart der Toten kam, nicht ertragen.

Entlang der Main Street ging er zu einem Eisenwarenladen und von dort aus zum Minenbüro. Dann begann er mit Spitzhacke und Schaufel auf der Schulter den Hügel hinaufzusteigen, den er als kleiner Junge mit seinem Vater hinaufgegangen war. Auf dem Heimweg im Zug kam ihm eine Idee. „Ich werde sie zwischen den Büschen am Hang sehen, der in das fruchtbare Tal hinabblickt", sagte er sich. Die Einzelheiten einer religiösen Diskussion zwischen zwei Arbeitern , die eines Tages in der Mittagsstunde im Lagerhaus stattgefunden hatte, kamen ihm in den Sinn, und als der Zug nach Osten fuhr , ertappte er sich zum ersten Mal dabei, über die Möglichkeit eines Lebens nach dem Tod zu spekulieren. Dann schob er die Gedanken beiseite. „ Wie dem auch sei , wenn Cracked McGregor zurückkommt, dann wirst du ihn dort finden, wie er auf dem Baumstamm am Hang sitzt", dachte er.

Mit den Werkzeugen auf der Schulter kletterte McGregor die lange Hügelstraße hinauf, die jetzt mit schwarzem Staub bedeckt war. Er wollte das Grab für die Beerdigung von Nance McGregor ausheben. Er warf keinen bösen Blick auf die Bergleute, die vorbeigingen und ihre Esseimer schwenkten, wie sie es früher getan hatten, sondern schaute auf den Boden und dachte an die tote Frau und fragte sich ein wenig, welchen Platz eine Frau in seinem eigenen Leben noch einnehmen würde . Am Hang wehte ein scharfer Wind, und der große Junge, der gerade erwachsen geworden war, arbeitete energisch daran, den Dreck fliegen zu lassen. Als das Loch tief geworden war , blieb er stehen und blickte dorthin, wo unten im Tal ein Mann, der Mais hackte, einer Frau zurief, die auf der Veranda eines Bauernhauses stand. Zwei Kühe, die an einem Zaun auf einem Feld standen, hoben ihre Köpfe und heulten laut. „Hier können die Toten liegen", flüsterte McGregor. „Wenn meine Zeit gekommen ist, werde ich hier erzogen." Ihm kam eine Idee. „Ich werde die Leiche meines Vaters bewegen lassen", sagte er sich. „Wenn ich etwas Geld verdient habe , werde ich das erledigen lassen. Hier werden wir am Ende alle liegen, wir alle McGregors .“

Der Gedanke, der McGregor gekommen war, gefiel ihm und er war auch zufrieden mit sich selbst, weil er den Gedanken gedacht hatte. Das Männliche in ihm ließ ihn die Schultern zurückwerfen. „Wir sind ein Paar, Vater und ich“, murmelte er, „ein Paar, und die Mutter hat keinen von uns verstanden. Vielleicht war nie eine Frau dazu bestimmt, uns zu verstehen.“

Er sprang aus dem Loch, schritt über die Hügelkuppe und begann den Abstieg in Richtung Stadt. Es war später Nachmittag und die Sonne war hinter Wolken untergegangen. „Ich frage mich, ob ich es selbst verstehe, ob es irgendjemand versteht“, dachte er, während er schnell weiterging, während die Werkzeuge auf seiner Schulter klapperten.

McGregor wollte nicht zurück in die Stadt und zu der toten Frau in dem kleinen Zimmer. Er dachte an die Frauen der Bergleute, die sich um die Toten gekümmert hatten, die mit verschränkten Händen dasaßen und ihn ansahen und sich von der Straße abwandten, um sich auf den umgestürzten Baumstamm zu setzen, wo er einmal an einem Sonntagnachmittag mit dem schwarzhaarigen Jungen gesessen hatte Er arbeitete im Billardraum und die Tochter des Bestatters hatte sich neben ihn gesetzt.

Und dann kam die Frau selbst den langen Hügel hinauf. Als sie näher kam, erkannte er ihre große Gestalt und aus irgendeinem Grund hatte er einen Kloß im Hals. Sie hatte gesehen, wie er die Stadt verließ, mit Spitzhacke und Schaufel auf der Schulter und nachdem er ihrer Meinung nach lange genug gewartet hatte, um die Zungen zum Schweigen zu bringen Es folgten Gerüchte. „Ich wollte mit dir reden“, sagte sie, kletterte über Baumstämme und setzte sich neben ihn.

Lange Zeit saßen der Mann und die Frau schweigend da und starrten auf die Stadt unten im Tal. McGregor meinte, sie sei blasser als je zuvor geworden und sah sie scharf an. Sein Verstand, der es gewohnt war, Frauen kritisch zu betrachten, als der Junge, der einst am selben Baumstamm gesessen und mit ihr geredet hatte, begann, ihren Körper zu inventarisieren. „Sie wird schon gebeugt“, dachte er. „Ich würde jetzt nicht mit ihr schlafen wollen.“

Am Baumstamm entlang bewegte sich die Tochter des Leichenbestatters auf ihn zu und schob mit einem schnellen Drang zur Kühnheit eine dünne Hand in seine. Sie begann von der toten Frau zu sprechen, die im Obergeschoss der Stadt lag. „Wir sind Freunde, seit du weg bist“, erklärte sie. „Sie hat gern von dir gesprochen und das hat mir auch gefallen.“

Mutig durch ihre eigene Kühnheit eilte die Frau weiter. „Ich möchte nicht, dass Sie mich missverstehen", sagte sie. „Ich weiß, dass ich dich nicht kriegen kann. Daran denke ich nicht."

Sie fing an, über ihre eigenen Angelegenheiten und die Tristesse des Lebens mit ihrem Vater zu sprechen, aber McGregors Geist konnte sich nicht auf ihr Gespräch konzentrieren . Als sie den Hügel hinuntergingen, verspürte er den Impuls, sie in die Arme zu nehmen und zu tragen, so wie der Cracked McGregor ihn einst getragen hatte, aber es war ihm so peinlich, dass er ihr seine Hilfe nicht anbot. Er glaubte, dass ihm zum ersten Mal jemand aus seiner Heimatstadt nahe gekommen war, und er betrachtete ihre gebeugte Gestalt mit einem seltsam neuen Gefühl der Zärtlichkeit. „Ich werde nicht mehr lange am Leben sein, vielleicht nicht ein Jahr. Ich habe die Schwindsucht", flüsterte sie leise, als er sie am Eingang zum Flur zurückließ, der zu ihrem Haus führte, und McGregor war von ihren Worten so gerührt, dass er sich umdrehte und eine weitere Stunde damit verbrachte, allein am Hang vor ihm umherzuwandern ging, um die Leiche seiner Mutter zu sehen.

Im Raum über der Bäckerei saß McGregor an einem offenen Fenster und blickte auf die schwach beleuchtete Straße hinunter. In einer Ecke des Zimmers lag seine Mutter in einem Sarg und hinter ihm saßen zwei Bergmannsfrauen in der Dunkelheit. Alle waren still und verlegen.

McGregor lehnte sich aus dem Fenster und beobachtete eine Gruppe Bergleute, die sich an einer Ecke versammelten. Er dachte an die Tochter des Bestatters, die nun dem Tode nahe war, und fragte sich, warum sie ihm plötzlich so nahe gekommen war. „Es liegt nicht daran, dass sie eine Frau ist, das weiß ich", sagte er sich und versuchte, die Angelegenheit aus seinem Kopf zu verbannen, indem er die Menschen unten auf der Straße beobachtete.

In der Bergbaustadt fand eine Versammlung statt. Am Rand des Bürgersteigs lag eine Kiste, und darauf kletterte derselbe junge Hartnet , der einst mit McGregor gesprochen hatte und seinen Lebensunterhalt damit verdiente, Vogeleier zu sammeln und Eichhörnchen in den Hügeln zu fangen. Er hatte Angst und redete schnell. Dann stellte er einen großen Mann mit einer flachen Nase vor, der, nachdem er seinerseits auf die Kiste geklettert war, begann, Geschichten und Anekdoten zu erzählen, die die Bergleute zum Lachen bringen sollten.

McGregor hörte zu. Er wünschte, die Tochter des Leichenbestatters wäre da und hätte im abgedunkelten Raum neben ihm gesessen. Er dachte, er würde ihr gerne von seinem Leben in der Stadt erzählen und davon, wie unorganisiert und wirkungslos ihm das gesamte moderne Leben vorkam. Traurigkeit überkam ihn und er dachte an seine tote Mutter und daran, wie diese andere Frau bald sterben würde. „Es ist genauso gut. Vielleicht gibt es keinen anderen Weg, keinen geordneten Weg zu einem geordneten Ende. Vielleicht muss man sterben und zur Natur zurückkehren, um das zu erreichen", flüsterte er vor sich hin.

Unten auf der Straße begann der Mann auf der Loge, ein reisender sozialistischer Redner, von der bevorstehenden sozialen Revolution zu sprechen. Während er sprach, kam es McGregor so vor, als sei sein Kiefer durch langes Wedeln locker geworden und sein ganzer Körper sei locker und ohne Kraft zusammengefügt. Der Sprecher tanzte auf der Kiste auf und ab und seine Arme flatterten hin und her, und auch diese schienen locker und nicht Teil des Körpers zu sein.

„Stimmen Sie mit uns ab und die Sache ist erledigt", rief er. „Wirst du die Dinge für immer von ein paar Männern leiten lassen? Hier lebst du wie ein Biest und zollst deinen Herren Tribut. Erwecke dich. Begleiten Sie uns im Kampf. Ihr selbst könnt Meister sein, wenn ihr nur so denkt."

„Sie müssen etwas mehr tun als nur nachdenken", brüllte McGregor, während er sich weit zum Fenster hinausbeugte. Wie immer, wenn er Männer Worte sagen hörte, war er blind vor Wut. Er erinnerte sich noch genau an die Spaziergänge, die er manchmal nachts durch die Straßen der Stadt unternommen hatte, und an die Atmosphäre der unordentlichen Wirkungslosigkeit, die ihn überall umgab. Und hier in der Bergbaustadt war es dasselbe. Auf jeder Seite von ihm erschienen leere, leere Gesichter und lockere, schlecht zusammengewachsene Körper.

„Die Menschheit sollte wie eine große Faust sein, die bereit ist zu zerschlagen und zuzuschlagen. „Es sollte bereit sein, niederzuschlagen, was sich ihm in den Weg stellt", rief er, was die Menge auf der Straße in Erstaunen versetzte und die beiden Frauen, die mit ihm neben der Toten im abgedunkelten Raum saßen, in eine Art Hysterie versetzte.

KAPITEL III

Die Beerdigung von Nance McGregor war ein Ereignis in Coal Creek. In den Köpfen der Bergleute stand sie für etwas. Sie fürchteten und hassten den Ehemann und den großen Sohn mit den großen Fäusten und empfanden dennoch Zärtlichkeit für die Mutter und die Ehefrau. „Sie hat ihr Geld verloren, als sie uns Brot verteilte", sagten sie, während sie auf die Theke im Saloon hämmerten. Die Neuigkeiten kursierten unter ihnen, und sie kamen immer wieder auf das Thema zurück. Die Tatsache, dass sie ihren Mann zweimal verloren hatte – einmal in der Mine, als das Holz herunterfiel und sein Gehirn trübte, und später, als sein Körper nach der schrecklichen Zeit des Feuers in der Mine schwarz und verzerrt in der Nähe der Tür zum McCrary-Schnitt lag – wurde vielleicht vergessen, aber die Tatsache, dass sie einst ein Geschäft geführt hatte und ihr Geld dafür verloren hatte, wurde nicht vergessen.

Am Tag der Beerdigung kamen die Bergleute aus dem Bergwerk und standen in Gruppen auf der offenen Straße und in der leerstehenden Bäckerei. Den Männern der Nachtschicht wurden die Gesichter gewaschen und ihnen wurden weiße Papierhalsbänder um den Hals gelegt. Der Mann, dem der Saloon gehörte, schloss die Vordertür ab und steckte die Schlüssel in die Tasche. Er stand auf dem Bürgersteig und blickte schweigend auf die Fenster von Nance McGregors Zimmern. Über die Landebahn der Minen kamen andere Bergleute – Männer der Tagschicht. Sie stellten ihre Essenseimer auf den Stein vor dem Saloon und überquerten die Eisenbahnlinie, knieten nieder und wuschen ihre geschwärzten Gesichter in dem roten Bach, der am Fuße der Böschung floss. Die Stimme des Predigers, ein schlanker, wespenähnlicher junger Mann mit schwarzes Haar und dunkle Schatten unter seinen Augen schwebten zu den lauschenden Männern. Ein Zug vollbeladener Kokswaggons rumpelte an der Rückseite der Geschäfte vorbei.

McGregor saß am Kopfende des Sarges und trug einen neuen schwarzen Anzug. Er starrte auf die Wand hinter dem Kopf des Predigers, hörte nichts und dachte über seine eigenen Gedanken nach.

Hinter McGregor saß die blasse Tochter des Bestatters. Sie beugte sich vor, bis sie die Rückenlehne des Stuhls vor ihr berührte, und saß da, ihr Gesicht in einem weißen Taschentuch vergraben. Ihr Weinen übertönte die Stimme des Predigers in dem überfüllten kleinen Raum voller Bergmannsfrauen, und während er für die Toten betete, bekam sie einen heftigen Hustenanfall und musste aufstehen und eilig den Raum verlassen .

Nach den Gottesdiensten in den Räumen über der Bäckerei formierte sich eine Prozession auf der Main Street. Wie ungeschickte Jungen bildeten die Bergleute Gruppen und gingen hinter dem schwarzen Leichenwagen und der Kutsche her, in der der Sohn der Toten mit dem Pfarrer saß. Die Männer sahen sich ständig an und lächelten verlegen. Es gab keine Vereinbarung, dem Leichnam bis zu seinem Grab zu folgen, und als sie an den Sohn und die Haltung dachten , die er ihnen gegenüber immer beibehalten hatte, fragten sie sich, ob er wollte, dass sie ihm folgten oder nicht.

Und McGregor war sich dessen nicht bewusst. Er saß in der Kutsche neben dem Pfarrer und starrte mit blicklosen Augen über die Köpfe der Pferde hinweg. Er dachte an sein Leben in der Stadt und daran, was er in Zukunft dort tun sollte, an Edith Carson, die im billigen Tanzlokal saß und an die Abende, die er mit ihr verbracht hatte, an den Friseur auf der Parkbank, der über Frauen redete und von seinem Leben mit seiner Mutter, als er ein Junge in der Bergbaustadt war.

Als die Kutsche langsam den Hügel hinauffuhr, gefolgt von den Bergleuten, begann McGregor, seine Mutter zu lieben. Zum ersten Mal erkannte er , dass ihr Leben voller Sinn war und dass sie in der Art ihrer Frau in den Jahren geduldiger Arbeit genauso heldenhaft gewesen war wie ihr Mann Cracked McGregor, als er in der brennenden Mine in den Tod gerannt war. McGregors Hände begannen zu zittern und seine Schultern strafften sich. Er wurde sich der Männer bewusst, der stummen, geschwärzten Kinder der Arbeit, die ihre müden Beine den Hügel hinaufschleppten.

Wofür? McGregor stand in der Kutsche auf, drehte sich um und blickte die Männer an. Dann fiel er auf dem Kutschensitz auf die Knie und beobachtete sie gespannt. Seine Seele schrie nach etwas, von dem er glaubte, es müsse in der schwarzen Masse von ihnen verborgen sein, etwas, das der Grundton ihres Lebens war, etwas, nach dem er nicht gesucht hatte und an die er nicht geglaubt hatte.

McGregor, der in der offenen Kutsche oben auf dem Hügel kniete und zusah, wie die marschierenden Männer sich langsam nach oben quälten, erlebte plötzlich eines dieser seltsamen Erwachen, die der Lohn für Tapferkeit in beleibten Seelen sind. Ein starker Wind hob den Rauch aus den Koksöfen und blies ihn die Hügelwand auf der anderen Seite des Tals hinauf, und der Wind schien auch einen Teil des Dunstes, der seine Augen bedeckt hatte, aufgehoben zu haben. Am Fuße des Hügels entlang der Eisenbahnlinie konnte er den kleinen Bach sehen, einen der blutroten Bäche des Minenlandes, und die mattroten Häuser der Bergleute. Das Rot der Koksöfen, die rote Sonne, die hinter den Hügeln im Westen unterging, und schließlich der rote Bach, der wie ein Fluss aus Blut durch das Tal floss, erzeugten eine Szene, die sich in das Gehirn des Sohnes des Bergmanns einbrannte. Ein Kloß bekam seinen Hals, und einen Moment lang versuchte er vergeblich, seinen alten, befriedigenden Hass auf die Stadt und die Bergleute zurückzugewinnen, aber es gelang ihm nicht. Lange blickte er den Hügel hinunter, wo die Bergleute der Nachtschicht hinter der Kutsche und dem langsam fahrenden Leichenwagen den Hügel hinaufmarschierten. Es kam ihm so vor, als würden sie wie er aus dem Rauch und den kleinen schäbigen Häusern fernab der Ufer des blutroten Flusses in etwas Neues aufsteigen. Was? McGregor schüttelte langsam den Kopf wie ein Tier, das Schmerzen hat. Er wollte etwas für sich selbst, für all diese Männer. Es schien ihm, dass er wie Nance McGregor gerne tot liegen würde, um das Geheimnis dieses Wunsches zu erfahren.

Und dann, als ob als Antwort auf den Schrei aus seinem Herzen, marschierte die Reihe der marschierenden Männer in Bewegung. Ein augenblicklicher Impuls schien durch die Reihen der gebeugten, arbeitenden Gestalten zu gehen. Vielleicht hatten auch sie im Rückblick die Pracht des in Schwarz und Rot über die Landschaft gekritzelten Bildes wahrgenommen und waren dadurch bewegt worden, dass sich ihre Schultern aufrichteten und das lange, gedämpfte Lied des Lebens in ihren Körpern zu singen begann. Mit einem Schwung kamen die marschierenden Männer in Gleichschritt. In McGregors Kopf schoß der Gedanke an einen anderen Tag, als er mit dem halb verrückten Mann, der Vögel ausstopfte , auf demselben Hügel gestanden hatte und auf einem Baumstamm am Straßenrand saß und in der Bibel las, und wie er diese Männer gehasst hatte, weil sie nicht marschierten mit geordneter Präzision wie die Soldaten, die kamen, um sie zu unterwerfen. Im Nu wusste er, dass derjenige, der die Bergleute gehasst hatte, sie nicht mehr hasste. Mit napoleonischer Einsicht las er eine Lektion über den Unfall, als die Männer hinter seiner Kutsche in Gleichschritt gerieten. Ein großer, grimmiger Gedanke schoss ihm durch den Kopf. „ Eines Tages wird ein Mann kommen, der alle Arbeiter der Welt auf diese Weise zum Gleichschritt bewegen wird", dachte er. „Er wird sie besiegen lassen, nicht einander, sondern die schreckliche Unordnung des Lebens. Wenn ihr Leben durch Unordnung zerstört wurde, ist es nicht ihre Schuld. Sie wurden von den Ambitionen ihrer Anführer verraten, alle Menschen haben sie verraten." McGregor glaubte, dass sein Geist über die Männer herabschwebte, dass die Impulse seines Geistes wie Lebewesen zwischen ihnen umherliefen, zu ihnen riefen, sie berührten, sie streichelten. Liebe drang in seinen Geist ein und ließ seinen Körper kribbeln. Er dachte an die Arbeiter im Chicagoer Lagerhaus und an die Millionen anderer Arbeiter, die in dieser großen Stadt, in allen Städten überall, am Ende des Tages ohne Lied, nein, durch die Straßen zu ihren Häusern schlurften Hoffnung, nichts als ein paar dürftige Dollars, um Lebensmittel zu kaufen und den endlosen, schädlichen Plan der Dinge am Leben zu erhalten. „Auf meinem Land liegt ein Fluch", rief er. „Jeder ist hierher gekommen, um Gewinn zu machen, reich zu werden, etwas zu erreichen. Angenommen, sie würden anfangen, hier leben zu wollen. Angenommen, sie sollten aufhören, an Gewinn, Führer und Anhänger von Führern zu denken. Sie sind Kinder. Angenommen, sie sollten wie Kinder anfangen, ein größeres Spiel zu spielen. Angenommen, sie könnten einfach das Marschieren lernen, sonst nichts. Angenommen, sie würden anfangen, mit ihrem Körper das zu tun, wozu ihr Geist nicht stark genug ist – nur die eine einfache Sache zu lernen, zu marschieren, wann immer zwei, vier oder tausend von ihnen zusammenkommen, zu marschieren.“

McGregors Gedanken bewegten ihn so sehr, dass er schreien wollte. Stattdessen wurde sein Gesicht ernst und er versuchte, sich zu beherrschen. „Nein, warte“, flüsterte er. „Trainiere dich. Hier ist etwas, das Ihrem Leben einen Sinn geben kann. Seien Sie geduldig und warten Sie.“ Wieder schweiften seine Gedanken ab und wanderten zu den vorrückenden Männern. Tränen traten in seine Augen. „Männer haben ihnen diese große Lektion nur dann beigebracht, als sie töten wollten. Das muss anders sein. Jemand muss ihnen die große Lektion erteilen, nur um ihrer selbst willen, damit sie es auch wissen. Sie müssen Angst, Unordnung und Zwecklosigkeit vertreiben. Das muss an erster Stelle stehen.“

McGregor drehte sich um und zwang sich, ruhig neben dem Pfarrer in der Kutsche zu sitzen. Er wurde verbittert gegen die Anführer der Menschen, die Persönlichkeiten der alten Geschichte, die einst eine so große Rolle in seinem Kopf gespielt hatten.

„Sie haben ihnen das Geheimnis halb verraten, nur um sie dann zu verraten“, murmelte er. „Die Männer der Bücher und des Verstandes haben dasselbe getan. Dieser Kerl mit dem schlaffen Kiefer letzte Nacht auf der Straße – es müssen Tausende sein, die reden, bis ihre Kiefer locker hängen wie abgenutzte Tore. Worte bedeuten nichts, aber wenn ein Mann mit tausend anderen Männern marschiert und dies nicht zum Ruhm eines Königs tut, dann wird es etwas bedeuten. Dann wird er wissen, dass er Teil von etwas Realem ist, und er wird den Rhythmus der Masse erfassen und sich der Tatsache rühmen, dass er Teil der Masse ist und dass die Masse eine Bedeutung hat. Er wird sich großartig und kraftvoll fühlen.“ McGregor lächelte grimmig. „Das wussten die großen Heerführer“, flüsterte er. „Und sie haben Männer verkauft. Sie haben dieses Wissen genutzt, um Männer zu unterwerfen und sie dazu zu bringen, ihren eigenen kleinen Zwecken zu dienen.“

McGregor blickte weiterhin auf die Männer zurück und wunderte sich auf seltsame Weise über sich selbst und den Gedanken, der ihm gekommen war. „Es ist machbar“, sagte er plötzlich laut. „Irgendwann wird es jemand tun . Warum nicht bei mir?“

Sie begruben Nance McGregor in dem tiefen Loch, das ihr Sohn vor dem Baumstamm am Hang gegraben hatte. Am Morgen seiner Ankunft hatte er die Erlaubnis der Bergbaugesellschaft eingeholt, der das Land gehörte, dies zur Grabstätte der McGregors zu machen .

Als der Gottesdienst am Grab beendet war, sah er sich um und betrachtete die Bergleute, die unbedeckt am Hügel und auf der Straße standen, die ins Tal führte, und hatte das Gefühl, dass er ihnen gerne sagen würde, was ihm durch den Kopf ging. Er verspürte den Impuls, auf den Baumstamm neben dem Grab zu springen und in der Gegenwart der grünen Felder, die sein Vater liebte, über das Grab von Nance McGregor hinweg zu ihnen zu rufen und zu sagen: „Eure Sache soll meine Sache sein." Mein Gehirn und meine Kraft sollen dir gehören. Deine Feinde werde ich mit meiner bloßen Faust schlagen." Stattdessen ging er schnell an ihnen vorbei und stieg, nachdem er den Hügel erreicht hatte, in Richtung der Stadt in die hereinbrechende Nacht hinab.

McGregor konnte in der letzten Nacht, die er jemals in Coal Creek verbringen sollte, nicht schlafen. Als es dunkel wurde, ging er die Straße entlang und blieb am Fuß der Treppe stehen, die zum Haus der Tochter des Leichenbestatters führte. Die Emotionen, die ihn im Laufe des Nachmittags überwältigt hatten, hatten seinen Geist gedämpft und er wollte mit jemandem zusammen sein , der ebenfalls gedämpft und ruhig war. Als die Frau nicht die Treppe herunterkam, um im Flur zu stehen, wie sie es in seiner Kindheit getan hatte, ging er hinauf und klopfte an ihre Tür. Gemeinsam gingen sie die Main Street entlang und kletterten den Hügel hinauf.

Die Tochter des Bestatters hatte Schwierigkeiten beim Gehen und musste anhalten und sich auf einen Stein am Straßenrand setzen. Als sie versuchte aufzustehen, nahm McGregor sie in seine Arme und als sie protestierte, klopfte er ihr mit seiner großen Hand auf die schmale Schulter und flüsterte ihr etwas zu. „Sei still", sagte er. „Sprich über nichts. Sei einfach ruhig."

Die Nächte in den Hügeln oberhalb der Bergbaustädte sind herrlich. Die langen Täler, die von den Eisenbahnen zerschnitten und aufgeschlitzt und von den schäbigen kleinen Häusern der Bergleute hässlich gemacht wurden, verschwinden halb in der sanften Schwärze. Aus der Dunkelheit tauchen Geräusche auf. Kohlewaggons knarren und protestieren, während sie über Schienen geschoben werden. Stimmen schreien. Mit einem langen, hallenden Rasseln schüttet einer der Grubenwagen seine Ladung über eine Metallrutsche in einen Wagen, der auf den Eisenbahnschienen steht. Im Winter werden entlang der Gleise kleine Feuer von den Arbeitern angezündet, die rund um das Fass beschäftigt sind, und in Sommernächten kommt der Mond heraus und berührt mit wilder Schönheit die schwarzen Rauchschwaden, die von den langen Reihen der Koksöfen aufsteigen.

Mit der kranken Frau in seinen Armen saß McGregor schweigend auf dem Hügel oberhalb von Coal Creek und ließ neue Gedanken und neue Impulse mit seinem Geist spielen. Die Liebe zur Gestalt seiner Mutter, die er im Laufe des Nachmittags empfand, kehrte zurück und er nahm die Frau des Minenlandes in seine Arme und drückte sie eng an seine Brust.

Der kämpfende Mann in den Hügeln seines eigenen Landes, der versuchte, seine Seele von dem durch die Unordnung des Lebens gezüchteten Menschenhass zu befreien, hob seinen Kopf und drückte den Körper der Tochter des Leichenbestatters fest an seinen eigenen Körper. Die Frau, die seine Stimmung verstand, zupfte mit ihren dünnen Fingern an seinem Mantel und wünschte, sie könnte dort in der Dunkelheit in den Armen des Mannes sterben, den sie liebte. Als er sich ihrer Anwesenheit bewusst wurde und den Griff seiner Arme um ihre Schultern lockerte, lag sie still und wartete darauf, dass er immer wieder vergaß, sie fest zu drücken und sie in ihrem erschöpften Körper seine enorme Kraft und Männlichkeit spüren zu lassen.

„Es ist ein Job. Das ist etwas Großes, das ich versuchen kann", flüsterte er vor sich hin und stellte sich vor, wie die große, ungeordnete Stadt in den westlichen Ebenen vom Schwung und Rhythmus der Männer erschüttert wurde, erwachte und mit ihren Körpern ein Lied neuen Lebens erweckte.

Buch IV

KAPITEL I

Chicago ist eine riesige Stadt und Millionen von Menschen leben innerhalb der Grenzen ihres Einflusses. Es liegt im Herzen Amerikas, fast in Hörweite der knarrenden grünen Maisblätter in den riesigen Maisfeldern des Mississippi-Tals. Es wird von Horden von Männern aller Nationen bewohnt, die über die Meere oder aus westlichen Mais- und Schifffahrtsstädten gekommen sind, um ihr Glück zu machen. Auf allen Seiten sind Männer damit beschäftigt, Vermögen zu machen.

In kleinen polnischen Dörfern wurde geflüstert: „In Amerika bekommt man viel Geld", und abenteuerlustige Seelen machten sich auf den Weg, um schließlich ein wenig ratlos und beunruhigt in engen, übel riechenden Räumen in der Halstead Street in Chicago zu landen.

In amerikanischen Dörfern wurde die Geschichte erzählt. Hier wurde nicht geflüstert, sondern geschrien. Zeitschriften und Zeitungen haben die Arbeit erledigt. Das Wort vom Geldverdienen weht über das Land wie ein Wind durch das Korn. Die jungen Männer hören zu und fliehen nach Chicago. Sie haben Kraft und Jugend, aber in ihnen wurde kein Traum aufgebaut , keine Tradition der Hingabe an etwas anderes als den Gewinn.

Chicago ist ein riesiger Abgrund der Unordnung. Hier ist die Gier nach Gewinn, der Geist der Bourgeoisie, der von Begierden betrunken ist. Das Ergebnis ist etwas Schreckliches. Chicago ist führerlos, ziellos, schlampig und auf den Fersen.

Und hinter Chicago liegen die langen Maisfelder, die nicht ungeordnet sind. Im Mais liegt Hoffnung. Der Frühling kommt und der Mais ist grün. Es schießt aus dem schwarzen Land empor und stellt sich in geordneten Reihen auf. Der Mais wächst und denkt nur an Wachstum. Der Mais trägt Früchte, wird abgeholzt und verschwindet. Die Scheunen sind bis zum Bersten gefüllt mit den gelben Maisfrüchten.

Und Chicago hat die Lektion des Mais vergessen. Alle Männer haben es vergessen. Den jungen Männern, die aus den Maisfeldern kommen, um in der Stadt zu leben, wurde es nie erzählt.

Nur ein einziges Mal in der Neuzeit wurde die Seele Amerikas bewegt. Der Bürgerkrieg fegte wie ein reinigendes Feuer durch das Land. Männer marschierten gemeinsam und kannten das Gefühl, Schulter an Schulter zu agieren. Braune, kräftige, bärtige Gestalten kehrten nach dem Krieg in die Dörfer zurück. Der Beginn einer Literatur der Stärke und Männlichkeit entstand.

Und dann verging die Zeit des Kummers und der aufwühlenden Anstrengung und der Wohlstand kehrte zurück. Nur die Alten sind heute durch das Leid der damaligen Zeit zusammengehalten, und es hat kein neues nationales Leid gegeben.

Es ist ein Sommerabend in Amerika und die Bürger sitzen nach der Anstrengung des Tages in ihren Häusern. Sie sprechen von den Kindern in der Schule oder von der neuen Schwierigkeit, die hohen Lebensmittelpreise zu bewältigen. In Städten spielen die Bands in den Parks. In den Dörfern gehen die Lichter aus und man hört das Geräusch eiliger Pferde auf fernen Straßen.

Ein nachdenklicher Mann, der an einem solchen Abend durch die Straßen von Chicago geht, sieht Frauen in weißen Hemdbündchen und Männer mit Zigarren im Mund, die auf den Veranden der Häuser sitzen. Der Mann kommt aus Ohio. Er besitzt eine Fabrik in einer der großen Industriestädte dort und ist in die Stadt gekommen, um seine Produkte zu verkaufen. Er ist ein Mann der besseren Sorte, ruhig, effizient, freundlich. In seiner eigenen Gemeinschaft respektiert ihn jeder und er respektiert sich selbst. Jetzt geht er und gibt sich seinen Gedanken hin. Er kommt an einem Haus zwischen Bäumen vorbei, in dem ein Mann im Licht, das durch ein Fenster fällt, Gras mäht. Das Lied des Rasenmähers bewegt den Spaziergänger. Er läuft müßig die Straße entlang und schaut durch die Fenster auf die Drucke an den Wänden. Eine weiß gekleidete Frau sitzt am Klavier und spielt. „Das Leben ist gut“, sagt er und zündet sich eine Zigarre an; „Es steigt immer weiter in Richtung einer Art universeller Gerechtigkeit.“

Und dann sieht der Spaziergänger im Licht einer Straßenlaterne einen Mann über den Bürgersteig stolpern, murmelnd und sich mit den Händen an einer Mauer bedienen. Der Anblick stört die angenehmen, befriedigenden Gedanken, die ihm durch den Kopf gehen, nicht wesentlich. Er hat im Hotel gut zu Abend gegessen, er weiß, dass betrunkene Männer oft nichts weiter sind als fröhliche, geldverschwendende Hunde, die sich morgen früh an ihre Arbeit machen und sich insgeheim wohler fühlen für den Abend mit Wein und Gesang.

Mein nachdenklicher Mann ist ein Amerikaner, dem die Krankheit des Komforts und des Wohlstands im Blut liegt. Er schlendert weiter und biegt um eine Ecke. Er ist zufrieden mit der Zigarre, die er raucht, und, wie er beschließt, zufrieden mit dem Alter, in dem er lebt. „Agitatoren mögen jammern“, sagt er, „aber im Großen und Ganzen ist das Leben gut, und ich werde mein Leben damit verbringen, mich um die anstehenden Geschäfte zu kümmern.“

Der Spaziergänger ist um eine Ecke in eine Seitenstraße abgebogen. Zwei Männer kommen aus der Tür eines Saloons und stehen unter einer Lampe auf dem Bürgersteig. Sie schwenken ihre Arme auf und ab. Plötzlich springt einer von ihnen vor und stößt seinen Begleiter mit einem schnellen Vorwärtsschub seines Körpers und dem Aufblitzen einer geballten Faust im Lampenlicht in die Dachrinne. Unten auf der Straße sieht er Reihen hoher, rauchverhangener Backsteingebäude, die schwarz und bedrohlich am Himmel hängen. Am Ende einer Straße hebt ein riesiger mechanischer Apparat Kohlenwagen an und wirft sie brüllend und klappernd in die Eingeweide eines Schiffs, das im Fluss festgemacht ist.

Der Spaziergänger wirft seine Zigarre weg und schaut sich um. Ein Mann geht vor ihm durch die stille Straße. Er sieht, wie der Mann seine Faust in den Himmel streckt und bemerkt mit Schrecken die Bewegung seiner Lippen und die Größe und Hässlichkeit des Gesichts im Lampenlicht.

Wieder geht er weiter, jetzt eilend, um eine weitere Ecke in eine Straße voller Pfandleihhäuser, Bekleidungsgeschäfte und Stimmengewirr . In seinem Kopf schwebt ein Bild. Er sieht zwei Jungen in weißen Stramplern, die auf einem Vorstadtrasen ein zahmes Kaninchen mit Klee füttern, und wünscht sich, er wäre in seinem eigenen Zuhause zu Hause. In seiner Fantasie gehen die beiden Söhne unter Apfelbäumen spazieren, lachen und kämpfen um ein großes Bündel frisch gepflückten, duftenden Klees. Der seltsam aussehende rote Mann mit dem riesigen Gesicht, den er auf der Straße gesehen hat, blickt über eine Gartenmauer hinweg auf die beiden Kinder. In seinem Blick liegt eine Bedrohung, und die Bedrohung beunruhigt ihn. Ihm kommt die Idee in den Sinn, dass der Mann, der über die Mauer blickt, die Zukunft seiner Kinder zerstören will.

Die Nacht schreitet voran. Eine Treppe hinunter neben einem Bekleidungsgeschäft kommt eine Frau mit strahlend weißen Zähnen, gekleidet in ein schwarzes Kleid. Sie macht eine seltsame kleine ruckartige Bewegung mit dem Kopf zum Gehhilfe. Ein Streifenwagen mit klingelnden Glocken rast durch die Straße, zwei blau gekleidete Polizisten sitzen steif auf dem Sitz. Ein Junge — er darf nicht älter als sechs sein — rennt die Straße entlang und schiebt den Müßiggängern an den Ecken schmutzige Zeitungen unter die Nase, seine schrille Kinderstimme erhebt sich über den Lärm der Straßenbahnen und die scheppernden Geräusche des Streifenwagens.

Der Spaziergänger wirft seine Zigarre in die Rinne und steigt die Stufen einer Straßenbahn hinauf, um zurück zu seinem Hotel zu gelangen. Seine gute, nachdenkliche Stimmung ist verschwunden. Er wünscht sich halb, dass etwas Schönes in das amerikanische Leben kommen könnte, aber der Wunsch bleibt nicht bestehen. Er ist nur genervt und hat das Gefühl, dass ihm der schöne Abend irgendwie verdorben wurde. Er fragt sich, ob er in dem Geschäft, das ihn in die Stadt gebracht hat, erfolgreich sein wird. Während er das Licht in seinem Zimmer ausschaltet und seinen Kopf auf das

Kissen legt, lauscht er den Geräuschen der Stadt, die nun zu einem leisen dröhnenden Brüllen verschmelzen . Er denkt an die Ziegelfabrik am Ufer des Flusses in Ohio und schläft ein Das Gesicht des rothaarigen Mannes senkt sich von der Fabriktür auf ihn.

Als McGregor nach der Beerdigung seiner Mutter in die Stadt zurückkehrte, begann er sofort zu versuchen, seine Vorstellung von den marschierenden Männern in die Tat umzusetzen. Lange wusste er nicht, wie er anfangen sollte . Die Idee war vage und unklar. Es gehörte zu den Nächten in den Hügeln seines eigenen Landes und kam ihm ein wenig absurd vor, als er versuchte, im Tageslicht der North State Street in Chicago daran zu denken.

McGregor hatte das Gefühl, dass er sich vorbereiten musste. Er glaubte, dass er Bücher studieren und viel aus den in Büchern zum Ausdruck gebrachten Ideen der Menschen lernen könne, ohne von ihren Gedanken überwältigt zu werden. Er wurde Student und verließ den Platz im Apfellager zur heimlichen Erleichterung des kleinen, strahlenden Aufsehers, der es nie geschafft hatte, sich auf diesen großen roten Kerl zu stürzen, wie er auf den Deutschen geschimpft hatte vor McGregors Zeit. Der Lagerarbeiter hatte das Gefühl, dass während des Treffens an der Ecke vor dem Saloon an dem Tag, an dem McGregor anfing, für ihn zu arbeiten, etwas passiert war. Der Sohn des Bergmanns hatte ihn entmannt. „Ein Mann sollte der Chef an seinem Platz sein", murmelte er manchmal vor sich hin, während er durch die Gänge zwischen Reihen gestapelter Apfelfässer im oberen Teil des Lagerhauses ging und sich fragte, warum ihn die Anwesenheit von McGregor irritierte.

Von sechs Uhr abends bis zwei Uhr morgens arbeitete McGregor nun als Nachtkassierer in einem Restaurant in der South State Street unterhalb von Van Buren und von zwei bis sieben Uhr morgens schlief er in einem Zimmer, dessen Fenster auf den Michigan Boulevard blickten . Am Donnerstag hatte er frei, und sein Platz wurde für den Abend von dem Besitzer des Restaurants eingenommen, einem kleinen, lebhaften Iren namens Tom O'Toole.

McGregor bekam über das Bankkonto von Edith Carson die Chance, Student zu werden. Auf diese Weise ergab sich die Gelegenheit. An einem Sommerabend nach seiner Rückkehr aus Pennsylvania saß er mit ihr im abgedunkelten Laden hinter der geschlossenen Fliegengittertür. McGregor war mürrisch und still. Am Abend zuvor hatte er versucht, mit mehreren Männern im Lagerhaus über die Marching Men zu sprechen, aber sie hatten es nicht verstanden. Er beschuldigte seine Unfähigkeit, Worte zu finden, saß im Halbdunkel , das Gesicht in den Händen vergraben, blickte die Straße hinauf, sagte nichts und dachte bittere Gedanken.

Die Idee, die ihm gekommen war, machte ihn halb betrunken von ihren Möglichkeiten und er wusste, dass er sich davon nicht betrunken machen durfte. Er wollte damit beginnen, die Menschen dazu zu zwingen, einfache, bedeutungsvolle Dinge zu tun, statt unorganisierte, wirkungslose Dinge zu tun, und er verspürte die ständige Neigung, aufzustehen, sich zu strecken, auf die Straße zu rennen und mit seinen großen Armen zu sehen, ob er es nicht schaffte fege die Menschen vor sich her und starte sie auf den langen, zielgerichteten Marsch, der der Beginn der Wiedergeburt der Welt sein und das Leben der Menschen mit Sinn erfüllen sollte. Als ihm dann das Fieber aus dem Blut gewichen war und er die Menschen auf der Straße durch seinen grimmigen Gesichtsausdruck erschreckt hatte, versuchte er, sich dazu zu erziehen, ruhig da zu sitzen und zu warten.

Die Frau, die neben ihm in einem niedrigen Schaukelstuhl saß, begann, ihm etwas zu erzählen, was ihr durch den Kopf gegangen war. Ihr Herz machte einen Sprung und sie redete langsam, machte zwischen den Sätzen eine Pause, um das Zittern ihrer Stimme zu verbergen. „Würde es Ihnen bei dem, was Sie tun möchten, helfen, wenn Sie im Lagerhaus aufhören und Ihre Tage mit Lernen verbringen könnten?" Sie fragte.

McGregor sah sie an und nickte geistesabwesend. Er dachte an die Nächte in seinem Zimmer, als die harte, schwere Arbeit des Tages im Lagerhaus sein Gehirn betäubt zu haben schien.

„Neben dem Geschäft hier habe ich siebzehnhundert Dollar auf der Sparkasse", sagte Edith und drehte sich zur Seite, um den eifrigen, hoffnungsvollen Blick in ihren Augen zu verbergen. „Ich möchte es investieren. Ich möchte nicht, dass es daliegt und nichts tut. Ich möchte, dass Sie es annehmen und einen Anwalt aus sich machen."

Edith saß starr auf ihrem Stuhl und wartete auf seine Antwort. Sie hatte das Gefühl, dass sie ihn auf eine harte Probe gestellt hatte. In ihrem Kopf war eine neue Hoffnung. „Wenn er es annimmt , wird er nicht eines Nachts zur Tür hinausgehen und nie wieder zurückkommen."

McGregor versuchte nachzudenken. Er hatte nicht versucht, ihr seine neue Lebensauffassung zu erklären und wusste nicht, wie er anfangen sollte.

„ Warum nicht an meinem Plan festhalten und Anwalt werden?" fragte er sich. „Das könnte die Tür öffnen. Das werde ich tun", sagte er laut zu der Frau. „Sowohl du als auch meine Mutter haben darüber gesprochen, also werde ich es versuchen. Ja, ich nehme das Geld."

Wieder sah er sie an, als sie errötet und eifrig vor ihm saß und von ihrer Hingabe berührt war, so wie er von der Hingabe der Tochter des Leichenbestatters in Coal Creek berührt worden war. „Es macht mir nichts aus, Ihnen gegenüber Verpflichtungen zu haben", sagte er; „Ich kenne niemanden, dem ich es sonst nehmen würde."

Später ging der besorgte Mann auf der Straße umher und versuchte, neue Pläne zur Verwirklichung seines Vorhabens zu schmieden. Er ärgerte sich über das, was er für die Trägheit seines eigenen Gehirns hielt, und er reckte seine Faust in die Luft, um es im Lampenlicht zu betrachten. „Ich werde mich darauf vorbereiten, das intelligent zu nutzen", dachte er; „Ein Mann braucht in dem Kampf, in den ich mich begebe, ein geschultes Gehirn, das von einer großen Faust unterstützt wird."

Da ging der Mann aus Ohio mit den Händen in den Taschen vorbei und erregte seine Aufmerksamkeit. McGregors Nase stieg der Geruch von aromatischem Tabak in die Nase. Er drehte sich um und starrte den Eindringling gedankenverloren an. „Das ist es, wogegen ich kämpfen werde", knurrte er; „Die wohlhabenden Wohlhabenden, die eine ungeordnete Welt akzeptieren, die selbstgefälligen Männer, die in einer Welt wie dieser nichts Falsches sehen." Ich möchte sie so erschrecken, dass sie ihre Zigarren wegwerfen und wie Ameisen herumlaufen, wenn man Ameisenhaufen auf dem Feld umstößt."

KAPITEL II

McGregor begann, einige Vorlesungen an der Chicago University zu besuchen und spazierte zwischen den riesigen Gebäuden umher, die größtenteils mit der Großzügigkeit eines der führenden Geschäftsleute seines Landes errichtet wurden, und fragte sich, warum das große Bildungszentrum so wenig Teil der Stadt zu sein schien. Für ihn schien die Universität etwas völlig Eigenständiges zu sein, das nicht im Einklang mit seiner Umgebung stand. Es war wie ein teurer Schmuck, den ein Straßenjunge an der schmutzigen Hand trug. Er blieb dort nicht lange.

Eines Tages geriet er in einer der Vorlesungen beim Professor in Ungnade . Er saß inmitten anderer Studenten in einem Raum und war in Gedanken mit Gedanken an die Zukunft beschäftigt und darüber, wie er seine Bewegung der marschierenden Männer in Gang bringen könnte. Auf einem Stuhl neben ihm saß ein großes Mädchen mit blauen Augen und Haaren wie gelber Weizen. Sie war sich wie McGregor nicht bewusst, was um sie herum vorging, und saß mit halb geschlossenen Augen da und beobachtete ihn. In ihren Augenwinkeln lauerte ein amüsierter Glanz. Sie zeichnete Skizzen seines riesigen Mundes und seiner Nase auf einen Block Papier.

Links von McGregor saß mit ausgestreckten Beinen ein Jugendlicher, der an das gelbhaarige Mädchen dachte und einen Feldzug gegen sie plante. Sein Vater war ein Hersteller von Beerenkisten in einem Backsteingebäude auf der West Side und er wünschte, er würde in einer anderen Stadt zur Schule gehen, damit es nicht nötig wäre, zu Hause zu wohnen. Den ganzen Tag dachte er an das Abendessen und daran, dass sein Vater nervös und müde kam, um sich mit seiner Mutter über die Führung der Bediensteten zu streiten. Jetzt versuchte er, einen Plan zu entwickeln, um von seiner Mutter Geld zu bekommen, mit dem er ein Abendessen in einem Restaurant in der Innenstadt genießen konnte. Mit Freude dachte er an einen solchen Abend mit einer Schachtel Zigaretten auf dem Tisch und dem ihm gegenüber sitzenden gelbhaarigen Mädchen unter roten Lichtern. Er war ein typischer amerikanischer Jugendlicher der oberen Mittelschicht und besuchte die Universität nur, weil er es nicht eilig hatte, sein Leben in der Geschäftswelt zu beginnen.

Vor McGregor saß ein weiterer typischer Student, ein blasser, nervöser junger Mann, der mit den Fingern auf der Rückseite eines Buches trommelte. Es war ihm sehr wichtig, etwas zu lernen, und als der Professor in seinem Vortrag eine Pause einlegte , warf er die Hände hoch und stellte eine Frage. Als der Professor lächelte, lachte er laut. Er war wie ein Instrument, auf dem der Professor Akkorde anschlug.

Der Professor, ein kleiner Mann mit einem buschigen schwarzen Bart, schweren Schultern und einer großen, kräftigen Brille, sprach mit schriller Stimme voller Aufregung.

„Die Welt ist voller Unruhe", sagte er; „Männer kämpfen wie Küken im Schneckenhaus. Im Hinterland des Geistes eines jeden Menschen regen sich unruhige Gedanken. Ich mache Sie darauf aufmerksam, was an den Universitäten Deutschlands vor sich geht."

Der Professor hielt inne und blickte sich wütend um. McGregor war so irritiert über die seiner Meinung nach wortreiche Aussage des Mannes, dass er sich nicht zurückhalten konnte. Er fühlte sich wie damals, als der sozialistische Redner auf den Straßen von Coal Creek sprach. Mit einem Fluch stand er auf und trat mit dem Fuß aus, um seinen Stuhl wegzuschieben. Der Block Papier fiel vom Schoß des großen Mädchens und verstreute seine Blätter auf dem Boden. Ein Licht brannte in McGregors blauen Augen. Als er im Klassenzimmer vor der erschrockenen Klasse stand, hatte sein großer, roter Kopf etwas Edles an sich wie der Kopf eines schönen Tieres. Seine Stimme grollte aus seiner Kehle und das Mädchen sah ihn mit offenem Mund an.

„Wir gehen von Raum zu Raum und hören uns die Gespräche an", begann McGregor. „Abends an den Straßenecken in der Innenstadt und in Städten und Dörfern reden und reden Männer. Bücher werden geschrieben, die Kinnlade wackelt. Die Kiefer der Männer sind locker. Sie wackeln herum und sagen nichts."

McGregors Aufregung wuchs. „Wenn es all diese Unruhen gibt , warum kommt dann nichts zustande?" er forderte an. „Warum streben Sie, die Sie über geschulte Gehirne verfügen, nicht danach, das Geheimnis der Ordnung inmitten dieser Unordnung zu finden? Warum wird etwas nicht getan?"

Der Professor lief auf dem Bahnsteig auf und ab. „Ich weiß nicht, was du meinst", rief er nervös. McGregor drehte sich langsam um und starrte die Klasse an. Er versuchte es zu erklären. „Warum führen Männer ihr Leben nicht wie Männer?" er hat gefragt. „Ihnen muss das Marschieren beigebracht werden, Hunderttausende Männer. Glaubst du nicht?"

McGregors Stimme wurde lauter und seine große Faust wurde erhoben. „Die Welt sollte ein großes Lager werden", rief er. „Das Gehirn der Welt sollte an der Organisation der Menschheit beteiligt sein. Überall herrscht Unordnung und Männer plappern wie Affen im Käfig. Warum sollte jemand nicht mit der Organisation einer neuen Armee beginnen? Wenn es Männer gibt, die nicht verstehen, was gemeint ist, sollen sie niedergeschlagen werden."

Der Professor beugte sich vor und blickte McGregor durch seine Brille an. „Ich verstehe deine Art", sagte er und seine Stimme zitterte. „Die Klasse ist entlassen. Wir lehnen Gewalt hier ab."

Der Professor eilte durch eine Tür und einen langen Flur entlang, die Klasse plapperte ihm auf den Fersen. McGregor saß auf seinem Stuhl im leeren Klassenzimmer und starrte an die Wand. Als der Professor davoneilte, murmelte er vor sich hin: „Was geht hier rein? Was kommt in unsere Schulen?"

<hr>

Am späten Nachmittag saß McGregor in seinem Zimmer und dachte darüber nach, was in der Klasse passiert war. Er hatte beschlossen, keine Zeit mehr an der Universität zu verbringen, sondern sich ganz dem Studium der Rechtswissenschaften zu widmen. Mehrere junge Männer kamen herein.

Unter den Studenten der Universität schien McGregor sehr alt zu sein. Insgeheim wurde er sehr bewundert und war oft Gegenstand von Gesprächen. Diejenigen, die ihn jetzt besucht hatten, wollten, dass er einer griechischen Briefbruderschaft beitrat. Sie saßen in seinem Zimmer, auf dem Fensterbrett und auf einer Truhe an der Wand. Sie rauchten Pfeife und waren knabenhaft eifrig und enthusiastisch. Ein Glanz leuchtete in den Wangen des Sprechers – eines sauber aussehenden Jugendlichen mit schwarzen Locken und runden rosa – und – weißen Wangen, dem Sohn eines presbyterianischen Geistlichen aus Iowa.

„Sie wurden von unseren Kollegen ausgewählt, einer von uns zu sein", sagte der Sprecher. „Wir möchten, dass Sie ein Alpha Beta Pi werden. Es handelt sich um eine große Bruderschaft mit Niederlassungen in den besten Schulen des Landes. Lass mich dir sagen."

Er begann, eine Liste mit Namen von Staatsmännern, Hochschulprofessoren, Geschäftsleuten und bekannten Sportlern abzuspulen, die dem Orden angehörten.

McGregor saß an der Wand, schaute seine Gäste an und fragte sich, was er sagen würde. Er war ein wenig amüsiert und halb gekränkt und fühlte sich wie ein Mann, der von einem Sonntagsschullehrer auf der Straße angehalten und nach dem Wohlergehen seiner Seele gefragt wurde. Er dachte an Edith Carson, die in ihrem Laden in der Monroe Street auf ihn wartete, an die wütenden Bergleute, die im Saloon in Coal Creek standen und planten, in das Restaurant einzubrechen, während er mit dem Hammer in der Hand auf den Kampf wartete, und an die alte Mutter Elend, die herumging auf den Fersen der Pferde der Soldaten durch die Straßen des Bergbaudorfes und zu guter Letzt die schreckliche Gewissheit, dass diese strahlenden Jungen vernichtet und von der riesigen Handelsstadt, in der sie leben sollten, verschlungen würden.

„Es bedeutet sehr viel, einer von uns zu sein, wenn ein Junge in die Welt hinausgeht", sagte der lockige Junge. „Es hilft einem, weiterzukommen und mit den richtigen Leuten in Kontakt zu kommen. Ohne Männer, die du kennst, kannst du nicht weitermachen. Du solltest mit den besten Leuten zusammen sein." Er zögerte und blickte auf den Boden. „Es macht mir nichts aus, Ihnen zu sagen " , sagte er mit einem Ausbruch von Offenheit, „dass einer unserer stärkeren Männer – Whiteside, der Mathematiker – wollte, dass wir Sie haben. Er sagte, du wärst es wert . Er meinte, du solltest uns sehen und kennenlernen, und wir sollten dich sehen und kennenlernen."

McGregor stand auf und nahm seinen Hut von einem Nagel an der Wand. Er spürte die völlige Sinnlosigkeit des Versuchs, auszudrücken, was in seinen Gedanken vorging, und ging die Treppe zur Straße hinunter, während die Reihe der Jungen ihm in verlegenem Schweigen folgte und in der Dunkelheit des Flurs auf seinen Fersen stolperte. An der Straßentür blieb er stehen, blickte sie an und bemühte sich, seine Gedanken in Worte zu fassen.

„Ich kann nicht tun, was Sie verlangen", sagte er. „Ich mag dich und es gefällt mir , dass du mich bittest, mitzukommen, aber ich werde die Universität verlassen." Seine Stimme wurde sanfter. „Ich hätte dich gerne als Freunde", fügte er hinzu. „ Sie sagen, ein Mann muss nach einer Weile Leute kennen lernen ." Nun, ich würde dich gerne kennenlernen, während du bist, was du jetzt bist. Ich möchte dich nicht mehr kennenlernen, nachdem du das geworden bist, was du werden wirst."

McGregor drehte sich um, rannte die restlichen Stufen zum steinernen Bürgersteig hinunter und ging schnell die Straße hinauf. Sein Gesicht hatte einen strengen, harten Ausdruck und er wusste, dass er eine stille Nacht damit verbringen würde, darüber nachzudenken, was passiert war. „Ich hasse es, Jungs zu schlagen", dachte er, als er zu seiner Abendarbeit im Restaurant eilte.

KAPITEL III

Als McGregor als Rechtsanwalt zugelassen wurde und bereit war, seinen Platz unter den Tausenden junger Anwälte einzunehmen, die über den Chicagoer Bezirk verstreut waren , schreckte er halb davor zurück, seinen Beruf auszuüben. Sein Leben damit zu verbringen, mit anderen Anwälten über Kleinigkeiten zu streiten, war nicht das, was er wollte. Es kam ihm abscheulich vor, dass sein Platz im Leben durch seine Fähigkeit, zu streiten, festgeschrieben wurde.

Nacht für Nacht ging er allein durch die Straßen und dachte über die Sache nach. Er wurde wütend und fluchte. Manchmal war er von der Sinnlosigkeit der angebotenen Lebensweise so erschüttert, dass er versucht war, die Stadt zu verlassen und ein Landstreicher zu werden, einer der Horden abenteuerlustiger, unzufriedener Seelen, die ihr Leben damit verbringen, auf den amerikanischen Eisenbahnstrecken hin und her zu treiben.

Er arbeitete weiterhin im Restaurant South State Street, das von der Unterwelt unterstützt wurde. Abends von sechs bis zwölf herrschte im Handel Ruhe, und er saß da, las Bücher und beobachtete die ruhelos um sich schlagenden Menschenmengen, die am Fenster vorbeizogen. Manchmal war er so vertieft, dass einer der Gäste vorbeischlich und durch die Tür flüchtete, ohne seine Rechnung zu bezahlen. In der State Street bewegten sich die Menschen nervös auf und ab, irrten hier und da hin und her, ziellos wie Vieh, das in einem Pferch eingesperrt ist. Frauen in billigen Imitationen der Kleider, die ihre Schwestern zwei Blocks entfernt in der Michigan Avenue trugen, und mit bemalten Gesichtern starrten die Männer an. In den grell erleuchteten Lagerräumen, in denen billige, suggestive Shows stattfanden, sorgten Klaviere für ständigen Lärm.

In den Augen der Menschen, die die Abende in der South State Street müßig verbrachten, wurde der leere, ziellose Blick des modernen Lebens betont und schrecklich gemacht. Mit dem Starren ging der schlurfende Gang, das Wackeln der Kinnlade und das Aussprechen von Worten einher, die nichts bedeuteten. An der Wand eines Gebäudes gegenüber der Tür des Restaurants hing ein Transparent mit der Aufschrift „Sozialistisches Hauptquartier". Dort, wo das moderne Leben nahezu vollkommenen Ausdruck gefunden hatte, wo es keine Disziplin und keine Ordnung gab, wo die Menschen sich nicht bewegten, sondern wie Stöcke auf einem Meeresstrand trieben, hing das sozialistische Banner mit dem Versprechen der Genossenschaft Commonwealth.

McGregor betrachtete das Banner und die sich bewegenden Menschen und war in Meditation versunken. Er trat hinter dem Kassierer hervor, stand auf der Straße neben der Tür und starrte umher. Ein Feuer begann in seinen Augen zu brennen und die Fäuste, die er in seinen Manteltaschen steckte, waren geballt. Wieder wie damals, als er ein Junge in Coal Creek war, hasste er die Menschen. Die feine Liebe der Menschheit, die in einem Traum der Menschheit basierte, der durch eine große Leidenschaft in Ordnung und Bedeutung gebracht wurde, ging verloren.

Nach Mitternacht regte sich der Handel im Restaurant. Kellner und Barkeeper aus angesagten Restaurants des Loop-Viertels kamen vorbei, um sich mit Freundinnen unter den Frauen der Stadt zu treffen. Als eine Frau hereinkam, ging sie auf einen dieser jungen Männer zu. „Was für eine Nacht hattest du?" sie fragten einander.

Die Kellner, die zu Besuch kamen, standen herum und unterhielten sich leise. Während sie redeten, übten sie sich gedankenverloren in der Kunst, den Kunden Geld vorzuenthalten, das für sie eine Einnahmequelle darstellte. Sie spielten mit Münzen, warfen sie in die Luft, hielten sie in die Hand und ließen sie mit erstaunlicher Geschwindigkeit erscheinen und verschwinden. Einige von ihnen saßen auf Hockern an der Theke, aßen Kuchen und tranken Tassen heißen Kaffee.

Ein Koch , gekleidet in eine lange, schmutzige Schürze, kam aus der Küche ins Zimmer und stellte eine Schüssel auf die Arbeitsplatte und aß den Inhalt. Er versuchte, die Bewunderung der Müßiggänger durch Prahlerei zu gewinnen. Mit tosender Stimme rief er den Frauen zu, die an Tischen an der Wand saßen. Irgendwann in seinem Leben hatte der Koch für einen Wanderzirkus gearbeitet und er erzählte ständig von seinen Abenteuern auf der Straße und bemühte sich, in den Augen seines Publikums zum Helden zu werden.

McGregor las das Buch, das vor ihm auf der Theke lag, und versuchte, die erbärmliche Unordnung seiner Umgebung zu vergessen. Wieder las er von den großen Persönlichkeiten der Geschichte, den Soldaten und Staatsmännern, die Anführer der Menschheit waren. Wenn der Koch ihm eine Frage stellte oder eine Bemerkung machte, die für seine Ohren bestimmt war, blickte er auf, nickte und las noch einmal. Als im Raum Unruhe einsetzte, knurrte er einen Befehl, und die Unruhe ließ nach. Von Zeit zu Zeit kamen gut gekleidete Männer mittleren Alters, halb betrunken, und beugten sich über die Theke, um mit ihm zu flüstern. Er machte eine Handbewegung zu einer der Frauen, die an den Tischen an der Wand saßen und müßig mit Zahnstochern spielten. Als sie zu ihm kam , zeigte er auf den Mann und sagte: „Er möchte dir ein Abendessen spendieren."

Die Frauen der Unterwelt saßen an den Tischen und redeten über McGregor, und jede wünschte sich insgeheim, er würde ihr Liebhaber werden. Sie schwatzten wie Vorstadtfrauen und füllten ihr Gespräch mit vagen Anspielungen auf Dinge, die er gesagt hatte. Sie kommentierten seine Kleidung und seine Lektüre. Als er sie ansah, lächelten sie und rührten sich unruhig wie schüchterne Kinder.

Eine der Frauen der Unterwelt, eine dünne Frau mit eingefallenen roten Wangen, saß an einem Tisch und redete mit den anderen Frauen über die Aufzucht von weißen Leghorn-Hühnern. Sie und ihr Mann, ein dicker alter Schimmel, Kellner in einem Schleifenrestaurant, hatten eine zehn Hektar große Farm auf dem Land gekauft und sie half mit dem Geld, das sie abends auf der Straße verdiente, bei der Bezahlung. Eine kleine schwarzäugige Frau, die neben dem Hühnerzüchter saß, griff nach einem Regenmantel, der an der Wand hing, holte ein Stück weißen Stoff aus der Tasche und begann, ein Muster aus hellblauen Blumen für die Vorderseite eines Hemdes auszuarbeiten. Ein Jugendlicher mit ungesund aussehender Haut saß auf einem Hocker neben der Theke und unterhielt sich mit einem Kellner.

„Die Reformatoren haben das Geschäft zum Teufel gemacht", prahlte der junge Mann, während er sich umsah, um sicherzugehen, dass er Zuhörer bekam. „Früher arbeiteten im Jahr der Weltausstellung hier in State Street vier Frauen für mich, jetzt habe ich nur noch eine, und sie weint und ist die halbe Zeit krank."

McGregor hörte auf, das Buch zu lesen. „In jeder Stadt gibt es einen Lasterplatz, einen Ort, von dem aus Krankheiten ausgehen und die Menschen vergiften. Die besten gesetzgebenden Köpfe der Welt haben gegen dieses Übel keine Fortschritte gemacht", hieß es.

Er klappte das Buch zu, warf es weg und blickte auf seine große Faust, die auf der Theke lag, und auf den jungen Mann, der prahlerisch mit dem Kellner redete. Ein Lächeln spielte um seine Mundwinkel. Nachdenklich öffnete und schloss er seine Faust. Dann nahm er ein Gesetzbuch von einem Regal unter der Theke und begann erneut zu lesen, wobei er seine Lippen bewegte und seinen Kopf auf seine Hände stützte.

McGregors Anwaltskanzlei befand sich im Obergeschoss über einem Second-Hand-Bekleidungsgeschäft in der Van Buren Street. Dort saß er lesend und wartend an seinem Schreibtisch und kehrte abends in das Restaurant in der State Street zurück. Ab und zu ging er zur Polizeistation in der Harrison Street, um einem Polizeigerichtsverfahren beizuwohnen, und durch den Einfluss von O'Toole bekam er gelegentlich einen Fall, der ihm ein paar Dollar einbrachte. Er versuchte zu glauben, dass die Jahre, die er in Chicago verbrachte, Ausbildungsjahre waren. In seinem eigenen Kopf wusste er, was er tun wollte, wusste aber nicht, wie er anfangen sollte. Instinktiv wartete er. Er sah den Marsch und den Gegenmarsch der Ereignisse im Leben der Menschen, die auf den Gehwegen unter seinem Bürofenster stapften, sah in seinem Geist die Bergarbeiter des Dorfes

Pennsylvania, die von den Hügeln herunterkamen, um unter der Erde zu verschwinden, und betrachtete die Mädchen, die durch sie eilten die Schwingtüren von Kaufhäusern am frühen Morgen und fragte sich, wer von ihnen jetzt mit Zahnstochern untätig bei O'Toole's sitzen und auf das Wort oder die Bewegung auf der Oberfläche dieses Meeres der Menschheit warten würde, die für ihn ein Zeichen sein würde. Für einen Betrachter hätte er wie einer der ausgelaugten Männer des modernen Lebens wirken können, ein Drifter auf dem Meer der Dinge — aber das war nicht der Fall. Den Leuten, die voller Ernsthaftigkeit und Nichts durch die Straßen stürzten, war es nicht gelungen, ihn in den Strudel des Kommerzials hineinzuziehen, in dem sie kämpften und in den Jahr für Jahr die besten Jugendlichen Amerikas hineingezogen wurden.

Die Idee, die ihm in den Sinn gekommen war, als er auf dem Hügel über der Bergbaustadt saß, wuchs und wuchs. Tag und Nacht träumte er von den tatsächlichen physischen Phänomenen der Arbeiter, die an die Macht marschierten, und vom Donner von einer Million Fuß, der die Welt erschütterte und das große Lied von Ordnung, Zielstrebigkeit und Disziplin in die Seelen der Amerikaner trieb.

Manchmal kam es ihm so vor, als würde der Traum nie mehr als ein Traum bleiben. Er saß in dem staubigen kleinen Büro und Tränen traten ihm in die Augen. In solchen Zeiten war er davon überzeugt, dass die Menschheit für immer auf dem alten Weg weitergehen würde, dass die Jugend immer weiter zum Mann heranwachsen, fett werden, verfallen und sterben würde, während der große Schwung und Rhythmus des Lebens für sie ein bedeutungsloses Mysterium wäre. „Sie werden sehen, wie die Jahreszeiten und die Planeten durch den Weltraum marschieren, aber sie werden nicht marschieren", murmelte er, stellte sich ans Fenster und starrte in den Dreck und die Unordnung der Straße unten.

KAPITEL IV

In dem Büro, das McGregor in der Van Buren Street bewohnte, gab es neben seinem eigenen noch einen weiteren Schreibtisch. Der Schreibtisch gehörte einem kleinen Mann mit einem außergewöhnlich langen Schnurrbart und Fettflecken auf dem Revers seines Mantels. Am Morgen kam er herein und setzte sich auf seinen Stuhl, die Füße auf den Schreibtisch. Er rauchte lange schwarze Zigaretten und las die Morgenzeitungen. Auf der Glasscheibe der Tür befand sich die Aufschrift „Henry Hunt, Immobilienmakler". Als er mit den Morgenzeitungen fertig war, verschwand er und kehrte am späten Nachmittag müde und niedergeschlagen zurück.

Das Immobiliengeschäft von Henry Hunt war ein Mythos. Obwohl er keine Immobilien kaufte und verkaufte, bestand er auf dem Titel und hatte in seinem Schreibtisch einen Stapel Briefköpfe, in denen die Art von Immobilien aufgeführt war, auf die er sich spezialisiert hatte . Er hatte ein Bild seiner Tochter, einer Absolventin der Hyde Park High School, in einem Glasrahmen an der Wand. Als er morgens zur Tür hinausging, blieb er stehen, blickte McGregor an und sagte: „Wenn jemand wegen Eigentum hereinkommt, kümmern Sie sich für mich darum. Ich werde für eine Weile weg sein."

Henry Hunt sammelte den Zehnten für die politischen Führer der ersten Gemeinde. Den ganzen Tag ging er von Ort zu Ort durch die Station, interviewte Frauen, überprüfte ihre Namen in einem kleinen roten Buch, das er in der Tasche trug, versprach, forderte und machte versteckte Drohungen. Abends saß er in seiner Wohnung mit Blick auf den Jackson Park und hörte seiner Tochter beim Klavierspielen zu. Von ganzem Herzen hasste er seinen Platz im Leben, und während er mit den Illinois Central-Zügen in der Stadt hin und her fuhr, starrte er auf den See und träumte davon, eine Farm zu besitzen und ein freies Leben auf dem Land zu führen. Vor seinem geistigen Auge konnte er die Kaufleute sehen, die auf dem Bürgersteig vor den Läden eines Dorfes in Ohio, in dem er als Junge gelebt hatte, plaudernd standen, und in seiner Vorstellung sah er sich selbst wieder als Junge, wie er abends Kühe durch die Dorfstraße trieb und ein entzückendes kleines Stück herstellte Schlag, Schlag , Schlag mit seinen nackten Füßen im tiefen Staub.

Es war Henry Hunt in seinem Geheimbüro als Sammler und Leutnant des „Chefs" des ersten Bezirks, der die Szenen für McGregors Auftritt als öffentliche Figur in Chicago veränderte.

Eines Nachts wurde ein junger Mann – Sohn eines der reichsten Weizenspekulanten der Stadt – tot in einer kleinen Sackgasse hinter einem Resort namens Polk Street Mary's Place aufgefunden. Er lag zusammengekrümmt an einem Bretterzaun, ziemlich tot und mit einer Prellung an der Seite seines Kopfes. Ein Polizist fand ihn und zerrte ihn zur Straßenlaterne an der Ecke der Gasse.

Zwanzig Minuten lang stand der Polizist unter dem Licht und schwang seinen Stock. Er hatte nichts gehört. Ein junger Mann kam auf ihn zu, berührte ihn am Arm und flüsterte ihm etwas zu. Als er sich umdrehte, um die Gasse hinunterzugehen, rannte der junge Mann die Straße hinauf davon.

Die Mächte, die den ersten Bezirk in Chicago regieren, waren wütend, als die Identität des Toten bekannt wurde. Der „Chef", ein sanft aussehender, blauäugiger kleiner Mann in einem gepflegten grauen Anzug und mit seidenweichem Schnurrbart, stand in seinem Büro und öffnete und schloss krampfhaft die Fäuste. Dann rief er einen jungen Mann an und schickte nach Henry Hunt und einem bekannten Polizeibeamten.

Seit einigen Wochen führten die Zeitungen Chicagos eine Kampagne gegen das Laster. Scharen von Reportern hatten die Station überrannt. Täglich veröffentlichten sie Wortbilder vom Leben in der Unterwelt. Auf den Titelseiten der Zeitungen mit Senatoren, Gouverneuren und Millionären, die sich von ihren Frauen scheiden ließen, erschienen auch die Namen von Ugly Brown Chophouse Sam und Carolina Kate mit Beschreibungen ihrer Plätze, ihrer Schließzeiten sowie der Klasse und Menge ihrer Gönnerschaft. Ein betrunkener Mann wälzte sich im hinteren Teil eines Saloons in der Twenty-Second Street auf den Boden und wurde seiner Handtasche beraubt. Sein Bild erschien auf der Titelseite der Morgenzeitungen.

Henry Hunt saß in seinem Büro in der Van Buren Street und zitterte vor Angst. Er erwartete, seinen Namen in der Zeitung zu sehen und seinen Beruf preiszugeben.

Die Mächte, die die Erste regierten – ruhige, kluge Männer, die wussten, wie man Gewinne macht und mitnimmt, die eigentliche Blüte des Kommerzials –, hatten Angst. Sie sahen in der Hervorhebung des Toten eine echte Chance für ihre momentanen Feinde, die Presse. Wochenlang saßen sie still da und überstanden den Sturm der öffentlichen Missbilligung. In ihren Gedanken betrachteten sie die Gemeinde als ein eigenständiges Königreich, als etwas Fremdes und Getrenntes von der Stadt. Zu ihren Anhängern gehörten Männer, die seit Jahren nicht mehr über die Van-Buren-Street-Grenze ins Ausland gelangt waren.

Plötzlich schwebte eine Bedrohung in den Köpfen dieser Männer. Wie der kleine, leise sprechende Chef ergriff der Mündel energisch seine Faust . Durch die Straßen und Gassen hallte ein Schrei, eine Warnung. Wie Raubvögel, die in ihren Nistplätzen gestört wurden, flatterten sie und stießen Schreie aus. Henry Hunt warf seinen Stogie in die Dachrinne und rannte durch die Station. Von Haus zu Haus schrie er : „ Haltet euch zurück! " Zieh nichts durch."

Der kleine Chef in seinem Büro vor seinem Saloon blickte von Henry Hunt zum Polizeibeamten. „Es ist keine Zeit zum Zögern", sagte er. „Es wird ein Segen sein, wenn wir schnell handeln. Wir müssen diesen Mörder verhaften, vor Gericht stellen und es jetzt tun. Wer ist unser Mann? Schnell. Lasst uns handeln."

Henry Hunt zündete sich einen neuen Stogie an. Er spielte nervös mit seinen Fingerspitzen und wünschte, er wäre aus der Station und sicher außerhalb der Reichweite der neugierigen Blicke der Presse. In seiner Vorstellung konnte er seine Tochter vor Entsetzen schreien hören, als er sah, wie sein Name in grellen Buchstaben vor der Welt verbreitet wurde, und dachte daran, wie sie sich mit einer Röte des Abscheus im jungen Gesicht für immer von ihm abwandte. In seiner Angst huschten seine Gedanken hin und her. Ein Name kam ihm über die Lippen. „Es könnte Andy Brown gewesen sein", sagte er und paffte an seinem Stogie.

Der kleine Chef wirbelte mit seinem Stuhl herum. Er begann, die auf seinem Schreibtisch verstreuten Papiere aufzusammeln. Als er sprach, war seine Stimme wieder sanft und mild. „Es war Andy Brown", sagte er. „Flüstern Sie das Wort darüber. Lassen Sie einen Mann *vom Tribune* Brown für Sie ausfindig machen. Gehen Sie richtig damit um, und Sie werden Ihren eigenen Skalp retten und die Narrenpapiere von der Rückseite des Ersten bekommen."

Die Verhaftung von Brown brachte der Station Erleichterung. Die Vorhersage des schlauen kleinen Chefs hat sich bewahrheitet. Die Zeitungen ließen den lautstarken Ruf nach Reformen fallen und forderten stattdessen das Leben von Andrew Brown. Zeitungskünstler stürmten ins Polizeipräsidium und fertigten hastig Skizzen an, die eine Stunde später mit Schriftzügen auf den Gesichtern der Statisten auf der Straße erschienen. Ernsthafte Wissenschaftler ließen ihre Bilder am Kopf von Artikeln über „Kriminelle Merkmale des Kopfes und des Gesichts" abdrucken.

Ein geschickter und einfallsreicher Autor für eine Nachmittagszeitung sprach von Brown als einem Jekyll und Hyde of the Tenderloin und deutete auf andere Morde aus derselben Hand hin. Aus dem vergleichsweise ruhigen Leben eines nicht besonders fleißigen Yeggman kam Brown aus dem oberen Stockwerk einer Herberge in der State Street, um stoisch vor der Welt der Menschen zu stehen – einem Sturmzentrum, um das herum der Zorn einer erregten Stadt wirbelte und wirbelte.

Der Gedanke, der Henry Hunt in den Sinn gekommen war, als er im Büro des Chefs mit der sanften Stimme saß, war, dass sich McGregor eine Chance bot. Seit Monaten waren er und Andrew Brown Freunde. Der Yeggman , ein kräftig gebauter, langsam sprechender Mann, sah aus wie ein geschickter Mechaniker oder Lokomotivführer. Als er in den ruhigen Stunden zwischen acht und zwölf zu O'Toole kam, saß er da, aß sein Abendessen und unterhielt sich halb scherzhaft und humorvoll mit dem jungen Anwalt. In seinen Augen lauerte eine Art harte Grausamkeit, gemildert durch Trägheit. Er war es, der McGregor den Namen gab, der ihm in diesem seltsamen, wilden Land immer noch in Erinnerung bleibt – „ Richter Mac, der Große".

Als er verhaftet wurde, ließ Brown McGregor rufen und bot ihm an, ihm die Leitung seines Falles zu übertragen. Als der junge Anwalt sich weigerte, blieb er hartnäckig. In einer Zelle im Bezirksgefängnis besprachen sie es. An der Tür stand ein Wachmann und beobachtete sie. McGregor spähte in die Halbdunkelheit und sagte, was seiner Meinung nach gesagt werden sollte. „Du steckst in einem Loch", begann er. „Du willst mich nicht , du willst einen großen Namen. Sie sind bereit, dich dort drüben aufzuhängen." Er winkte mit der Hand in Richtung des Ersten. „Sie werden dich als Antwort an eine aufgewühlte Stadt ausliefern . Es ist ein Job für den größten und besten Strafverteidiger der Stadt. Nennen Sie den Mann und ich werde ihn für Sie besorgen und dabei helfen, das Geld für seine Bezahlung aufzubringen."

Andrew Brown stand auf und ging zu McGregor. Er blickte auf ihn herab und sprach schnell und entschlossen. „Du tust, was ich sage", knurrte er. „Sie übernehmen diesen Fall. Ich habe den Job nicht gemacht. Ich habe in meinem Zimmer geschlafen, als es abgezogen wurde. Jetzt übernehmen Sie den Fall. Du wirst mich nicht entlasten. Es steht nicht in den Karten. Aber den Job bekommt man trotzdem."

Er setzte sich wieder auf die Eisenpritsche an der Ecke der Zelle. Seine Stimme wurde langsam und hatte einen Anflug von zynischem Humor . „Schau her, Big 'un", sagte er, „die Bande hat meine Nummer aus dem Hut gezaubert. Ich gehe rüber, aber der Job ist für jemanden eine gute Werbung , und das verstehen Sie."

KAPITEL V

Der Prozess gegen Andrew Brown war für McGregor sowohl eine Chance als auch eine Prüfung. Mehrere Jahre lang hatte er ein einsames Leben in Chicago geführt. Er hatte keine Freunde gefunden und sein Geist war nicht durch das endlose Geschwätz des Smalltalks, von dem die meisten von uns leben, verwirrt. Abend für Abend war er allein durch die Straßen gegangen und hatte als einsame, vom Leben ferne Gestalt an der Tür des State Street-Restaurants gestanden. Jetzt sollte er in den Strudel hineingezogen werden. In der Vergangenheit war er vom Leben in Ruhe gelassen worden. Der große Segen der Isolation war ihm zuteil geworden und in seiner Isolation hatte er einen großen Traum geträumt. Nun sollte die Qualität des Traums und die Stärke seines Einflusses auf ihn geprüft werden.

McGregor sollte sich dem Einfluss des Lebens seiner Zeit nicht entziehen. In seinem großen Körper schlummerte tiefe menschliche Leidenschaft. Vor der Zeit seiner Marching Men musste er noch die verwirrendste aller modernen Prüfungen für Männer bestehen: die Schönheit bedeutungsloser Frauen und das laute Geschrei des Erfolgs, der ebenso bedeutungslos ist.

Am Tag seines Gesprächs mit Andrew Brown im alten Cook-County-Gefängnis auf der North Side von Chicago müssen wir uns daher vorstellen, dass McGregor diesen Prüfungen gegenübersteht. Nach dem Gespräch mit Brown ging er die Straße entlang und kam zu der Brücke, die über den Fluss in das Schleifenviertel führte. Tief in seinem Herzen wusste er, dass ihm ein Kampf bevorstand, und der Gedanke erfüllte ihn mit Begeisterung. Mit einem neuen Schwung seiner Schultern ging er über die Brücke. Er schaute die Menschen an und ließ sein Herz erneut von Verachtung für sie erfüllen.

Er wünschte, der Kampf um Brown wäre ein Kampf mit Fäusten. Als er in einen Wagen auf der Westseite stieg, saß er da und blickte aus dem Wagenfenster auf die vorbeiziehende Menschenmenge und stellte sich vor, wie er mitten unter ihnen war, nach rechts und links schlug, Kehlen packte und die Wahrheit forderte, die Brown retten und ihn vor die Augen der Menschen bringen würde.

Als McGregor im Modegeschäft in der Monroe Street ankam, war es Abend und Edith bereitete sich darauf vor, zum Abendessen auszugehen. Er stand da und sah sie an. In seiner Stimme klang ein triumphaler Unterton. Aus seiner Verachtung gegenüber den Männern und Frauen der Unterwelt entstand Prahlerei. „Sie haben mir einen Job gegeben, von dem sie glauben, dass ich ihn nicht machen kann", sagte er. „Ich soll Browns Anwalt im großen Mordfall sein." Er legte seine Hände auf ihre gebrechlichen Schultern und zog sie ans Licht. „Ich werde sie umwerfen und es ihnen zeigen", prahlte er. „Sie denken, sie werden Brown hängen lassen – die öligen Schlangen. Nun, sie haben nicht mit mir gerechnet. Brown zählt nicht auf mich. Ich werde es ihnen zeigen." Er lachte laut im leeren Laden.

In einem kleinen Restaurant sprachen McGregor und Edith über den Test, den er bestehen sollte. Während er redete, saß sie schweigend da und betrachtete sein rotes Haar.

„Finden Sie heraus, ob Ihr Mann Brown einen Schatz hat", sagte sie und dachte an sich.

Amerika ist das Land der Morde. Tag für Tag ereignet sich in Städten und Dörfern und auf einsamen Landstraßen der gewaltsame Tod über die Menschen. Undiszipliniert und unordentlich in ihrer Lebensweise können die Bürger nichts tun. Nach jedem Mord schreien sie nach neuen Gesetzen, die, wenn sie in die Gesetzesbücher aufgenommen werden, vom Gesetzgeber selbst gebrochen werden. Von lärmenden Anforderungen durchs Leben geplagt , lassen ihnen ihre Tage keine Zeit für die Stille, in der ihre Gedanken wachsen. Nach Tagen sinnloser Hektik in der Stadt springen sie auf Züge oder Straßenbahnen und eilen durch ihre Lieblingszeitung zum Ballspiel, den Comic-Bildern und den Marktberichten.

Und dann passiert etwas. Der Moment kommt. Ein Mord, der gestern in einer einzigen Spalte auf der Innenseite der Zeitung gestanden hätte, breitet heute seine schrecklichen Details über alles aus.

Durch die Straßen hetzen die unruhigen Zeitungsjungen, die die Menge mit ihrem Geschrei aufwühlen. Die Männer, die ungeduldig die Geschichten über die Schande einer Stadt weitergegeben haben, schnappen sich die Zeitungen und lesen eifrig und ausführlich die Geschichte eines Verbrechens.

Und inmitten eines solchen Strudels aus Gerüchten , abscheulichen, unmöglichen Geschichten und gut durchdachten Plänen, die Wahrheit zu vereiteln, stürzte sich McGregor. Tag für Tag wanderte er durch das Vizeviertel südlich der Van Buren Street. Prostituierte, Zuhälter, Diebe und Kneipenknechte sahen ihn an und lächelten wissend. Als die Tage vergingen und er keine Fortschritte machte, wurde er verzweifelt. Eines Tages kam ihm eine Idee. „Ich gehe zu der gutaussehenden Frau im Siedlungshaus", sagte er sich. „Sie wird nicht wissen, wer den Jungen getötet hat, aber sie kann es herausfinden. Ich werde dafür sorgen, dass sie es herausfindet."

In Margaret Ormsby lernte McGregor kennen, was für ihn eine neue Art von Weiblichkeit bedeutete, etwas Sicheres, Verlässliches, Abgesichertes und Vorbereitetes, wie ein guter Soldat bereit ist, im Kampf ums Dasein das Beste daraus zu machen. Etwas, von dem er nicht wusste, dass es dem Mann noch nicht zu Ohren gekommen war.

Margaret Ormsby war wie McGregor selbst nicht vom Leben besiegt worden. Sie war die Tochter von David Ormsby, dem Leiter des großen Pflugkonzerns mit Sitz in Chicago, einem Mann, der von seinen Mitarbeitern wegen einer gewissen Selbstsicherheit in seiner Lebenseinstellung „Ormsby der Prinz" genannt wurde. Ihre Mutter Laura Ormsby war klein, nervös und angespannt.

Mit einer selbstbewussten Hingabe, der auch nur ein Hauch völliger Sicherheit fehlte, ging Margaret Ormsby, wunderschön im Körper und wunderschön gekleidet, hier und da zwischen den Ausgestoßenen des Ersten Bezirks umher. Wie alle Frauen wartete sie auf eine Gelegenheit, von der sie nicht einmal mit sich selbst sprach. Der zielstrebige und primitive McGregor sollte sich ihr mit Vorsicht nähern.

McGregor eilte eine schmale Straße entlang, die von billigen Saloons gesäumt war, ging durch die Tür des Siedlungshauses hinein und setzte sich auf einen Stuhl an einem Schreibtisch, Margaret Ormsby gegenüber. Er wusste etwas über ihre Arbeit im Ersten Bezirk und wusste, dass sie schön und selbstbeherrscht war. Er war entschlossen, dass sie ihm helfen sollte. Als er auf dem Stuhl saß und sie über den flachen Schreibtisch hinweg ansah, würgte er ihr die knappen Sätze in die Kehle, mit denen sie Besucher zu begrüßen pflegte.

„Es ist ja schön und gut, wenn du verkleidet da sitzt und mir sagst, was Frauen in deiner Position tun können und was nicht", sagte er, „aber ich bin hierher gekommen, um dir zu sagen, was du tun wirst, wenn du es bist." von der Art, die nützlich sein wollen."

Die Rede von McGregor war eine Herausforderung, der sich Margaret, die moderne Tochter eines unserer modernen großen Männer, nicht entziehen konnte. Hatte sie nicht ihre Schüchternheit zum Ausdruck gebracht, indem sie ruhig zwischen Prostituierten und schmutzigen, murrenden Trunkenbolden umging, gelassen in ihrem Bewusstsein geschäftlicher Absichten? "Was wollen Sie?" sie fragte scharf.

„Sie haben nur zwei Dinge, die mir helfen werden", sagte McGregor; „deine Schönheit und deine Jungfräulichkeit. Diese Dinge sind eine Art Magnet, der die Frauen der Straße anzieht. Ich weiß. Ich habe sie reden hören.

„Hierher kommen Frauen, die wissen, wer den Jungen im Flur getötet hat und warum es getan wurde", fuhr McGregor fort. „Du bist ein Fetisch gegenüber diesen Frauen. Sie sind Kinder und kommen hierher, um Sie anzusehen, während Kinder durch Vorhänge hindurch auf Gäste gucken, die im Salon ihrer Häuser sitzen.

„ Nun, ich möchte, dass Sie diese Kinder ins Zimmer rufen und sich von ihnen Familiengeheimnisse erzählen lassen. Die ganze Gemeinde hier kennt die Geschichte dieses Mordes. Die Luft ist damit gefüllt. Die Männer und Frauen versuchen es mir immer wieder zu sagen, aber sie haben Angst. Die Polizei jagt ihnen Angst ein, erzählt es mir halb und rennt dann weg wie verängstigte Tiere.

„Ich möchte, dass sie es dir sagen. Mit der Polizei hier unten können Sie nicht rechnen. Sie denken, du bist zu schön und zu gut, um das wirkliche Leben dieser Menschen zu berühren. Keiner von ihnen – weder die Vorgesetzten noch die Polizei – beobachtet Sie. Ich werde weiter Staub aufwirbeln und Sie bekommen die Informationen, die ich will. Du kannst den Job machen, wenn du gut bist."

Nach McGregors Rede saß die Frau schweigend da und sah ihn an. Zum ersten Mal hatte sie einen Mann getroffen, der sie überwältigte und sich weder von ihrer Schönheit noch von ihrer Selbstbeherrschung ablenken ließ. Eine heiße Welle, halb Wut, halb Bewunderung, überkam sie.

McGregor starrte die Frau an und wartete. „Ich muss Fakten haben", sagte er. „Geben Sie mir die Geschichte und die Namen derer, die sie kennen, und ich werde sie erzählen lassen. Ich habe jetzt einige Fakten – ich habe sie durch das Schikanieren eines Mädchens und durch das Würgen eines Barkeepers in einer Gasse erhalten. Jetzt möchte ich, dass Sie mir dabei helfen, mehr Fakten zu erfahren. Du bringst die Frauen zum Reden und sagst es dir, und dann erzählst du es mir."

Als McGregor gegangen war, stand Margaret Ormsby von ihrem Schreibtisch im Siedlungshaus auf und ging quer durch die Stadt zum Büro ihres Vaters. Sie war erschrocken und verängstigt. Durch die Sprache und das Verhalten dieses brutalen jungen Anwalts war ihr in einem Moment klar geworden, dass sie nur ein Kind in den Händen der Mächte war, die im Ersten Bezirk um sie herum spielten. Ihre Selbstbeherrschung war erschüttert. „Wenn sie Kinder sind – diese Frauen der Stadt –, dann bin ich ein Kind, ein Kind, das mit ihnen in einem Meer aus Hass und Hässlichkeit schwimmt."

Ein neuer Gedanke kam ihr in den Sinn. „Aber er ist kein Kind – dieser McGregor. Er ist ein Kind des Nichts. Er steht unerschütterlich auf einem Felsen."

Sie versuchte, sich über die unverblümte Offenheit der Rede des Mannes zu empören. „Er hat mit mir geredet, wie er mit einer Frau von der Straße geredet hätte", dachte sie. „Er hatte keine Angst davor anzunehmen, dass wir im Grunde gleich sind, nur Spielzeuge in den Händen des Mannes, der es wagt."

Auf der Straße blieb sie stehen und sah sich um. Ihr Körper zitterte und sie erkannte , dass die Kräfte um sie herum zu Lebewesen geworden waren, die bereit waren, sich auf sie zu stürzen. „Wie auch immer, ich werde tun, was ich kann. Ich werde ihm helfen. Das werde ich tun müssen", flüsterte sie vor sich hin.

KAPITEL VI

Die Freilassung von Andrew Brown sorgte in Chicago für Aufsehen. Bei der Verhandlung konnte McGregor einen dieser atemberaubenden dramatischen Höhepunkte einleiten, die die Aufmerksamkeit der Menge auf sich ziehen. In dem angespannten, dramatischen Moment des Prozesses herrschte eine ängstliche Stille im Gerichtssaal, und an diesem Abend wandten sich die Männer in ihren Häusern instinktiv von der Lektüre der Papiere ab und blickten auf ihre Geliebte, die um sie herum saß. Ein Schauder der Angst lief über die Körper der Frauen. Für einen Moment hatte Beaut McGregor ihnen einen Blick unter die Kruste der Zivilisation geworfen , der ein uraltes Zittern in ihren Herzen erweckte. In seiner Inbrunst und Ungeduld hatte McGregor nicht gegen die zufälligen Feinde Browns, sondern gegen die gesamte moderne Gesellschaft und ihre Formlosigkeit geschrien. Den Zuhörern schien es, als hätte er die Menschheit an der Kehle erschüttert und durch die Kraft und Zielstrebigkeit seiner eigenen einsamen Gestalt die erbärmliche Schwäche seiner Mitmenschen offenbart.

Im Gerichtssaal hatte McGregor grimmig und schweigend gesessen und den Staat seinen Fall aufbauen lassen. In seinem Gesicht lag eine Herausforderung. Seine Augen schauten unter geschwollenen Augenlidern hervor. Wochenlang war er unermüdlich wie ein Bluthund durch den Ersten Bezirk gerannt und hatte seinen Fall aufgebaut. Polizisten hatten ihn um drei Uhr morgens aus den Gassen kommen sehen, der leise sprechende Chef, der von seinen Aktivitäten hörte, hatte Henry Hunt eifrig befragt, ein Barkeeper in einer Kneipe in der Polk Street hatte den Griff einer Hand an seiner Kehle und ein zitterndes Mädchen gespürt Die Stadt hatte in einem kleinen dunklen Raum vor ihm gekniet und um Schutz vor seinem Zorn gebeten. Im Gerichtssaal saß er wartend und beobachtete.

Als der Sonderermittler des Staates, ein Mann mit großem Namen vor Gericht, seinen eindringlichen, beharrlichen Ruf nach dem Blut des stillen, emotionslosen Brown beendet hatte, handelte McGregor. Er sprang auf und rief mit heiserer Stimme quer durch den stillen Gerichtssaal einer großen Frau zu, die unter den Zeugen saß. „Sie haben dich ausgetrickst, Mary", brüllte er. „Die Geschichte von der Begnadigung, nachdem die Aufregung nachgelassen hat, ist eine Lüge. Sie machen dich fertig. Sie werden Andy Brown hängen. Steigen Sie dort hinauf und sagen Sie die nackte Wahrheit, sonst klebt sein Blut an Ihren Händen."

Im überfüllten Gerichtssaal herrschte Aufregung. Anwälte sprangen auf, widersprachen und protestierten. Über dem Lärm erhob sich eine heisere, anklagende Stimme. „Halten Sie Polk Street Mary und jede Frau von ihrem Platz hier drin fern", rief er. „Sie wissen, wer Ihren Mann getötet hat. Stellen

Sie sie wieder auf den Ständer. Sie werden es erzählen. Schau sie an. Die Wahrheit kommt aus ihnen heraus."

Der Lärm im Raum ließ nach. Der schweigsame rothaarige Anwalt, der Witz an dem Fall, hatte gepunktet. Als er nachts durch die Straßen ging, kamen ihm die Worte von Edith Carson wieder in den Sinn, und mit der Hilfe von Margaret Ormsby war er in der Lage, einem Hinweis zu folgen, den ihr Vorschlag gegeben hatte.

„Finden Sie heraus, ob Ihr Mann Brown einen Schatz hat."

Plötzlich erkannte er die Botschaft, die ihm die Frauen der Unterwelt, die Gönnerinnen von O'Toole's, zu vermitteln versucht hatten. Polk Street Mary war die Geliebte von Andy Brown. Jetzt erklang im stillen Gerichtssaal die Stimme einer Frau, unterbrochen von Schluchzen. Der zuhörenden Menge in dem überfüllten kleinen Raum erzählte die Geschichte der Tragödie in dem dunklen Haus, vor dem der Polizist stand und seinen Schlagstock schwang – die Geschichte eines Mädchens aus einem Dorf in Illinois, das dem Sohn des Maklers besorgt und an ihn verkauft wurde – von den Verzweifelten Kampf in dem kleinen Raum zwischen dem eifrigen, lüsternen Mann und dem verängstigten, tapferen Mädchen – von dem Schlag mit dem Stuhl in den Händen des Mädchens, der dem Mann den Tod brachte – von den Frauen des Hauses, die auf der Treppe und am Körper zitterten hastig in den Gang geworfen.

„Sie sagten mir, sie würden Andy rausholen, wenn das vorbei wäre", jammerte die Frau.

McGregor verließ den Gerichtssaal und ging auf die Straße. Der Glanz des Sieges strahlte auf ihm und er schritt mit klopfendem Herzen voran. Sein Weg führte über eine Brücke in die Nordseite und auf seinen Streifzügen kam er am Apfellagerhaus vorbei, wo er in der Stadt angefangen hatte und wo er mit den Deutschen gekämpft hatte. Als die Nacht hereinbrach, ging er durch die North Clark Street und hörte die Zeitungsjungen, die seinen Sieg verkündeten. Vor ihm tanzte eine neue Vision, eine Vision von sich selbst als einer großen Figur in der Stadt. In sich selbst spürte er die Kraft, unter den Menschen hervorzutreten, sie zu überlisten und zu bekämpfen, um sich Macht und Platz in der Welt zu verschaffen.

Der Sohn des Bergmanns war halb betrunken von dem neuen Erfolgserlebnis, das ihn überkam. Er verließ die Clark Street und ging eine Wohnstraße entlang nach Osten zum See. Am See sah er eine Straße mit großen Häusern, die von Gärten umgeben waren, und es kam ihm der Gedanke, dass er eines Tages vielleicht selbst ein solches Haus haben würde. Der ungeordnete Trubel des modernen Lebens schien sehr weit weg zu sein. Als er zum See kam , stand er in der Dunkelheit und dachte an den nutzlosen Rowdy der Bergbaustadt, der plötzlich ein großer Anwalt der Stadt geworden war, und das Blut floss schnell durch seinen Körper. „Ich soll einer der Sieger sein, einer der wenigen, die daraus hervorgehen", flüsterte er vor sich hin und mit einem Herzschlag dachte er auch daran, wie Margaret Ormsby ihn mit ihren schönen fragenden Augen ansah, als er vor den Männern in der Halle stand im Gerichtssaal und kämpfte sich mit der Kraft seiner Persönlichkeit durch einen Nebel aus Lügen zum Sieg und zur Wahrheit.

Buch V

KAPITEL I

Margaret Ormsby war ein natürliches Produkt ihres Alters und des amerikanischen gesellschaftlichen Lebens unserer Zeit. Als Einzelperson war sie reizend. Obwohl ihr Vater David Ormsby, der Pflugkönig, seine Stellung und seinen Reichtum aus Dunkelheit und Armut erlangt hatte und schon in jungen Jahren wusste, was es bedeutete, einer Niederlage ins Auge zu sehen, hatte er es sich zur Aufgabe gemacht, dafür zu sorgen, dass es ihm gehörte Tochter hatte keine solche Erfahrung. Das Mädchen war nach Vassar geschickt worden, ihr war beigebracht worden, den feinen Unterschied zwischen Kleidung, die ruhig und schön teuer ist, und Kleidung, die nur teuer aussieht, zu erkennen, sie wusste, wie man einen Raum betritt und wie man einen Raum verlässt, und sie hatte auch eine starke Kraft einen gut trainierten Körper und einen aktiven Geist. Hinzu kam, dass sie, ohne die geringste Kenntnis des Lebens, ein starkes und eher selbstgefälliges Vertrauen in ihre Fähigkeit hatte, dem Leben zu begegnen.

Während der Jahre, die sie am Eastern College verbrachte, hatte Margaret beschlossen, dass sie ihr Leben auf keinen Fall langweilig oder uninteressant werden lassen würde, was auch immer passieren würde. Als einmal eine Freundin aus Chicago das College besuchte, um sie zu besuchen, gingen die beiden einen Tag lang ins Freie und setzten sich auf einen Hügel, um alles zu besprechen. „Wir Frauen waren Dummköpfe", hatte Margaret erklärt. „Wenn Vater und Mutter denken, dass ich nach Hause komme und einen guten Mann heirate, irren sie sich. Ich habe gelernt, Zigaretten zu rauchen und habe meinen Anteil an einer Flasche Wein getrunken. Das bedeutet Ihnen vielleicht nichts. Ich glaube auch nicht, dass es viel bedeutet, aber es drückt etwas aus. Es macht mich ziemlich krank, wenn ich daran denke, wie Männer Frauen immer bevormunden . Sie wollen das Böse von uns fernhalten – Bah! Ich habe diese Idee satt und vielen anderen Mädchen hier geht es genauso. Welches Recht haben sie? Ich nehme an, eines Tages wird sich irgendein kleiner Geschäftsmann von Angesicht zu Angesicht um mich kümmern. Das sollte er lieber nicht tun. Ich sage Ihnen, es wächst eine neue Art von Frauen heran und ich werde eine von ihnen sein. Ich werde Abenteuer erleben, das Leben intensiv und tief genießen. Vater und Mutter könnten sich genauso gut dazu entschließen."

Das aufgeregte Mädchen war vor ihrer Begleiterin, einer sanft aussehenden jungen Frau mit blauen Augen, auf und ab gegangen und hatte die Hände über den Kopf erhoben, als wollte sie einen Schlag ausführen. Ihr Körper war wie der Körper eines schönen jungen Tieres, das auf einen Feind wartet, und ihre Augen spiegelten den Rausch ihrer Stimmung wider. „Ich will das ganze Leben", rief sie; „Ich will die Lust und die Stärke und das Böse davon. Ich möchte eine der neuen Frauen sein, die Retterinnen unseres Geschlechts."

Zwischen David Ormsby und seiner Tochter bestand eine ungewöhnliche Bindung. Ein Meter achtzig groß, blaue Augen, breitschultrig, seine Erscheinung hatte eine Stärke und Würde, die ihn unter Männern auszeichnete, und die Tochter spürte seine Stärke. Damit hatte sie recht. Auf seine Art war der Mann inspiriert. Unter seinen Augen waren die Kleinigkeiten des Pflugbaus zu Details einer hohen Kunst geworden. In der Fabrik verlor er nie die Souveränität, die Vertrauen erweckt. Vorarbeiter, die voller Aufregung ins Büro stürmten, weil die Maschine kaputt war oder ein Arbeiter einen Unfall erlitten hatte, kehrten zurück, um seinen Anweisungen ruhig und effizient nachzukommen. Händler, die von Dorf zu Dorf zogen, um Pflüge zu verkaufen, wurden unter seinem Einfluss erfüllt vom Eifer von Missionaren, die das Evangelium zu den Unaufgeklärten trugen. Die Aktionäre des Pflugunternehmens, die mit Gerüchten über eine bevorstehende Geschäftskatastrophe zu ihm eilten, blieben, um Schecks für neue Bewertungen ihrer Aktien auszustellen. Er war ein Mann, der den Menschen ihr Vertrauen in die Wirtschaft und ihr Vertrauen in die Menschen zurückgab.

Für David war das Pflügen das Ende seines Lebens. Wie andere Männer seiner Art hatte er andere Interessen, aber diese waren zweitrangig. Insgeheim glaubte er, dass er zu einer umfassenderen Kultur fähig sei als die meisten seiner täglichen Begleiter, und versuchte, durch Lesen mit den Gedanken und Bewegungen der Welt in Kontakt zu bleiben, ohne dass dies seine Leistungsfähigkeit beeinträchtigte. Nach dem längsten und anstrengendsten Tag im Büro verbrachte er manchmal die halbe Nacht bei einem Buch in seinem Zimmer.

Frau heranwuchs, bereitete sie ihrem Vater ständig Sorgen. Für ihn schien es, als sei sie über Nacht von einer unbeholfenen und ziemlich fröhlichen Mädchenzeit zu einer eigentümlich entschlossenen neuen Art von Weiblichkeit geworden . Ihr Abenteuergeist machte ihm Sorgen. Eines Tages hatte er in seinem Büro gesessen und einen Brief gelesen, in dem ihre Heimkehr angekündigt wurde. Der Brief schien nicht mehr als der charakteristische Ausbruch eines impulsiven Mädchens, das erst gestern Abend in seinen Armen eingeschlafen war. Es verwirrte ihn, darüber nachzudenken, dass ein ehrlicher Pflüger einen Brief von seiner kleinen Tochter erhalten sollte, in dem es um die Lebensweise ging, von der er glaubte, dass sie eine Frau nur ins Verderben führen würde.

Und dann saß am nächsten Tag neben ihm an seinem Tisch eine neue und gebieterische Gestalt, die seine Aufmerksamkeit forderte. David stand vom Tisch auf und eilte in sein Zimmer. Er wollte seine Gedanken neu ordnen.

Auf seinem Schreibtisch lag ein Foto, das die Tochter aus der Schule mitgebracht hatte. Er hatte die gemeinsame Erfahrung, dass ihm das Foto verriet, was er zu begreifen versucht hatte. Anstelle von Frau und Kind waren zwei Frauen bei ihm im Haus.

Margaret hatte das College mit einer Schönheit in Gesicht und Figur abgeschlossen. Ihr großer, gerader, durchtrainierter Körper, ihr pechschwarzes Haar, ihre sanften braunen Augen und die Ausstrahlung, die sie ausstrahlte, als wäre sie auf die Herausforderungen des Lebens vorbereitet, erregten und fesselten die Aufmerksamkeit der Männer. In dem Mädchen steckte etwas von der Größe ihres Vaters und nicht wenig von den geheimen blinden Wünschen ihrer Mutter. In der Nacht ihrer Ankunft verkündete sie einem aufmerksamen Haushalt ihre Absicht, ihr Leben erfüllt und lebendig zu leben. „Ich werde Dinge wissen, die ich aus Büchern nicht lernen kann“, sagte sie. „Ich werde das Leben an vielen Ecken berühren und den Geschmack der Dinge in meinem Mund spüren. Du hast mich für ein Kind gehalten, als ich nach Hause geschrieben habe, dass ich nicht im Haus eingesperrt und mit einem Tenor im Kirchenchor oder einem nüchternen jungen Geschäftsmann verheiratet sein würde, aber jetzt wirst du es sehen. Ich werde den Preis zahlen , wenn es nötig ist, aber ich werde leben.“

In Chicago machte sich Margaret daran, so zu leben, als bräuchte sie nichts außer Kraft und Energie. Auf typisch amerikanische Art versuchte sie, das Leben in Schwung zu bringen. Als die Männer in ihrer Gruppe von den von ihr geäußerten Meinungen verwirrt und schockiert aussahen, verließ sie ihre Gruppe und beging den üblichen Fehler, anzunehmen, dass diejenigen, die nicht arbeiten und eher oberflächlich über Kunst und Freiheit reden, dadurch frei seien Männer und Künstler.

Dennoch liebte und respektierte sie ihren Vater. Die Stärke in ihm appellierte an die angeborene Stärke in ihr. Einer jungen sozialistischen Schriftstellerin, die in dem Siedlungshaus lebte, in dem sie jetzt wohnte, und der sie aufsuchte, an ihrem Schreibtisch zu sitzen und Männer von Reichtum und Stellung zu beschimpfen , zeigte sie die Qualität ihrer Ideale, indem sie auf David Ormsby verwies. „Mein Vater, der Leiter eines Industriekonzerns, ist ein besserer Mann als alle lautstarken Reformer, die je gelebt haben“, erklärte sie. „Er stellt sowieso Pflüge her – macht sie gut – Millionen davon. Er verbringt seine Zeit nicht damit, zu reden und sich mit den Fingern durch die Haare zu fahren. Er arbeitet und seine Arbeit hat die Arbeit von Millionen erleichtert, während die Redner herumsitzen und lautstarke Gedanken hegen und die Schultern verdrehen.“

Tatsächlich war Margaret Ormsby verwirrt. Wäre ihr durch eine gemeinsame Lebensgemeinschaft erlaubt worden, allen anderen Frauen eine echte Schwester zu sein und ihr gemeinsames Erbe der Niederlage zu kennen, hätte sie ihren Vater gemocht, als er ein Junge war, aber gewusst, was es bedeutet, völlig gebrochen und geschlagen herumzulaufen Das Gesicht der Männer zu sehen und sich dann immer wieder zu erheben, um mit dem Leben zu kämpfen , wäre großartig gewesen.

Sie wusste nicht. Ihrer Meinung nach hatte jede Niederlage etwas von Unmoral. Als sie um sich herum nur eine riesige Menge besiegter und verwirrter Menschen sah, die inmitten einer verwirrten sozialen Organisation versuchten, voranzukommen , war sie außer sich vor Ungeduld.

Das verstörte Mädchen wandte sich an ihren Vater und versuchte, den Grundton seines Lebens zu verstehen; „Ich möchte, dass du mir etwas erzählst", sagte sie, aber der Vater schüttelte nur den Kopf, weil er es nicht verstand. Es kam ihm nicht in den Sinn, mit ihr wie mit einem guten Freund zu sprechen, und es entstand eine Art scherzhafte, halb ernsthafte Kameradschaft zwischen ihnen. Der Pflüger war glücklich bei dem Gedanken, dass das fröhliche Mädchen, das er kannte, bevor seine Tochter aufs College ging, zurückgekehrt war, um bei ihm zu leben.

Siedlungshaus besucht hatte, aß sie fast jeden Tag mit ihrem Vater zu Mittag. Die gemeinsame Stunde inmitten des Lärms, der ihr Leben erfüllte, wurde für beide zu einem geschätzten Privileg. Tag für Tag saßen sie eine Stunde lang in einem angesagten Restaurant in der Innenstadt und erneuerten und festigten ihre Kameradschaft, lachten und redeten inmitten der Menschenmenge, herrlich in ihrer Vertrautheit. Untereinander nahmen sie spielerisch die Art der beiden Geschäftsleute an, wobei jeder die Arbeit des anderen als etwas betrachtete, über das man leichtfertig hinweggehen sollte. Insgeheim glaubte keiner, während er redete.

In ihrem Bemühen, die schmutzigen menschlichen Wracks zu fassen und wegzubewegen, die vor der Tür des Siedlungshauses ein- und ausschwirrten, dachte Margaret an ihren Vater, der an seinem Schreibtisch saß und die Herstellung von Pflügen leitete. „Es ist eine saubere und wichtige Arbeit", dachte sie. „Er ist ein großer und effektiver Mann."

An seinem Schreibtisch im Büro der Pflugstiftung dachte David an seine Tochter im Siedlungshaus am Rande des Ersten Bezirks. „Sie ist ein weiß schimmerndes Ding inmitten von Schmutz und Hässlichkeit", dachte er. „Ihr ganzes Leben ist wie das Leben ihrer Mutter in den Stunden, als sie einst tapfer dem Tod gegenüberlag, um ein neues Leben zu beginnen."

Am Tag ihres Treffens mit McGregor saßen Vater und Tochter wie gewohnt im Restaurant. Männer und Frauen gingen in den langen, mit Teppichen ausgelegten Gängen auf und ab und blickten sie bewundernd an. Ein Kellner stand neben Ormsby und wartete auf das großzügige Trinkgeld. In die Luft, die über ihnen schwebte, die kleine geheime Atmosphäre der

Kameradschaft, die sie so sorgfältig schätzten, wurde das Gefühl einer neuen Persönlichkeit eingeprägt. In Margarets Gedanken schwebte neben dem ruhigen, edlen Gesicht ihres Vaters, das von Können und Freundlichkeit geprägt war, ein anderes Gesicht – das Gesicht des Mannes, der im Siedlungshaus mit ihr gesprochen hatte, nicht als Margaret Ormsby, die Tochter von David Ormsby Vertrauen pflügen, aber als Frau, die seinen Zielen dienen konnte und der er dienen sollte. Die Vision in ihrem Kopf verfolgte sie und sie hörte gleichgültig dem Gespräch ihres Vaters zu. Sie spürte, dass das strenge Gesicht des jungen Anwalts mit seinem starken Mund und seiner befehlenden Miene etwas Bedrohliches war, und versuchte, das Gefühl der Abneigung zurückzugewinnen, das sie empfunden hatte, als er zum ersten Mal an der Tür des Siedlungshauses eintrat. Es gelang ihr nur, sich an bestimmte klare Absichten zu erinnern, die die Brutalität seines Gesichts ausglichen und milderten.

Als sie dort im Restaurant ihrem Vater gegenüber saß, wo sie sich Tag für Tag so sehr bemüht hatten, eine echte Partnerschaft aufzubauen, brach Margaret plötzlich in Tränen aus.

„Ich habe einen Mann getroffen, der mich gezwungen hat, das zu tun, was ich nicht tun wollte", erklärte sie dem erstaunten Mann und lächelte ihn dann durch die Tränen an, die in ihren Augen glitzerten.

KAPITEL II

In Chicago lebten die Ormsbys in einem großen Steinhaus am Drexel Boulevard. Das Haus hatte eine Geschichte. Es gehörte einem Bankier, der Großaktionär und einer der Direktoren des Plough Trust war. Wie alle Männer, die ihn gut kannten, bewunderte und respektierte der Bankier die Fähigkeiten und Integrität von David Ormsby. Als der Pflugbauer aus einer Stadt in Wisconsin in die Stadt kam, um der Pflugmeister zu werden, bot er ihm das Haus zur Nutzung an.

Das Haus hatte der Bankier von seinem Vater bekommen, einem grimmigen, entschlossenen alten, geldverdienenden Kaufmann einer vergangenen Generation, der in ganz Chicago verhasst gestorben war, nachdem er sechzig Jahre lang täglich sechzehn Stunden schuften musste. In seinem hohen Alter hatte der Kaufmann das Haus gebaut, um die Macht auszudrücken, die ihm der Reichtum verliehen hatte. Es verfügte über Fußböden und Holzarbeiten, die von Arbeitern, die von einer Firma in Brüssel nach Chicago geschickt worden waren, geschickt aus teuren Hölzern gefertigt worden waren. Im langen Salon an der Vorderseite des Hauses hing ein Kronleuchter, der den Kaufmann zehntausend Dollar gekostet hatte. Die Treppe, die zum Stockwerk darüber führte, stammte aus dem Palast eines Fürsten in Venedig und war für den Kaufmann gekauft und über das Meer zum Haus in Chicago gebracht worden.

Der Bankier, der das Haus geerbt hatte, wollte nicht darin wohnen. Schon vor dem Tod seines Vaters und nach seiner eigenen gescheiterten Ehe lebte er in einem Club in der Innenstadt. Im Alter wohnte der Kaufmann, der sich aus dem Geschäft zurückgezogen hatte, mit einem anderen alten Mann, einem Erfinder, im Haus. Er konnte sich nicht ausruhen, obwohl er das Geschäft zu diesem Zweck aufgegeben hatte. Er und sein Freund verbrachten seine Tage damit, einen Graben im Rasen hinter dem Haus auszuheben und zu versuchen, den Müll einer seiner Fabriken auf etwas zu reduzieren, das kommerziellen Wert hatte. Im Graben brannten Feuer, und nachts saß der grimmige alte Mann mit Teer bedeckten Händen im Haus unter dem Kronleuchter. Nach dem Tod des Kaufmanns stand das Haus leer und starrte auf die Passanten auf der Straße, deren Gehwege und Wege mit Unkraut und struppigem Gras überwuchert waren.

David Ormsby passte in sein Haus. Wenn er durch die langen Flure ging oder in einem Sessel auf dem weiten Rasen saß und seine Zigarre rauchte, wirkte er gekleidet und umringt. Das Haus wurde ein Teil von ihm wie ein gut gemachtes und intelligent getragenes Kleidungsstück. In den Salon unter dem zehntausend Dollar teuren Kronleuchter stellte er einen Billardtisch, und das Klicken von Elfenbeinkugeln vertrieb die kirchliche Atmosphäre des Ortes.

Die Treppe hinauf und hinunter bewegten sich amerikanische Mädchen, Freundinnen von Margaret, ihre Röcke raschelten und ihre Stimmen hallten durch die riesigen Räume. Abends nach dem Abendessen spielte David Billard. Die sorgfältige Berechnung der Winkel und die Engländer interessierten ihn. Als er abends mit Margaret oder einem Freund spielte, verging die Müdigkeit des Tages und seine ehrliche Stimme und sein hallendes Lachen zauberten ein Lächeln auf die Lippen der Passanten auf der Straße. Am Abend brachte David seine Freunde mit, um mit ihm auf der breiten Veranda zu plaudern. Manchmal ging er allein in sein Zimmer oben im Haus und vergrub sich in Büchern. Samstagabends hatte er eine Ausschweifung und saß mit einer Gruppe von Freunden aus der Stadt an einem Kartentisch im langen Salon , spielte Poker und trank Highballs.

Laura Ormsby, Margarets Mutter, schien nie ein wirklicher Teil ihres Lebens zu sein. Schon als Kind hatte die Tochter sie für hoffnungslos romantisch gehalten. Das Leben hatte sie zu gut behandelt und von jedem um sie herum erwartete sie Qualitäten und Reaktionen, die sie in ihrer eigenen Person nicht zu erreichen versucht hätte.

Als David sie, die schlanke, braunhaarige Tochter eines Schuhmachers aus dem Dorf, heiratete, hatte er bereits begonnen aufzusteigen, und schon damals hatte die kleine Pflugfirma, deren Besitz unter den Kaufleuten und Bauern der Umgebung verstreut war, unter seiner Hand mit der Herstellung begonnen Fortschritt im Staat. Man sprach bereits von seinem Herrn als einem kommenden Mann und von Laura als der Frau eines kommenden Mannes.

Für Laura war das irgendwie unbefriedigend. Als sie zu Hause saß und nichts tat, hatte sie immer noch den leidenschaftlichen Wunsch, als Charakter, als Individuum, als Frau der Tat bekannt zu werden. Als sie auf der Straße neben ihrem Mann herging, strahlte sie die Menschen an, aber als dieselben Leute sprachen und sie ein hübsches Paar nannten, stieg ihr die Röte in die Wangen und ein Anflug von Empörung schoß ihr durch den Kopf.

Laura Ormsby lag nachts wach in ihrem Bett und dachte über ihr Leben nach. Sie hatte eine Welt voller Fantasien, in der sie zu solchen Zeiten lebte. In ihrer Traumwelt erlebten sie tausend mitreißende Abenteuer. Sie stellte sich einen Brief vor, den sie mit der Post erhalten hatte und in dem sie von einer Intrige erzählte, in der Davids Name mit dem einer anderen Frau verbunden war, und lag im Bett und nahm den Gedanken still in den Arm. Sie blickte zärtlich in das Gesicht des schlafenden David. „Armer, bedrängter

Junge", murmelte sie. „Ich werde resigniert und fröhlich sein und ihn sanft an seinen alten Platz in meinem Herzen zurückführen."

Am Morgen nach einer Nacht in dieser Traumwelt sah Laura David an, so kühl und effizient, und war irritiert über seine Effizienz. Als er spielerisch seine Hand auf ihre Schulter legte, zog sie sich zurück und saß ihm beim Frühstück gegenüber und sah zu, wie er die Morgenzeitung las, ohne sich der rebellischen Gedanken in ihrem Kopf bewusst zu sein.

Einmal, nachdem sie nach Chicago gezogen war und Margaret vom College zurückgekehrt war, hatte Laura die leise Ahnung eines Abenteuers. Auch wenn es harmlos ausfiel, blieb es ihr im Gedächtnis und versüßte ihre Gedanken irgendwie.

Sie war allein in einem Schlafwagen, der aus New York kam. Ein junger Mann saß ihr gegenüber und die beiden unterhielten sich. Während sie redete, stellte sich Laura vor, wie sie mit dem jungen Mann durchbrennen würde, und blickte unter ihren Wimpern scharf auf sein schwaches und freundliches Gesicht. Sie hielt das Gespräch am Leben, während andere im Auto hinter den grünen, wehenden Vorhängen für die Nacht davonkrochen.

Mit dem jungen Mann besprach Laura Ideen, die sie durch die Lektüre von Ibsen und Shaw gewonnen hatte. Sie wurde kühn und mutig, ihre Meinung zu äußern, und versuchte, den jungen Mann zu einer offenen Rede oder Handlung zu bewegen, die ihre Empörung erregen könnte.

Der junge Mann verstand die Frau mittleren Alters nicht, die neben ihm saß und so kühn redete. Er kannte nur einen prominenten Mann namens Shaw, und dieser Mann war Gouverneur von Iowa und später Mitglied des Kabinetts von Präsident McKinley gewesen. Der Gedanke, dass ein prominentes Mitglied der Republikanischen Partei solche Gedanken haben oder solche Meinungen äußern sollte, erschreckte ihn. Er erzählte vom Angeln in Kanada und von einer komischen Oper, die er in New York gesehen hatte, und um elf Uhr gähnte er und verschwand hinter den grünen Vorhängen. Als der junge Mann in seiner Koje lag, murmelte er vor sich hin: „Was wollte diese Frau jetzt?" Ein Gedanke kam ihm in den Sinn, und er griff nach der Stelle, an der seine Hose in einer kleinen Hängematte über dem Fenster hing, und schaute, um zu sehen, dass seine Uhr und seine Handtasche noch da waren.

Zu Hause dachte Laura Ormsby an das Gespräch mit dem fremden Mann im Zug. In ihren Gedanken wurde er zu etwas Romantischem und Wagemutigem, zu einem Lichtstrahl über ihrem düsteren Leben, wie sie sich gern vorstellte.

Als sie beim Abendessen saß, erzählte sie, wie er seine Reize beschrieb. „Er hatte einen wunderbaren Verstand und wir saßen bis spät in die Nacht und unterhielten uns", sagte sie und beobachtete Davids Gesicht.

Als sie gesprochen hatte, blickte Margaret auf und sagte lachend: „Habe ein Herz , Papa. Hier ist Romantik. Sei nicht blind dafür. Mutter versucht, dir wegen einer angeblichen Liebesbeziehung Angst einzujagen."

KAPITEL III

Eines Abends, drei Wochen nach dem großen Mordprozess, unternahm McGregor einen langen Spaziergang durch die Straßen von Chicago und versuchte, sein Leben zu planen. Er war beunruhigt und beunruhigt über das Ereignis, das seinem dramatischen Erfolg im Gerichtssaal gefolgt war, und mehr als beunruhigt über die Tatsache, dass seine Gedanken ständig mit dem Traum spielten, Margaret Ormsby als seine Frau zu haben. In der Stadt war er zu einer Macht geworden und statt der Namen und Bilder von Kriminellen und Besitzern ungeordneter Häuser erschienen nun sein Name und sein Bild auf den Titelseiten der Zeitungen. Andrew Leffingwell, der politische Vertreter eines reichen und erfolgreichen Herausgebers sensationeller Zeitungen in Chicago, hatte ihn in seinem Büro besucht und vorgeschlagen, ihn zu einer politischen Persönlichkeit der Stadt zu machen. Finley, ein bekannter Strafverteidiger, hatte ihm eine Partnerschaft angeboten. Der Anwalt, ein kleiner lächelnder Mann mit weißen Zähnen, hatte McGregor nicht um eine sofortige Entscheidung gebeten. In gewisser Weise hatte er die Entscheidung als selbstverständlich angesehen. Freundlich lächelnd und eine Zigarre über McGregors Schreibtisch rollend, hatte er eine Stunde damit verbracht, Geschichten über berühmte Triumphe im Gerichtssaal zu erzählen.

„Ein solcher Triumph reicht aus, um einen Mann zu machen", erklärte er. „Sie haben keine Ahnung, wie weit Sie ein solcher Erfolg bringen wird. Das Wort davon geht den Menschen immer wieder durch den Kopf. Eine Tradition wird aufgebaut. Die Erinnerung daran beeinflusst die Gedanken der Geschworenen. Fälle werden für Sie durch die bloße Verbindung Ihres Namens mit dem Fall gewonnen."

McGregor ging langsam und schwerfällig durch die Straßen, ohne die Menschen zu sehen. In der Wabash Avenue in der Nähe der Twenty-Third Street hielt er in einem Saloon an und trank Bier. Der Saloon befand sich in einem Raum unterhalb des Bürgersteigs und der Boden war mit Sägemehl bedeckt. Zwei halb betrunkene Arbeiter standen an der Bar und stritten sich. Einer der Arbeiter , ein Sozialist, verfluchte ständig die Armee und seine Worte brachten McGregor dazu, an den Traum zu denken, den er so lange gehegt hatte und der nun zu verblassen schien. „Ich war in der Armee und weiß, wovon ich rede", erklärte der Sozialist. „Die Armee hat nichts Nationales. Es handelt sich um eine Privatsache. Hier ist es heimlich im Besitz der Kapitalisten und in Europa im Besitz der Aristokratie. Sag es mir nicht – ich weiß. Die Armee besteht aus Pennern. Wenn ich ein Penner bin, bin ich einer geworden. Sie werden schnell genug erkennen, was für Kerle in der Armee sind, wenn das Land jemals in einen großen Krieg verwickelt wird."

Erregt erhob der Sozialist seine Stimme und hämmerte auf die Bar. „Verdammt, wir kennen uns selbst überhaupt nicht", rief er. „Wir wurden nie getestet. Wir nennen uns eine große Nation, weil wir reich sind. Wir sind wie ein dicker Junge, der zu viel Kuchen gegessen hat. Ja, Sir – das sind wir hier in Amerika, und was unsere Armee angeht, ist es das Spielzeug für dicke Jungs. Halten Sie sich davon fern."

McGregor saß in der Ecke des Saloons und sah sich um. Männer kamen herein und gingen durch die Tür hinaus. Ein Kind trug einen Eimer die kurze Treppe von der Straße hinunter und rannte über den Sägemehlboden. Ihre Stimme, dünn und scharf, durchdrang das Stimmengewirr der Männer. „Zehn Cent wert – gib mir genug", flehte sie, hob den Eimer über ihren Kopf und stellte ihn auf die Theke.

Das selbstbewusste lächelnde Gesicht von Finley, dem Anwalt, kam McGregor wieder in den Sinn. Wie David Ormsby, der erfolgreiche Pflugbauer, betrachtete der Anwalt die Männer als Schachfiguren in einem großen Spiel, und wie der Pflugbauer waren seine Absichten ehrenhaft und sein Ziel klar. Es war ihm ein Anliegen, viel aus seinem Leben zu machen und erfolgreich zu sein. Wenn er das Spiel auf der Seite des Verbrechers spielte, war das nur eine Chance. Die Dinge waren so ausgefallen. In seinem Kopf war etwas anderes – der Ausdruck seiner eigenen Absicht.

McGregor stand auf und verließ den Saloon. Auf der Straße standen Männer in Gruppen herum. In der 39. Straße drängte sich eine Schar Jugendlicher, die auf dem Bürgersteig schlurften, gegen den großen, murmelnden Mann, der mit seinem Hut in der Hand vorbeikam. Er begann das Gefühl zu haben, dass er sich mitten in etwas befand, das zu groß war, als dass es durch die Bemühungen eines einzelnen Mannes bewegt werden könnte. Die erbärmliche Bedeutungslosigkeit des Einzelnen war offensichtlich. Wie in einer langen Prozession zogen die Gestalten der Menschen an ihm vorbei, die versucht hatten, sich aus dem Trubel des amerikanischen Lebens zu erheben. Mit Schaudern wurde ihm klar , dass die Männer, deren Namen die Seiten der amerikanischen Geschichte füllten, größtenteils nichts bedeuteten. Die Kinder, die von ihren Taten lasen, waren ungerührt. Vielleicht hatten sie die Störung nur verstärkt. Wie die Männer, die auf der Straße vorbeigingen , gingen sie über die Oberfläche der Dinge hinweg und verschwanden in der Dunkelheit.

„Vielleicht haben Finley und Ormsby Recht", flüsterte er. „Sie bekommen, was sie können, sie haben den gesunden Menschenverstand zu wissen, dass das Leben schnell läuft wie ein fliegender Vogel, der an einem offenen Fenster vorbeifliegt. Sie wissen, dass ein Mann, der an etwas anderes denkt, wahrscheinlich zu einem weiteren Sentimentalisten wird und sein Leben damit verbringen wird, vom Wackeln seines eigenen Kiefers hypnotisiert zu sein."

Auf seinen Wanderungen stieß McGregor weit draußen auf der Südseite auf ein Restaurant und einen Garten im Freien. Der Garten war zur Unterhaltung der Reichen und Erfolgreichen angelegt worden. Auf einer kleinen Plattform spielte eine Band. Obwohl der Garten von einer Mauer umgeben war, war er zum Himmel hin offen und über den lachenden Menschen an den Tischen leuchteten die Sterne.

McGregor saß allein an einem kleinen Tisch auf einem Balkon unter einem schattigen Licht. Unter ihm standen auf einer Terrasse weitere Tische, an denen Männer und Frauen saßen. Auf einer Plattform in der Mitte des Gartens erschienen Tänzer.

McGregor, der ein Abendessen bestellt hatte, ließ es unberührt. Ein großes, anmutiges Mädchen, das stark an Margaret Ormsby erinnerte, tanzte auf der Plattform. Mit unendlicher Anmut gab ihr Körper den Bewegungen des Tanzes Ausdruck und wie ein vom Wind verwehtes Ding bewegte sie sich hin und her in den Armen ihres Partners, eines schlanken Jünglings mit langen schwarzen Haaren. In der Figur der tanzenden Frau kam viel von dem Idealismus zum Ausdruck, den der Mann in Frauen zu verwirklichen versucht , und McGregor war davon begeistert. Ein Sensualismus, der so zart war, dass er nicht wie Sensualismus aussah, begann in ihn einzudringen. Mit neuem Hunger freute er sich auf die Zeit, in der er Margaret wiedersehen würde.

Auf der Plattform im Garten erschienen andere Tänzer. Die Lichter an den Tischen waren heruntergedreht. Aus der Dunkelheit erklang Gelächter. McGregor blickte sich um. Die Leute, die an den Tischen auf der Terrasse saßen, erregten und fesselten seine Aufmerksamkeit, und er begann, scharf in die Gesichter der Männer zu blicken. Wie schlau sie waren, diese Männer, die im Leben erfolgreich gewesen waren. Waren sie nicht doch die Weisen? Hinter dem Fleisch, das auf ihren Knochen so dick geworden war, welch schlaue Augen. Es gab ein Spiel des Lebens und sie hatten es gespielt. Der Garten war ein Teil des Spiels. Es war schön und endete nicht alles Schöne auf der Welt damit, dass es ihnen diente? Die Künste der Männer, die Gedanken der Männer, die Impulse zur Schönheit, die in den Köpfen von Männern und Frauen aufkamen – dienten all diese Dinge nicht nur dazu, die Stunden der Erfolgreichen zu erleichtern? Der Blick der Männer an den

Tischen, als sie die tanzenden Frauen ansahen, war nicht allzu gierig. Sie waren voller Zuversicht. War es nicht ihretwegen, dass sich die Tänzer hin und her drehten und ihre Anmut offenbarten? Wenn das Leben ein Kampf wäre, hätten sie im Kampf keinen Erfolg gehabt?

McGregor stand vom Tisch auf und ließ sein Essen unberührt. In der Nähe des Eingangs zum Garten blieb er stehen und blickte, an eine Säule gelehnt, noch einmal auf die Szene vor ihm. Auf der Plattform erschien eine ganze Truppe Tänzerinnen. Sie trugen bunte Gewänder und tanzten einen Volkstanz. Während McGregor zusah, begann wieder ein Licht in seine Augen zu schleichen. Die Frauen, die jetzt tanzten, waren anders als sie, die ihn an Margaret Ormsby erinnert hatte. Sie waren kleinwüchsig und hatten etwas Rauhes in ihren Gesichtern. Sie bewegten sich in Massen über den Bahnsteig hin und her. Mit ihrem Tanz versuchten sie, eine Botschaft zu übermitteln. Ein Gedanke kam McGregor. „Es ist der Tanz der Arbeit ", murmelte er. „Hier in diesem Garten ist es verdorben, aber der Hinweis auf die Arbeit geht nicht verloren. Es gibt noch einen Hauch davon in diesen Figuren, die sich auch beim Tanzen abmühen."

McGregor entfernte sich aus dem Schatten der Säule und stand mit dem Hut in der Hand unter den Gartenlichtern und wartete, als würde er auf einen Ruf aus den Reihen der Tänzer warten. Wie wütend sie arbeiteten. Wie sich die Körper drehten und wanden. Aus Mitgefühl für ihre Bemühungen bildete sich auf dem Gesicht des Mannes, der zusah, Schweiß. „Was für ein Sturm muss direkt unter der Oberfläche der Wehen toben ", murmelte er. „Überall müssen dumme, brutale Männer und Frauen auf etwas warten, ohne zu wissen, was sie wollen. Ich werde an meinem Ziel festhalten, aber ich werde Margaret nicht aufgeben", sagte er laut, drehte sich um und rannte halb aus dem Garten auf die Straße.

In dieser Nacht träumte McGregor im Schlaf von einer neuen Welt, einer Welt sanfter Phrasen und sanfter Hände, die das aufstrebende Biest im Menschen zum Schweigen brachten. Es war ein uralter Traum, der Traum, aus dem Frauen wie Margaret Ormsby hervorgegangen sind. Die langen, schlanken Hände, die er im Siedlungshaus auf dem Schreibtisch liegen gesehen hatte, berührten jetzt seine Hände. Unbehaglich wälzte er sich im Bett hin und her, und das Verlangen überkam ihn, so dass er aufwachte. Auf dem Boulevard gingen die Leute immer noch auf und ab. McGregor stand auf und stand in der Dunkelheit am Fenster seines Zimmers und schaute zu. Ein Theater hatte gerade seine Portion reich gekleideter Männer und Frauen ausgespuckt, und als er das Fenster öffnete, drangen die Stimmen der Frauen klar und deutlich an seine Ohren.

Der abgelenkte Mann starrte in die Dunkelheit und seine blauen Augen waren besorgt. Die Vision der ungeordneten und unorganisierten Gruppe von Bergleuten, die schweigend im Gefolge der Beerdigung seiner Mutter marschierte, in deren Leben er mit größter Anstrengung Ordnung bringen wollte, wurde durch die klarere und schönere Vision, die ihm gekommen war, gestört und zerstört.

KAPITEL IV

In den Tagen, seit sie McGregor gesehen hatte, hatte Margaret fast ständig an ihn gedacht. Sie wog und balancierte ihre eigenen Neigungen ab und beschloss, dass sie, wenn sich die Gelegenheit dazu bot , den Mann heiraten würde, dessen Kraft und Mut sie so angesprochen hatten. Sie war halb enttäuscht, dass der Widerstand, den sie im Gesicht ihres Vaters gesehen hatte, als sie ihm von McGregor erzählt und sich durch ihre Tränen verraten hatte, nicht aktiver wurde. Sie wollte kämpfen, den Mann verteidigen, den sie heimlich ausgewählt hatte. Als nichts darüber gesagt wurde, ging sie zu ihrer Mutter und versuchte es zu erklären. „Wir werden ihn hier haben", sagte die Mutter schnell. „Ich gebe nächste Woche einen Empfang. Ich werde ihn zur Hauptfigur machen. Geben Sie mir seinen Namen und seine Adresse und ich werde mich um die Angelegenheit kümmern."

Laura stand auf und ging ins Haus. Ein schlaues Leuchten trat in ihre Augen. „Er wird sich vor unserem Volk wie ein Narr verhalten", sagte sie sich. „Er ist ein Rohling und wird dazu gebracht, wie ein Rohling auszusehen." Sie konnte ihre Ungeduld nicht zurückhalten und suchte David auf. „Er ist ein Mann, den man fürchten muss", sagte sie; „Er würde vor nichts zurückschrecken. Sie müssen sich eine Möglichkeit überlegen, wie Sie Margarets Interesse an ihm beenden können. Kennen Sie einen besseren Plan, als ihn hier zu haben, wo er wie ein Idiot aussehen wird?"

David nahm die Zigarre von seinen Lippen. Er war verärgert und irritiert darüber, dass eine Affäre um Margaret zur Diskussion gestellt worden war. In seinem Herzen hatte er auch Angst vor McGregor. „Lass es in Ruhe", sagte er scharf. „Sie ist eine erwachsene Frau und verfügt über mehr Urteilsvermögen und gesunden Menschenverstand als jede andere Frau, die ich kenne." Er stand auf und warf die Zigarre über die Veranda ins Gras. „Frauen sind nicht verständlich", schrie er halb. „Sie tun unerklärliche Dinge, haben unerklärliche Fantasien. Warum gehen sie nicht geradlinig voran wie ein vernünftiger Mann? Ich habe es vor Jahren aufgegeben, dich zu verstehen, und jetzt bin ich gezwungen, es aufzugeben, Margaret zu verstehen."

Bei Mrs. Ormsbys Empfang erschien McGregor in dem schwarzen Anzug, den er für die Beerdigung seiner Mutter gekauft hatte. Sein flammend rotes Haar und sein unhöfliches Gesicht erregten die Aufmerksamkeit aller.

Überall um ihn herum knisterte Gerede und Gelächter. So wie Margaret in dem überfüllten Gerichtssaal, in dem um ihr Leben gekämpft wurde, beunruhigt und unwohl gewesen war, so fühlte er sich unter diesen Leuten, die umhergingen, kleine gebrochene Sätze von sich gaben und töricht über nichts lachten, deprimiert und unsicher. Inmitten der Gesellschaft nahm er fast die gleiche Position ein wie ein neues und wildes Tier, das sicher gefangen wurde und nun in einem Käfig zur Schau gestellt wird. Sie hielten es für clever von Mrs. Ormsby, ihn bei sich zu haben, und er war, in einem nicht ganz üblichen Sinne, der Löwe des Abends. Das Gerücht , dass er dort sein würde, hatte mehr als eine Frau dazu veranlasst, andere Verlobungen zu kündigen und dorthin zu kommen, wo sie die Hand dieses Helden der Zeitungen nehmen und mit ihm sprechen konnte, und die Männer, die ihm die Hand schüttelten, sahen ihn scharf an und fragten sich, was welche Macht und welche List in ihm steckte.

In den Zeitungen war nach dem Mordprozess ein Geschrei über die Person McGregor laut geworden. Aus Angst, den Inhalt seiner Rede über das Laster, seinen Besitz und seine Bedeutung vollständig abzudrucken, hatten sie ihre Kolumnen mit Gesprächen über den Mann gefüllt. Der riesige schottische Anwalt des Tenderloin wurde in der grauen Masse der Stadtbevölkerung als etwas Neues und Aufsehen erregendes verkündet. Dann, wie in den tapferen Tagen, die folgten, fing der Mann unwiderstehlich die Fantasie schreibender Männer an, der selbst in geschriebenen oder gesprochenen Worten stumm war, außer in der Hitze eines inspirierten Ausbruchs, in dem er die pure, rohe Kraft, die Lust, nach der in den Seelen schläft, perfekt zum Ausdruck brachte von Künstlern.

Im Gegensatz zu den Männern hatten die wunderschön gekleideten Frauen beim Empfang keine Angst vor McGregor. Sie sahen in ihm etwas, das es zu zähmen und zu erobern galt, und sie versammelten sich in Gruppen, um ihn in Gespräche zu verwickeln und den fragenden Blick in seinen Augen zu erwidern. Sie dachten, dass das Leben mit einer so unbesiegten Seele neue Leidenschaft und Interesse gewinnen könnte . Wie die Frauen, die in O'Tooles Restaurant mit Zahnstochern spielten, hatte auch mehr als eine der Frauen bei Mrs. Ormsbys Empfang den halb unbewussten Wunsch, dass ein solcher Mann ihr Liebhaber sein könnte.

Einer nach dem anderen brachte Margaret die Männer und Frauen ihrer Welt hervor, um ihre Namen mit denen von McGregor zu verbinden und zu versuchen, ihn in der Atmosphäre der Sicherheit und Leichtigkeit zu etablieren, die das Haus und die Menschen durchdrang. Er stand an der Wand, verneigte sich und starrte kühn umher und dachte, dass die Verwirrung und Zerstreutheit, die seinem ersten Besuch bei Margaret im Siedlungshaus gefolgt war, mit jedem Augenblick ins Unermessliche zunahm. Er blickte auf den glitzernden Kronleuchter an der Decke und auf die

Menschen, die sich umherbewegten – die Männer entspannt und bequem – die Frauen mit wunderbar zarten, ausdrucksstarken Händen und deren runden weißen Hälsen und Schultern über ihren Gewändern hervorschauten, und ein Gefühl völliger Hilflosigkeit durchströmte ihn . Noch nie war er in einer so femininen Gesellschaft gewesen. Er dachte an die schönen Frauen um ihn herum und sah sie auf seine direkte, grobe und kraftvolle Art lediglich als Frauen, die unter Männern arbeiteten und ein Ziel verfolgten. „Bei all der sanften, suggestiven Sinnlichkeit ihrer Kleidung und ihrer Persönlichkeit müssen sie in gewisser Weise die Kraft und den Willen dieser Männer geschwächt haben, die sich so gleichgültig unter ihnen bewegen", dachte er. In seinem Inneren wusste er nichts, was er als Schutz gegen das hätte aufstellen können, von dem er glaubte, dass solche Schönheit für den Mann, der damit lebte, werden musste. Seine Kraft musste seiner Meinung nach etwas Monumentales sein und er betrachtete voller Bewunderung das ruhige Gesicht von Margarets Vater, der sich zwischen seinen Gästen bewegte.

McGregor verließ das Haus und blieb im Halbdunkel auf der Veranda stehen. Als Mrs. Ormsby und Margaret ihm folgten , blickte er die ältere Frau an und spürte ihre Feindseligkeit. Die alte Liebe zum Kampf erfasste ihn und er drehte sich um und stand schweigend da und sah sie an. „Die feine Dame", dachte er, „ist nicht besser als die Frauen des Ersten Bezirks. Sie hat die Idee, dass ich mich kampflos ergeben werde."

Die Angst vor der Sicherheit und Stabilität von Margarets Leuten, die ihn im Haus fast überwältigt hätte, verschwand aus seinem Kopf. Die Frau, die ihr ganzes Leben lang dachte, sie sei eine, die nur auf die Gelegenheit wartete, als führende Figur in Angelegenheiten aufzutreten, machte ihre Anwesenheit zu einem Scheitern des Versuchs, McGregor zu überwältigen.

Auf der Veranda standen die drei Personen. McGregor, der Stille, wurde zum Redseligen. Ergriffen von einer der Eingebungen, die zu seinem Wesen gehörten, unterhielt er sich mit Mrs. Ormsby, indem er sich mit ihr auseinandersetzte und Schlag für Schlag erwiderte. Als er glaubte, es sei an der Zeit, das zu erreichen, was ihm durch den Kopf ging, ging er ins Haus und kam bald darauf mit seinem Hut heraus. Die Härte, die sich in seine Stimme schlich, wenn er aufgeregt oder entschlossen war, erschreckte Laura Ormsby. Er blickte auf sie herab und sagte: „Ich werde mit Ihrer Tochter einen Spaziergang auf der Straße machen. Ich möchte mit ihr reden."

Laura zögerte und lächelte unsicher. Sie beschloss, sich zu äußern und wie der Mann grob und direkt zu sein. Als sie ihre Gedanken klar und bereit hatte, waren Margaret und McGregor bereits auf halbem Weg den Schotterweg zum Tor hinunter und die Gelegenheit, sich zu profilieren, war vertan.

McGregor ging neben Margaret her und war in Gedanken an sie versunken. „Ich bin hier mit einer Arbeit beschäftigt", sagte er und deutete vage mit der Hand auf die Stadt. „Es ist eine große Arbeit, die mir viel abverlangt. Ich bin nicht zu Ihnen gekommen, weil ich unsicher war. Ich hatte Angst, dass du mich überwältigen und die Gedanken an die Arbeit aus meinem Kopf vertreiben würdest."

Am Eisentor am Ende des Kieswegs drehten sie sich um und sahen sich gegenüber. McGregor lehnte sich an die Backsteinmauer und sah sie an. „Ich möchte, dass du mich heiratest", sagte er. "Ich denke dauernd an dich. Wenn ich an dich denke, kann ich meine Arbeit nur zur Hälfte erledigen. Ich denke schon, dass ein anderer Mann kommen und dich mitnehmen könnte, und ich verschwende Stunde um Stunde mit Angst."

Sie legte eine zitternde Hand auf seinen Arm und er überlegte, ob er noch einen Versuch einer Antwort verhindern wollte, bevor er fertig war, und eilte weiter.

„Bevor ich als Verehrer zu Ihnen kommen kann, müssen einige Dinge zwischen uns gesagt und verstanden werden. Ich hätte nicht gedacht, dass ich einer Frau gegenüber so empfinden sollte, wie ich Ihnen gegenüber empfinde, und ich muss bestimmte Anpassungen vornehmen. Ich dachte, ich könnte ohne solche Frauen auskommen. Ich dachte, du wärst nicht das Richtige für mich — bei der Arbeit, die ich mir in der Welt vorgenommen habe. Wenn du mich nicht heiraten willst , werde ich es jetzt gerne wissen, damit ich meine Gedanken klären kann."

Margaret hob ihre Hand und legte sie auf seine Schulter. Die Tat war eine Art Anerkennung seines Rechts, so direkt mit ihr zu sprechen. Sie sagte nichts. Erfüllt von tausend Botschaften der Liebe und Zärtlichkeit, die sie ihm unbedingt ins Ohr schütten wollte, stand sie schweigend auf dem Kiesweg und hatte ihre Hand auf seiner Schulter.

Und dann passierte etwas Absurdes. Die Angst, dass Margaret eine schnelle Entscheidung treffen könnte, die sich auf ihre gemeinsame Zukunft auswirken würde, versetzte McGregor in Panik. Er wollte nicht, dass sie sprach und wünschte, dass seine eigenen Worte unausgesprochen blieben. "Warten. Nicht jetzt", rief er und hob die Hand, um ihre Hand zu ergreifen.

Seine Faust traf den Arm, der auf seiner Schulter lag, und dadurch wurde sein Hut auf die Straße geschleudert. McGregor rannte hinterher und blieb dann stehen. Er legte seine Hand an seinen Kopf und wirkte gedankenverloren. Als er sich wieder umdrehte, um den Hut zu verfolgen, schrie Margaret, die sich nicht länger beherrschen konnte, vor Lachen.

Ohne Hut ging McGregor in der sanften Stille der Sommernacht den Drexel Boulevard entlang. Er war verärgert über den Ausgang des Abends und wünschte sich in seinem Herzen , Margaret hätte ihn geschlagen weggeschickt. Seine Arme sehnten sich danach, sie an seiner Brust zu haben, aber sein Geist brachte ihm nacheinander die Einwände gegen eine Heirat mit ihr vor. „Männer lassen sich von solchen Frauen überwältigen und vergessen ihre Arbeit", sagte er sich. „Sie sitzen da und schauen in die sanften braunen Augen ihrer Geliebten und denken an Glück. Daran sollte ein Mann bei seiner Arbeit denken. Das Feuer, das durch die Adern seines Körpers fließt, sollte seinen Geist erleuchten. Man möchte die Liebe zur Frau als Lebensziel betrachten und die Frau akzeptiert das und wird dadurch glücklich." Er dachte voller Dankbarkeit an Edith in ihrem Laden in der Monroe Street. „Ich sitze nachts nicht in meinem Zimmer und träume davon, sie in meine Arme zu nehmen und Küsse auf ihre Lippen zu gießen", flüsterte er.

In der Tür ihres Hauses hatte Mrs. Ormsby gestanden und McGregor und Margaret beobachtet. Sie hatte gesehen, wie sie am Ende des Spaziergangs anhielten. Die Gestalt des Mannes war im Schatten verloren und die von Margaret stand allein da und zeichnete sich vor einem fernen Licht ab. Sie sah, wie Margaret die Hand ausstreckte – ob sie seinen Ärmel umklammerte – und hörte Stimmengemurmel. Und dann stürzte der Mann auf die Straße. Sein Hut katapultierte sich vor ihm her und ein kurzer Ausbruch halb hysterischen Gelächters durchbrach die Stille.

Laura Ormsby war wütend. Obwohl sie McGregor hasste , konnte sie den Gedanken nicht ertragen, dass Lachen den Zauber der Romantik brechen sollte. „Sie ist genau wie ihr Vater", murmelte sie. „Zumindest könnte sie etwas Mut zeigen und nicht wie ein hölzernes Ding sein und ihr erstes Gespräch mit einem Liebhaber mit einem solchen Lachen beenden."

Margarete stand in der Dunkelheit und zitterte vor Glück. Sie stellte sich vor, wie sie die dunkle Treppe zu McGregors Büro in der Van Buren Street hinaufstieg, wohin sie einmal gegangen war, um ihm die Nachricht vom Mordfall zu überbringen – sie legte ihre Hand auf seine Schulter und sagte:

„Nimm mich in deine Arme und küsse mich." Ich bin deine Frau. Ich will mit dir leben. Ich bin bereit, auf mein Volk und meine Welt zu verzichten und dein Leben für dich zu leben." Margaret, die in der Dunkelheit vor dem riesigen alten Haus am Drexel Boulevard stand, stellte sich vor, wie sie mit Beaut McGregor zusammenlebte – mit ihm als seiner Frau in einer kleinen Wohnung über einem Fischmarkt in einer West Side Street . Warum ein Fischmarkt, hätte sie nicht sagen können.

KAPITEL V

Edith Carson war sechs Jahre älter als McGregor und lebte ganz in sich selbst. Sie gehörte zu den Wesen, die sich nicht in Worten ausdrücken. Obwohl ihr Herz höher schlug, als er den Laden betrat, bekam sie keine Farbe in die Wangen und ihre blassen Augen blickten nicht auf seine Nachricht zurück. Tag für Tag saß sie in ihrem Laden bei der Arbeit, ruhig, stark in ihrem eigenen Glauben, bereit, ihr Geld, ihren Ruf und, wenn nötig, ihr Leben für die Verwirklichung ihres eigenen Traums von der Weiblichkeit zu geben . Sie sah in McGregor nicht die Entwicklung eines genialen Mannes wie Margaret und hoffte nicht, durch ihn einen geheimen Wunsch nach Macht zum Ausdruck zu bringen. Sie war eine berufstätige Frau und für sie vertrat er alle Männer. In ihrem geheimen Herzen betrachtete sie ihn lediglich als den Mann – ihren Mann.

Und für McGregor war Edith Begleiterin und Freundin. Er sah sie Jahr für Jahr in ihrem Laden sitzen, Geld auf die Sparkasse legen, fröhlich vor der Welt auftreten, nie selbstbewusst, freundlich, auf ihre Art selbstsicher. „Wir könnten ewig so weitermachen, wie jetzt, und sie wäre trotzdem zufrieden", sagte er sich.

Eines Nachmittags nach einer besonders harten Arbeitswoche ging er zu ihr, um in ihrem kleinen Arbeitszimmer zu sitzen und über die Heirat mit Margaret Ormsby nachzudenken. Es war eine ruhige Jahreszeit in Ediths Branche und sie war allein im Laden und bediente einen Kunden. McGregor legte sich auf die kleine Couch im Arbeitszimmer. Eine Woche lang hatte er Abend für Abend vor Versammlungen von Arbeitern gesprochen und später in seinem eigenen Zimmer gesessen und an Margaret gedacht. Jetzt schlief er auf der Couch ein, mit Stimmengemurmel in seinen Ohren.

Als er aufwachte, war es spät in der Nacht und Edith saß auf dem Boden neben der Couch und hatte ihre Finger in seinen Haaren.

McGregor öffnete leise die Augen und sah sie an. Er konnte sehen, wie eine Träne über ihre Wange lief. Sie starrte geradeaus auf die Wand des Zimmers, und im schwachen Licht, das durch ein Fenster fiel, konnte er die gezogenen Strähnen ihres kleinen Halses und den mausfarbenen Haarknoten auf ihrem Kopf sehen.

McGregor schloss schnell die Augen. Er fühlte sich wie jemand, der durch einen Spritzer kaltes Wasser auf seiner Brust aus dem Schlaf gerissen wurde. Ihm wurde plötzlich klar, dass Edith Carson etwas von ihm erwartet hatte — etwas, zu dem er nicht bereit war.

Nach einer Weile stand sie auf und schlich sich leise in den Laden, und unter lautem Geklapper und geschäftiger Hektik stand auch er auf und begann laut zu rufen. Er verlangte die Zeit und beschwerte sich über einen verpassten Termin. Edith drehte das Gas auf und ging mit ihm zur Tür. Auf ihrem Gesicht lag das alte, gelassene Lächeln. McGregor eilte in die Dunkelheit davon und verbrachte den Rest der Nacht damit, durch die Straßen zu laufen.

Am nächsten Tag ging er zu Margaret Ormsby im Siedlungshaus. Bei ihr benutzte er keine Kunst. Als er direkt zur Sache fuhr, erzählte er ihr von der Tochter des Leichenbestatters, die neben ihm auf der Anhöhe über Coal Creek saß, vom Friseur und seinem Gerede über Frauen auf der Parkbank und wie ihn das zu dieser anderen Frau geführt hatte, die auf dem Boden im Park kniete kleines Fachwerkhaus, seine Fäuste in ihren Haaren und an Edith Carson, deren Kameradschaft ihn vor all dem bewahrt hatte.

„Wenn du das alles nicht hören kannst und trotzdem mit mir leben willst", sagte er, „haben wir keine gemeinsame Zukunft. Ich will dich. Ich habe Angst vor dir und Angst vor meiner Liebe zu dir, aber ich will dich trotzdem. Ich habe Ihr Gesicht über dem Publikum in den Hallen schweben sehen, in denen ich gearbeitet habe. Ich habe Babys in den Armen von Arbeiterfrauen gesehen und wollte mein Baby in deinen Armen sehen. Mir ist das, was ich tue, wichtiger als dir, aber ich liebe dich."

McGregor stand auf und stellte sich über sie. „Ich liebe dich mit meinen Armen, die sich danach sehnen, dich zu schließen, mit meinem Gehirn, das den Triumph der Arbeiter plant, mit all der alten, verwirrenden menschlichen Liebe, von der ich fast geglaubt hätte, dass ich sie niemals wollen würde.

„Ich kann dieses Warten nicht ertragen. Ich kann es nicht ertragen, es nicht zu wissen, damit ich es Edith sagen kann. Ich kann mich nicht mit dem Bedürfnis nach Ihnen füllen, gerade wenn Männer beginnen, sich mit einer Idee anzustecken und von mir eine klare Führung erwarten. Nimm mich oder lass mich gehen und lebe mein Leben."

Margaret Ormsby sah McGregor an. Als sie sprach, war ihre Stimme so leise wie die Stimme ihres Vaters, der einem Arbeiter in der Werkstatt sagte, was er mit einer kaputten Maschine tun sollte.

„Ich werde dich heiraten", sagte sie schlicht. „Ich bin voll von dem Gedanken daran. Ich will dich, will dich so blind, dass ich denke, du kannst es nicht verstehen."

Sie stand auf und sah ihm in die Augen.

„Du musst warten", sagte sie. „Ich muss Edith sehen, das muss ich selbst tun. All die Jahre hat sie Ihnen gedient – sie hatte dieses Privileg."

McGregor blickte über den Tisch hinweg in die wunderschönen Augen der Frau, die er liebte.

„Du gehörst mir, auch wenn ich Edith gehöre", sagte er.

„Ich werde Edith sehen", antwortete Margaret erneut.

KAPITEL VI

McGregor überließ es Margaret, die Geschichte seiner Liebe zu erzählen. Edith Carson, die Niederlagen so gut kannte und den Mut zur Niederlage in sich trug, musste durch die ungeschlagene Frau der Niederlage durch ihn begegnen und ließ die ganze Angelegenheit vergessen. Einen Monat lang hatte er erfolglos versucht, Arbeiter dazu zu bewegen, die Idee der Marching Men aufzugreifen, und nach dem Gespräch mit Margaret machte er beharrlich weiter an der Arbeit.

Und dann geschah eines Abends etwas, das ihn erregte. Die mehr als zur Hälfte intellektualisierte Idee der Marching Men wurde wieder zu einer brennenden Leidenschaft und die Angelegenheit seines Lebens mit Frauen wurde schnell und endgültig geklärt.

Es war Nacht und McGregor stand auf dem Bahnsteig der Elevated Railroad in der State Street und der Van Buren Street. Er hatte sich wegen Edith schuldig gefühlt und hatte vorgehabt, zu ihr nach Hause zu gehen, aber die Szene auf der Straße unten faszinierte ihn und er blieb stehen und blickte die beleuchtete Durchgangsstraße entlang.

Eine Woche lang hatte es in der Stadt einen Fuhrmannstreik gegeben, und am Nachmittag kam es zu einem Aufstand. Fensterscheiben waren eingeschlagen und mehrere Männer verletzt worden. Nun versammelten sich die abendlichen Menschenmengen und Redner kletterten auf Logen, um zu reden. Überall wurde laut mit dem Kinn geschüttelt und mit den Armen geschwenkt. McGregor erinnerte sich. Die kleine Bergbaustadt kam ihm in den Sinn, und er sah sich wieder als Junge, der in der Dunkelheit auf den Stufen vor der Bäckerei seiner Mutter saß und versuchte nachzudenken. Erneut sah er im Geiste, wie die unorganisierten Bergleute aus dem Saloon stürzten und fluchend und drohend auf der Straße standen, und wieder erfüllte ihn Verachtung für sie.

Und dann geschah im Herzen der großen Westernstadt dasselbe wie damals, als er ein Junge in Pennsylvania gewesen war. Die Beamten der Stadt beschlossen, die streikenden Fuhrleute durch eine Gewaltdemonstration aufzuschrecken, und schickten ein Regiment Staatstruppen durch die Straßen. Die Soldaten trugen braune Uniformen. Sie schwiegen. Als McGregor nach unten schaute , verließen sie die Polk Street und kamen mit schwingendem, gemessenem Schritt die State Street entlang, vorbei an den ungeordneten Menschenmassen auf dem Bürgersteig und den ebenso ungeordneten Rednern am Bordstein.

McGregors Herz schlug so stark, dass er fast erstickte. Die Männer in den Uniformen, von denen jeder für sich keine Bedeutung hatte, waren durch ihr gemeinsames Marschieren alle bedeutungsvoll geworden. Wieder wollte er schreien, auf die Straße rennen und sie umarmen. Die Kraft in ihnen schien, wie der Kuss eines Liebhabers, die Kraft in ihm selbst zu küssen, und als sie vorbei waren und das ungeordnete Stimmengewirr erneut ausbrach , stieg er in ein Auto und fuhr mit glühendem Herzen zu Edith hinaus .

Edith Carsons Hutmacherei ging in die Hände eines neuen Besitzers. Sie hatte sich verkauft und war geflohen. McGregor stand im Ausstellungsraum und blickte sich auf die Kisten voller Federschmuck und die Hüte an der Wand um. Das Licht einer Straßenlaterne, das durch das Fenster fiel, ließ Millionen winziger Partikel vor seinen Augen tanzen.

Aus dem Raum im hinteren Teil des Ladens – dem Raum, in dem er die Tränen des Leidens in Ediths Augen gesehen hatte – kam eine Frau, die ihm erzählte, dass Edith das Geschäft verkauft hatte. Sie war von der Botschaft, die sie zu überbringen hatte, begeistert und ging an dem wartenden Mann vorbei zur Fliegengittertür, um sich mit dem Rücken zu ihm aufzustellen und die Straße hinaufzuschauen.

Aus den Augenwinkeln blickte die Frau ihn an. Sie war eine kleine schwarzhaarige Frau mit zwei glänzenden Goldzähnen und einer Brille auf der Nase. „Hier gab es einen Liebesstreit", sagte sie sich.

„Ich habe den Laden gekauft", sagte sie laut. „Sie sagte mir, ich solle dir sagen, dass sie gegangen war."

McGregor wartete nicht mehr, sondern eilte an der Frau vorbei auf die Straße. In seinem Herzen war ein Gefühl des stummen, schmerzlichen Verlustes. Aus einem Impuls heraus drehte er sich um und rannte zurück.

Als er auf der Straße neben der Fliegengittertür stand, schrie er heiser. "Wo ist sie hingegangen?" er forderte an.

Die Frau lachte fröhlich. Sie hatte das Gefühl, dass sie mit dem Laden einen für sie sehr attraktiven Hauch von Romantik und Abenteuer bekam . Dann ging sie zur Tür und lächelte durch den Bildschirm. „Sie ist gerade erst gegangen", sagte sie. „Sie ging zum Bahnhof Burlington. Ich glaube, sie ist nach Westen gegangen. Ich hörte, wie sie dem Mann von ihrem Koffer erzählte. Sie ist seit zwei Tagen hier, seit ich den Laden gekauft habe. Ich glaube, sie hat darauf gewartet, dass du kommst. Du bist nicht gekommen und jetzt ist sie gegangen und vielleicht wirst du sie nicht finden. Sie sah nicht wie jemand aus, der sich mit einem Liebhaber streiten würde."

Die Frau im Laden lachte leise, als McGregor davoneilte. „Wer hätte gedacht, dass diese ruhige kleine Frau einen solchen Liebhaber haben würde?" fragte sie sich.

McGregor rannte die Straße entlang und stoppte mit erhobener Hand ein vorbeifahrendes Auto. Die Frau sah ihn im Auto sitzen und sich mit einem grauhaarigen Mann am Steuer unterhalten, dann drehte sich die Maschine um und verschwand in gesetzeswidrigem Tempo die Straße hinauf.

McGregor hatte erneut einen neuen Blick auf die Figur der Edith Carson. „Ich kann mir vorstellen, dass sie es tut", sagte er sich – „ erklärte Margaret fröhlich, dass es keine Rolle spielte, und plante dies die ganze Zeit im Hinterkopf." Hier führt sie all die Jahre ein Eigenleben. Die geheimen Sehnsüchte, Wünsche und der alte menschliche Hunger nach Liebe, Glück und Ausdruck gingen unter ihrem ruhigen Äußeren weiter, so wie sie es unter meinem eigenen getan haben."

McGregor dachte an die arbeitsreichen Tage, die hinter ihm lagen, und stellte beschämt fest, wie wenig Edith von ihm gesehen hatte. Es war zu der Zeit, als seine große Bewegung „The Marching Men" gerade erst ans Licht kam, und in der Nacht zuvor war er auf einer Konferenz von Arbeitern gewesen , die von ihm eine öffentliche Demonstration der Macht verlangt hatten, die er heimlich aufgebaut hatte hoch. Jeden Tag war sein Büro voller Zeitungsleute, die Fragen stellten und Erklärungen verlangten. Und in der Zwischenzeit hatte Edith ihren Laden an diese Frau verkauft und bereitete sich darauf vor, zu verschwinden.

Im Bahnhof fand McGregor Edith in einer Ecke sitzend, das Gesicht in der Armbeuge vergraben. Vorbei war das ruhige Äußere. Ihre Schultern wirkten schmaler. Ihre Hand, die über der Rückenlehne des Sitzes vor ihr hing, war weiß und leblos.

McGregor sagte nichts, sondern schnappte sich die braune Ledertasche, die neben ihr auf dem Boden lag, nahm sie am Arm und führte sie eine Steintreppe hinauf zur Straße.

Kapitel VII

Im Ormsby-Haus saßen Vater und Tochter in der Dunkelheit auf der Veranda. Nach Laura Ormsbys Begegnung mit McGregor hatte es ein weiteres Gespräch zwischen ihr und David gegeben. Nun war sie zu Besuch in ihrer Heimatstadt in Wisconsin gewesen und Vater und Tochter saßen zusammen.

Gegenüber seiner Frau hatte David deutlich über Margarets Affäre gesprochen. „Es ist keine Frage des gesunden Menschenverstandes", hatte er gesagt; „Man kann nicht so tun, als gäbe es in einer solchen Angelegenheit Aussicht auf Glück." Der Mann ist kein Dummkopf und wird vielleicht eines Tages ein großer Mann sein, aber es wird nicht die Art von Größe sein, die einer Frau wie Margaret entweder Glück oder Zufriedenheit bringt. Er könnte sein Leben im Gefängnis beenden."

McGregor und Edith gingen den Kiesweg hinauf und stellten sich an die Eingangstür des Ormsby-Hauses. Aus der Dunkelheit auf der Veranda erklang die herzliche Stimme Davids. „Komm und setz dich hier draußen", sagte er.

McGregor stand schweigend da und wartete. Edith klammerte sich an seinen Arm. Margaret stand auf, trat vor und sah sie an. Mit einem Schlag im Herzen spürte sie die Krise, die die Anwesenheit dieser beiden Menschen andeutete. Ihre Stimme zitterte vor Angst. „Kommen Sie herein", sagte sie, drehte sich um und ging voran ins Haus.

Der Mann und die Frau folgten Margaret. An der Tür blieb McGregor stehen und rief David. „Wir wollen dich hier bei uns haben", sagte er barsch.

Im Salon warteten die vier Leute. Der große Kronleuchter warf sein Licht auf sie herab. Edith saß auf ihrem Stuhl und blickte auf den Boden.

„Ich habe einen Fehler gemacht", sagte McGregor. „Ich habe immer wieder einen Fehler gemacht." Er wandte sich an Margaret. „Wir haben hier nicht mit etwas gerechnet. Da ist Edith. Sie ist nicht das, was wir dachten."

Edith sagte nichts. Die müde Haltung blieb ihr in den Schultern. Sie hatte das Gefühl, wenn McGregor sie zu diesem Haus und zu dieser Frau gebracht hätte , die er liebte, um ihren Abschied zu besiegeln, würde sie still sitzen bleiben, bis das vorbei war, und dann weitergehen in die Einsamkeit, von der sie glaubte, dass sie ihr Teil sei.

Für Margaret war das Kommen des Mannes und der Frau ein Zeichen des Bösen. Auch sie schwieg und erwartete einen Schock. Als ihr Geliebter sprach, blickte auch sie auf den Boden. Sie sagte zu sich selbst: „Er wird sich selbst entziehen und diese andere Frau heiraten." Ich muss darauf vorbereitet sein, ihn das sagen zu hören." In der Tür stand David. „Er wird mir Margaret zurückgeben", dachte er und sein Herz tanzte vor Glück.

McGregor ging durch den Raum und blickte die beiden Frauen an. Seine blauen Augen waren kalt und erfüllt von intensiver Neugier auf sie und sich selbst. Er wollte sie testen und sich selbst testen. „Wenn ich jetzt einen klaren Kopf habe, werde ich mit dem Traum weitermachen", dachte er. „Wenn mir das nicht gelingt, werde ich in allem scheitern." Er drehte sich um, ergriff den Ärmel von Davids Mantel und zog ihn durch den Raum, sodass die beiden Männer beieinander standen. Dann sah er Margaret eindringlich an. Während er mit ihr sprach , blieb er so stehen, die Hand auf dem Arm ihres Vaters. Die Aktion erregte Davids Interesse und ein Schauer der Bewunderung durchströmte ihn. „Hier ist ein Mann", sagte er sich.

„Du dachtest, Edith wäre bereit, uns heiraten zu sehen. Nun ja, das war sie. Sie ist es jetzt und Sie sehen, was es mit ihr gemacht hat", sagte McGregor.

Die Tochter des Pflügers begann zu sprechen. Ihr Gesicht war kalkweiß. McGregor warf die Hände hoch.

„Warten Sie", sagte er, „ein Mann und eine Frau können nicht jahrelang zusammenleben und sich dann wie zwei befreundete Männer trennen. Etwas dringt in sie ein, um es zu verhindern. Sie finden, dass sie sich lieben. Ich habe herausgefunden, dass ich Edith liebe, obwohl ich dich will. Sie liebt mich. Schau sie an."

Margaret erhob sich halb von ihrem Stuhl. McGregor fuhr fort. In seiner Stimme lag der raue Klang, der die Menschen dazu brachte, sich vor ihm zu fürchten und ihm zu folgen. „Oh, wir werden heiraten, Margaret und ich", sagte er; „Ihre Schönheit hat mich überzeugt. Ich folge der Schönheit. Ich möchte schöne Kinder. Das ist mein Recht."

Er drehte sich zu Edith um und starrte sie an.

„Du und ich könnten nie das Gefühl haben, das Margaret und ich hatten, als wir uns in die Augen sahen. Es tat uns weh – jeder wollte den anderen. Du bist zum Aushalten geschaffen. Du würdest über alles hinwegkommen und nach einer Weile fröhlich sein. Das wissen Sie – nicht wahr?"

Die Augen von Edith kamen auf die gleiche Höhe wie seine eigenen.

„Ja , ich weiß", sagte sie.

Margaret Ormsby sprang von ihrem Stuhl auf, ihre Augen schwammen.

„Hör auf", rief sie. "Ich will dich nicht. Ich würde dich jetzt nie heiraten. Du gehörst ihr. Du gehörst Edith."

McGregors Stimme wurde sanft und leise.

„Oh, ich weiß", sagte er; "Ich weiß! Ich weiß! Aber ich will Kinder. Schau dir Edith an. Glaubst du, sie könnte mir Kinder gebären?"

Bei Edith Carson kam es zu einer Veränderung. Ihr Blick wurde hart und ihre Schultern strafften sich.

„Das muss ich sagen", rief sie, sprang vor und umklammerte seinen Arm. „Das ist zwischen mir und Gott. Wenn Sie beabsichtigen, mich zu heiraten , kommen Sie jetzt und tun Sie es. Ich hatte keine Angst, dich aufzugeben, und ich habe keine Angst, dass ich sterben werde, wenn ich Kinder bekomme."

Edith ließ McGregors Arm fallen und rannte durch den Raum und stellte sich vor Margaret. „Woher weißt du, dass du schöner bist oder schönere Kinder gebären kannst?" sie verlangte. „Was meinst du eigentlich mit Schönheit? Ich leugne deine Schönheit." Sie wandte sich an McGregor. „Sehen Sie", rief sie, „sie hält der Prüfung nicht stand."

Stolz überkam die Frau, die im Körper der kleinen Hutmacherin zum Leben erwacht war. Mit ruhigen Augen starrte sie die Menschen im Raum an und als sie wieder zu Margaret blickte, klang ihre Stimme herausfordernd.

„Schönheit muss Bestand haben", sagte sie schnell. „Es muss gewagt sein. Es muss lange Lebensjahre und viele Niederlagen überstehen." Ein harter Blick trat in ihre Augen, als sie die Tochter des Reichtums herausforderte. „Ich hatte den Mut, besiegt zu werden, und ich habe den Mut, mir zu nehmen, was ich will", sagte sie. „Hast du diesen Mut? Wenn Sie es getan haben, nehmen Sie diesen Mann. Du willst ihn und ich auch. Nimm seinen Arm und geh mit ihm weg. Tu es jetzt, hier vor meinen Augen."

Margaret schüttelte den Kopf. Ihr Körper zitterte und ihre Augen schauten wild umher. Sie wandte sich an David Ormsby. „Ich wusste nicht, dass das Leben so sein könnte", sagte sie. „Warum hast du es mir nicht gesagt? Sie hat Recht. Ich habe Angst."

Ein Licht erschien in McGregors Augen und er drehte sich schnell um. „Ich verstehe", sagte er und sah Edith scharf an, „auch du hast dein Ziel." Als er sich wieder umdrehte, sah er David in die Augen.

„Hier gibt es etwas zu entscheiden. Es ist vielleicht die größte Prüfung im Leben eines Mannes. Es fällt einem schwer, einen Gedanken im Gedächtnis zu behalten, unpersönlich zu sein und zu erkennen, dass das Leben einen Sinn außerhalb seines eigenen Zwecks hat. Vielleicht haben Sie diesen Kampf gemacht. Du siehst, ich schaffe es jetzt. Ich werde Edith mitnehmen und wieder an die Arbeit gehen."

An der Tür blieb McGregor stehen und reichte David die Hand, der sie ergriff und den großen Anwalt respektvoll ansah.

„Ich freue mich, dass du gehst", sagte der Pflüger kurz.

„Ich bin froh, dass ich gehe", sagte McGregor und verstand, dass in der Stimme und im Kopf von David Ormsby nichts als Erleichterung und ehrlicher Widerspruch klang.

Buch VI

KAPITEL I

Die Marching Men-Bewegung war nie etwas, das man intellektualisieren konnte . Jahrelang versuchte McGregor, es durch Reden in Gang zu bringen. Es gelang ihm nicht. Der Rhythmus und der Schwung, die das Herzstück der Bewegung bildeten, waren Feuer und Flamme. Der Mann durchlebte lange Phasen der Depression und musste sich selbst vorantreiben. Und dann, nach der Szene mit Margaret und Edith im Ormsby-Haus, kam es zur Action.

Es gab einen Mann namens Mosby, um dessen Figur sich eine Zeit lang die Handlung drehte. Er war Barkeeper bei Neil Hunt, einem berüchtigten Charakter aus der South State Street, und war einst Leutnant der Armee. Mosby war das, was man in der modernen Gesellschaft einen Schlingel nennt. Nach West Point und ein paar Jahren an einem abgelegenen Armeeposten begann er zu trinken und schoss eines Nachts während einer Ausschweifung und als er von der Langeweile seines Lebens halb verrückt geworden war, einen Soldaten durch die Schulter. Er wurde verhaftet und stellte seine Ehre auf, nicht zu fliehen, entkam aber tatsächlich. Jahrelang trieb er als hagerer Zyniker durch die Welt, der sich jedes Mal betrank, wenn ihm Geld in den Weg kam, und der alles tat, um die Monotonie des Daseins zu durchbrechen.

Mosby war von der Marching Men-Idee begeistert. Er sah darin eine Gelegenheit, seine Mitmenschen zu beunruhigen und zu beunruhigen. Er überredete eine Gewerkschaft von Barkeepern und Kellnern, der er angehörte, die Idee auszuprobieren, und am Morgen begannen sie, in dem Parklandstreifen am Seeufer am Rande des Ersten Bezirks auf und ab zu marschieren. „Halten Sie den Mund", befahl Mosby. „Wir können den Beamten dieser Stadt höllische Sorgen bereiten, wenn wir das richtig machen. Wenn Ihnen Fragen gestellt werden, sagen Sie nichts. Wenn die Polizei versucht, uns zu verhaften , werden wir schwören, dass wir das nur aus Übungsgründen tun."

Mosbys Plan ging auf. Innerhalb einer Woche versammelten sich am Morgen Menschenmengen, um den Marching Men zuzuschauen, und die Polizei begann, Nachforschungen anzustellen. Mosby war begeistert. Er gab seinen Job als Barkeeper auf und rekrutierte eine bunt zusammengewürfelte Truppe junger Raufbolde, die er nachmittags dazu überredete, den Marschschritt zu üben . Als er verhaftet und vor Gericht gezerrt wurde, fungierte McGregor als sein Anwalt und er wurde entlassen. „Ich möchte diese Männer an die Öffentlichkeit bringen", erklärte Mosby und wirkte sehr unschuldig und arglos. „Sie können selbst sehen, dass Kellner und Barkeeper bei ihrer Arbeit blass und krummschultrig werden, und was diese jungen Raufbolde betrifft, ist es nicht besser für die Gesellschaft, sie da draußen

herummarschieren zu lassen, als müßig in Kneipen zu faulenzen und weiß
Gott was für ein Unheil zu planen." ?"

Ein Grinsen erschien auf dem Gesicht des Ersten Bezirks. McGregor und
Mosby organisierten eine weitere Kompanie Demonstranten, und ein junger
Mann, der Sergeant einer regulären Kompanie gewesen war, wurde gebeten,
bei den Übungen mitzuhelfen. Für die Männer selbst war das alles ein Witz,
ein Spiel, das den schelmischen Jungen in ihnen ansprach. Alle waren
neugierig und das gab der Sache Würze. Sie grinsten, während sie auf und ab
marschierten. Eine Zeit lang tauschten sie Spott mit den Zuschauern aus,
aber McGregor machte dem ein Ende. „Sei still", sagte er und ging während
der Ruhezeiten zwischen den Männern umher. „Das ist das Beste, was man
tun kann. Schweigen Sie und kümmern Sie sich um Ihre Geschäfte, dann
wird Ihr Marschieren zehnmal so effektiv sein."

Die Marching Men-Bewegung wuchs. Ein junger jüdischer Zeitungsmann,
halb Schlingel, halb Dichter, schrieb für eine der Sonntagszeitungen eine
Gruselgeschichte, in der er die Geburt der Republik der Arbeit ankündigte .
Die Geschichte wurde durch eine Zeichnung illustriert, die zeigt, wie
McGregor eine riesige Horde Männer über eine offene Ebene in Richtung
einer Stadt führt, deren hohe Schornsteine Rauchwolken ausstoßen. Neben
McGregor auf dem Bild und in einer bunten Uniform war Mosby, der
ehemalige Armeeoffizier, zu sehen. In dem Artikel wurde er als Kriegsherr
der „heimlichen Republik, die innerhalb eines großen kapitalistischen
Imperiums heranwächst" bezeichnet.

Sie hatte begonnen, Gestalt anzunehmen – die Bewegung der Marching
Men. Hier und da machten Gerüchte die Runde. In den Augen der Männer
lag eine Frage. Zuerst ging es ihnen langsam durch den Kopf. Man hörte das
laute Klopfen von Füßen auf dem Bürgersteig. Gruppen bildeten sich,
Männer lachten, die Gruppen verschwanden, um wieder aufzutauchen. In
der Sonne vor den Fabriktoren standen Männer und unterhielten sich, halb
verständnisvoll, und begannen zu spüren, dass da etwas Großes im Wind
wehte.

Arbeiter kam die Bewegung zunächst nicht weiter . Es würde ein Treffen
geben, vielleicht eine Reihe von Treffen in einem der kleinen Säle, in denen
sich die Arbeiter versammeln, um sich um die Angelegenheiten ihrer
Gewerkschaften zu kümmern. McGregor würde sprechen. Seine raue und
gebieterische Stimme war in den Straßen unten zu hören. Händler kamen aus
den Geschäften und standen in den Türen und lauschten. Junge Burschen,
die Zigaretten rauchten, schauten nicht mehr auf die vorbeikommenden
Mädchen und versammelten sich in Scharen unter den offenen Fenstern. Das
langsam arbeitende Gehirn der Wehen wurde geweckt.

Nach einiger Zeit meldeten sich einige junge Männer freiwillig, die in einer Kistenfabrik an den Sägen arbeiteten, und andere, die in einer Fabrik, in der Fahrräder hergestellt wurden, Maschinen bedienten, dem Beispiel der Männer des Ersten Bezirks zu folgen. An Sommerabenden versammelten sie sich auf unbebauten Grundstücken und marschierten hin und her, blickten auf ihre Füße und lachten.

McGregor bestand auf dem Training. Er hatte nie die Absicht, seine Marching Men Movement zu einer bloßen unorganisierten Gruppe von Wanderern werden zu lassen, wie wir sie alle bei vielen Arbeiterparaden gesehen haben. Er meinte, dass sie lernen sollten, rhythmisch zu marschieren und wie Veteranen mitzuschwingen. Er war fest entschlossen, dass die Füße endlich ein großes Lied singen und die Botschaft einer mächtigen Bruderschaft in die Herzen und Gehirne der Demonstranten tragen sollten.

McGregor widmete der Bewegung seine ganze Zeit. Er verdiente mit der Ausübung seines Berufs kaum seinen Lebensunterhalt, dachte aber nicht darüber nach. Der Mordfall hatte ihm weitere Fälle beschert, und er hatte sich einen Partner genommen, einen kleinen Mann mit Frettchenaugen, der die Einzelheiten der an die Kanzlei eingehenden Fälle ausarbeitete und die Honorare einsammelte, von denen er die Hälfte an den Partner weitergab, an dem er beteiligt war etwas anderes. Tag für Tag, Woche für Woche, Monat für Monat ging McGregor durch die Stadt, sprach mit Arbeitern, lernte sprechen und bemühte sich, seine Idee verständlich zu machen.

Eines Abends im September stand er im Schatten einer Fabrikmauer und beobachtete eine Gruppe Männer, die auf einem unbebauten Grundstück marschierten. Die Bewegung war zu diesem Zeitpunkt wirklich groß geworden. Eine Flamme brannte in seinem Herzen bei dem Gedanken daran, was daraus werden könnte. Es wurde dunkel und die Staubwolken, die von den Füßen der Männer aufgewirbelt wurden, fegten über das Gesicht der untergehenden Sonne. Auf dem Feld vor ihm marschierten etwa zweihundert Männer, die größte Kompanie, die er je zusammenbringen konnte. Eine Woche lang waren sie Abend für Abend beim Marsch geblieben und begannen, den Geist dahinter ein wenig zu verstehen. Ihr Anführer auf dem Feld, ein großer, breitschultriger Mann, war einst Hauptmann der Staatsmiliz gewesen und arbeitete jetzt als Ingenieur in einer Fabrik, in der Seife hergestellt wurde. Seine Befehle hallten scharf und klar durch die Abendluft. „Vier in einer Reihe", rief er. Die Worte wurden gebrüllt. Die Männer strafften ihre Schultern und schwangen sich energisch vor. Sie hatten begonnen, das Marschieren zu genießen.

Im Schatten der Fabrikmauer bewegte sich McGregor unruhig umher. Er spürte, dass dies der Anfang, die eigentliche Geburt seiner Bewegung war, dass diese Männer wirklich aus den Reihen der Arbeit herausgekommen waren und dass in den Brüsten der marschierenden Gestalten dort im offenen Raum Verständnis wuchs.

Er murmelte und ging hin und her. Ein junger Mann, ein Reporter einer der großen Tageszeitungen der Stadt, sprang aus einer vorbeifahrenden Straßenbahn und stellte sich neben ihn. "Was geht hier ab? Was ist hier los? Worum geht es? Sag es mir besser " , sagte er.

Im trüben Licht hob McGregor seine Fäuste über seinen Kopf und redete laut. „Es schleicht sich zwischen ihnen ein“, sagte er. „Was sich nicht in Worte fassen lässt, ist, sich selbst zum Ausdruck zu bringen. Hier wird in diesem Bereich etwas getan. Eine neue Kraft kommt in die Welt.“

Halb außer sich rannte McGregor auf und ab und schwang seine Arme. Er wandte sich erneut an den Reporter, der an einer Fabrikwand stand – eine ziemlich schicke Gestalt mit einem winzigen Schnurrbart – und rief:

„Siehst du das nicht?“ er weinte. Seine Stimme war hart. „Sehen Sie, wie sie marschieren! Sie finden heraus, was ich meine. Sie haben den Geist davon erfasst!“

McGregor begann zu erklären. Er redete hastig, seine Worte kamen in kurzen, gebrochenen Sätzen heraus. „Seit Ewigkeiten ist von Brüderlichkeit die Rede. Immer haben Männer von Brüderlichkeit geplaudert. Die Worte haben nichts bedeutet. Die Worte und das Reden haben nur ein lockeres Rennen hervorgebracht. Die Kiefer der Männer wackeln, aber die Beine dieser Männer wackeln nicht.“

Er ging erneut auf und ab und zog den halb verängstigten Mann über den immer dunkler werdenden Schatten der Fabrikmauer.

„Sehen Sie, es beginnt – jetzt beginnt es auf diesem Gebiet. Die Beine und Füße der Menschen, Hunderte von Beinen und Füßen machen eine Art Musik. Derzeit werden es Tausende, Hunderttausende sein. Eine Zeit lang werden die Menschen aufhören, Individuen zu sein. Sie werden zu einer Masse werden, zu einer sich bewegenden, allmächtigen Masse. Sie werden ihre Gedanken nicht in Worte fassen, aber dennoch wird ein Gedanke in ihnen aufwachsen. Sie werden plötzlich erkennen, dass sie Teil von etwas Großem und Mächtigem sind, etwas, das sich bewegt und nach neuem Ausdruck sucht. Ihnen wurde von der Macht der Arbeit erzählt , aber jetzt werden sie zur Macht der Arbeit .“

Mitgerissen von seinen eigenen Worten und vielleicht auch von etwas Rhythmus in der sich bewegenden Männermasse, war McGregor fieberhaft darauf bedacht, dass der adrette junge Mann es verstehen würde. „Erinnerst du dich daran, dass dir als Junge ein Mann, der Soldat gewesen war, erzählt hat, dass die Männer, die marschierten, ihren Schritt brechen und in einer ungeordneten Menge über eine Brücke gehen mussten, weil ihr geordneter Schritt die Brücke in Stücke gerissen hätte? "

Ein Schauer lief über den Körper des jungen Mannes. In seiner Freizeit war er als Autor von Theaterstücken und Geschichten tätig, und sein geschulter dramatischer Sinn erfasste schnell die Bedeutung von McGregors Worten. Ihm kam eine Szene auf einer Dorfstraße in seinem eigenen Haus in Ohio in den Sinn. In seiner Fantasie sah er die Dorfpfeife und die Trommeltruppe vorbeimarschieren. Er erinnerte sich an den Schwung und den Rhythmus der Melodie, und wieder sehnten sich seine Beine danach, als hätte er als Junge zwischen den Männern herausgerannt und davonmarschiert.

Voller Aufregung begann auch er zu reden. „Ich verstehe", rief er; „Glauben Sie, dass darin ein Gedanke steckt, ein großer Gedanke, den die Menschen nicht verstanden haben?"

Auf dem Feld kamen die Männer, die immer mutiger wurden, je weniger sie sich bewußt wurden, mit langen, schwingenden Schritten vorbeigerannt.

Der junge Mann überlegte. "Ich verstehe. Ich verstehe. Jeder , der wie ich dastand und zusah, als die Pfeifen- und Trommeltruppe vorbeizog, fühlte, was ich fühlte. Sie versteckten sich hinter einer Maske. Auch ihre Beine kribbelten und das gleiche wilde, militante Pochen ging in ihren Herzen weiter. Du hast das herausgefunden, oder? Wollen Sie die Wehen auf diese Weise führen?"

Mit offenem Mund starrte der junge Mann auf das Feld und auf die sich bewegende Menschenmasse. Er wurde in seinen Gedanken rednerisch. „Hier ist ein großer Mann", murmelte er. „Hier ist ein Napoleon, ein Cäsar der Arbeit , der nach Chicago gekommen ist. Er ist nicht wie die kleinen Führer. Sein Geist ist nicht von blassen Gedanken übersät. Er hält die großen natürlichen Impulse der Menschen nicht für dumm und absurd. Er hat hier etwas gefunden, das funktionieren wird. Die Welt sollte besser auf diesen Mann aufpassen."

Halb außer sich lief er am Feldrand auf und ab, sein Körper zitterte.

Aus den Reihen der marschierenden Männer kam ein Arbeiter. Auf dem Feld entstanden Worte. Die Stimme des Kapitäns, der die Befehle erteilte, klang gereizt. Der Zeitungsmann hörte gespannt zu. „Das ist es, was alles verderben wird. Die Männer werden anfangen, den Mut zu verlieren und aufzugeben", dachte er, beugte sich vor und wartete.

„Ich habe den ganzen Tag gearbeitet und kann hier nicht die ganze Nacht auf und ab marschieren", beklagte sich die Stimme des Arbeiters.

Ein Schatten ging an der Schulter des jungen Mannes vorbei. Vor seinen Augen auf dem Feld stand McGregor an der Spitze der wartenden Reihen der Männer. Seine Faust schoss vor, und der klagende Arbeiter fiel zu Boden.

„Dies ist keine Zeit für Worte", sagte die raue Stimme. „Geh da wieder rein. Das ist kein Spiel. Es ist der Beginn der Selbstverwirklichung der Männer . Geh da rein und sag nichts. Wenn Sie nicht mit uns marschieren können , verschwinden Sie. Die Bewegung, die wir gestartet haben, kann den Wimmernden keine Beachtung schenken."

Unter den Männern brach Jubel aus. An der Fabrikmauer tanzte der aufgeregte Zeitungsmann auf und ab. Auf einen Befehl des Kapitäns hin fegte die Reihe der marschierenden Männer erneut über das Feld und er beobachtete sie mit Tränen in den Augen. „Es wird klappen", rief er. „Es wird bestimmt funktionieren. Endlich ist ein Mann gekommen , der die Arbeiter anführt."

KAPITEL II

John Van Moore, ein junger Werbefachmann aus Chicago, ging eines Nachmittags in die Büros der Wheelright Bicycle Company. Das Unternehmen hatte sowohl seine Fabrik als auch seine Büros weit draußen auf der Westseite. Die Fabrik war ein riesiges Backsteingebäude mit einem breiten Bürgersteig aus Beton und einem schmalen grünen Rasen voller Blumenbeete. Das Bürogebäude war kleiner und hatte eine Veranda zur Straße hin. An den Seiten des Bürogebäudes wuchsen Weinreben.

Wie der Reporter, der die Marching Men auf dem Feld an der Fabrikmauer beobachtet hatte, war John Van Moore ein eleganter junger Mann mit Schnurrbart. In seiner Freizeit spielte er Klarinette. „Es gibt einem Mann etwas, an dem er sich festhalten kann", erklärte er seinen Freunden. „Man sieht das Leben vorbeiziehen und hat das Gefühl, dass man nicht nur ein treibender Baumstamm im Strom der Dinge ist. Obwohl ich als Musiker nichts wert bin, bringt es mich zumindest zum Träumen."

Unter den Männern im Werbebüro, in dem er arbeitete, galt Van Moore als eine Art Idiot, was durch seine Fähigkeit, Wörter aneinanderzureihen, entschädigt wurde. Er trug eine schwere schwarze geflochtene Uhrenkette und einen Gehstock und hatte eine Frau, die nach der Heirat Medizin studiert hatte und mit der er nicht zusammenlebte. Manchmal trafen sich die beiden an einem Samstagabend in einem Restaurant und saßen stundenlang da, tranken und lachten. Als die Frau zu sich nach Hause gegangen war, setzte der Werbemann den Spaß fort, ging von Saloon zu Saloon und hielt lange Reden, in denen er seine Lebensphilosophie darlegte. „Ich bin ein Individualist", erklärte er, stolzierte auf und ab und schwang den Gehstock. „Ich bin ein Dilettant, ein Experimentator, wenn man so will. Bevor ich sterbe, ist es mein Traum, dass ich eine neue Qualität im Leben entdecken werde."

Für die Fahrradfirma sollte der Werbemann eine Broschüre schreiben, die in romantischer und lesbarer Form die Geschichte der Firma erzählt. Wenn die Broschüre fertig war, wurde sie an diejenigen verschickt, die auf Anzeigen in Zeitschriften und Zeitungen geantwortet hatten. Das Unternehmen verfügte über einen für Wheelright- Fahrräder typischen Herstellungsprozess, auf den in der Broschüre besonders hingewiesen wurde .

Der Herstellungsprozess, über den John Van Moore sprechen sollte, war im Gehirn eines Arbeiters erdacht worden und für den Erfolg des Unternehmens verantwortlich. Jetzt war der Arbeiter tot und der Präsident des Unternehmens hatte beschlossen, dass er die Idee für sich in Anspruch nehmen würde. Er hatte viel über die Angelegenheit nachgedacht und war zu dem Schluss gekommen, dass die Idee in Wahrheit mehr als nur seine eigene gewesen sein musste. „So muss es gewesen sein", sagte er sich, „sonst hätte es nicht so gut geklappt."

In den Büros der Fahrradfirma ging der Präsident, ein grauer, grober Mann mit winzigen Augen, in einem langen, mit dicken Teppichen ausgelegten Raum auf und ab. Als Antwort auf die Fragen des Werbemanns, der mit einem Block Papier vor sich an einem Tisch saß, stellte er sich auf die Zehenspitzen, steckte einen Daumen in das Armloch seiner Weste und erzählte eine lange, weitschweifige Geschichte, von der er war Held.

Die Geschichte handelte von einem rein imaginären jungen Arbeiter, der alle ersten Jahre seines Lebens schrecklich arbeiten musste . Abends rannte er schnell aus der Werkstatt, in der er beschäftigt war, und schuftete stundenlang ohne Schlaf in einer kleinen Mansarde. Als der Arbeiter das Erfolgsgeheimnis des Wheelright- Fahrrads entdeckt hatte, eröffnete er ein Geschäft und begann, den Lohn seiner Bemühungen zu ernten.

"Das war ich. Ich war dieser Kerl", rief der dicke Mann, der in Wirklichkeit seine Anteile an der Fahrradfirma erst nach seinem vierzigsten Lebensjahr erworben hatte. Er klopfte sich auf die Brust und hielt inne, als wäre er von Gefühlen überwältigt. Tränen traten in seine Augen. Der junge Arbeiter war für ihn zur Realität geworden. „Den ganzen Tag bin ich durch den kleinen Laden gelaufen und habe gerufen: ‚Qualität!' Qualität!' Das mache ich jetzt. Für mich ist es ein Fetisch. Ich stelle Fahrräder nicht für Geld her, sondern weil ich ein Handwerker bin, der stolz auf seine Arbeit ist. Sie können das in das Buch aufnehmen. Sie können mich mit diesen Worten zitieren. Ein großer Punkt sollte auf meinen Stolz auf meine Arbeit gelegt werden." Der Werbemann nickte mit dem Kopf und kritzelte etwas auf den Block. Fast hätte er die Geschichte ohne den Besuch in der Fabrik schreiben können. Als der dicke Mann nicht hinsah , drehte er sein Gesicht zur Seite und hörte aufmerksam zu. Von ganzem Herzen wünschte er, der Präsident würde gehen und ihn in Ruhe durch die Fabrik schlendern lassen.

Am Abend zuvor hatte John Van Moore an einem Abenteuer teilgenommen. Mit einem Begleiter, einem Kerl, der Cartoons für die Tageszeitungen zeichnete, war er in einen Saloon gegangen und hatte dort einen anderen Zeitungsmann getroffen.

Im Saloon hatten die drei Männer bis spät in die Nacht gesessen und getrunken und geredet. Der zweite Zeitungsmann – derselbe adrette Kerl, der die Demonstranten an der Fabrikmauer beobachtet hatte – hatte immer wieder die Geschichte von McGregor und seinen Demonstranten erzählt. „Ich sage Ihnen, hier wächst etwas heran", hatte er gesagt. „Ich habe diesen McGregor gesehen und weiß es. Ob Sie mir glauben oder nicht, Tatsache ist, dass er etwas herausgefunden hat. Es gibt ein Element im Menschen, das bisher nicht verstanden wurde – es gibt einen Gedanken, der in der Brust der Wehen verborgen ist, einen großen unausgesprochenen Gedanken – er ist ein Teil des menschlichen Körpers und seines Geistes. Angenommen, dieser Kerl hat das herausgefunden und versteht es, eh!"

Während er weiter trank, wurde der Zeitungsmann immer aufgeregter und war halb wild in seinen Vermutungen darüber, was in der Welt passieren würde. Mit der Faust auf einen vom Bier nassen Tisch schlagend, hatte er den Werbeschreiber angesprochen. „Es gibt Dinge, die Tiere wissen, die der Mensch nicht verstanden hat", rief er. „Denken Sie an die Bienen. Haben Sie gedacht, dass der Mensch nicht versucht hat, einen kollektiven Intellekt zu entwickeln? Warum sollte der Mensch nicht versuchen, das herauszufinden?"

Die Stimme des Zeitungsmannes wurde leise und angespannt. „Wenn Sie eine Fabrik betreten, möchte ich, dass Sie Augen und Ohren offen halten", sagte er. „Gehen Sie in einen der großen Räume, in denen viele Männer arbeiten. Stehen Sie völlig still. Versuchen Sie nicht zu denken. Warten."

Der aufgeregte Mann sprang von seinem Sitz auf und ging vor seinen Gefährten auf und ab. Eine Gruppe Männer stand vor der Bar und hörte zu, die Brille halb an den Mund gehalten.

„Ich sage Ihnen, es gibt bereits ein Lied der Arbeit . Es hat sich noch nicht ausgedrückt und verstanden, aber es ist in jedem Geschäft, in jedem Bereich, in dem Menschen arbeiten, vorhanden. Auf eine vage Art und Weise sind sich die Männer, die arbeiten, des Liedes bewusst, obwohl sie nur lachen, wenn man darüber spricht. Das Lied hat einen tiefen, rauen Rhythmus. Ich sage Ihnen, es kommt aus der Seele der Arbeit . Es ähnelt dem, was Künstler verstehen und das Form genannt wird. Dieser McGregor versteht etwas davon. Er ist der erste Gewerkschaftsführer , der verstanden hat. Die Welt wird von ihm hören. Eines Tages wird die Welt mit seinem Namen erklingen."

In der Fahrradfabrik blickte John Van Moore auf den Block Papier vor ihm und dachte an die Worte des halb betrunkenen Mannes im Saloon. In dem großen Laden hinter ihm war das stetige Knirschen vieler Maschinen zu hören. Der dicke Mann, hypnotisiert von seinen eigenen Worten, ging weiter auf und ab und erzählte von der Not, mit der der imaginäre junge Arbeiter einst konfrontiert war und die er triumphierend überstanden hatte. „Wir hören viel von der Macht der Arbeit , aber es wurde ein Fehler gemacht", sagte er. „Männer wie ich – wir sind die Macht. Sehen Sie, dass wir aus der Masse herausgekommen sind? Wir stehen da."

Der dicke Mann blieb vor dem Werbemann stehen und blickte nach unten und zwinkerte ihm zu. „Das muss man im Buch nicht sagen. Es ist nicht nötig, mich dort zu zitieren. Unsere Fahrräder werden von Arbeitern gekauft und es wäre dumm, sie zu beleidigen, aber was ich sage, ist dennoch wahr. Bauen Männer wie ich nicht mit unserem schlauen Gehirn und unserer Geduld diese großen modernen Organisationen auf ?"

Der dicke Mann deutete mit dem Arm auf die Werkstätten, aus denen das Dröhnen der Maschinen ertönte. Der Werbemann nickte geistesabwesend. Er versuchte, das Lied der Arbeit zu verstehen , von dem der Betrunkene sprach. Es war Feierabend und man hörte das Geräusch vieler Schritte, die sich auf dem Boden der Fabrik bewegten. Das Dröhnen der Maschinen verstummte.

Wieder ging der dicke Mann auf und ab und erzählte von der Karriere des Arbeiters , der aus den Reihen der Arbeiter hervorgegangen war . Von der Fabrik aus begannen die Männer, sich ins Freie zu begeben. Man hörte das Geräusch von Schritten, die über den breiten Betonsteig an den Blumenbeeten vorbeischlurften.

Plötzlich blieb der dicke Mann stehen. Der Werbemann saß mit einem Bleistift über dem Papier. Vom Gang unten erklangen scharfe Befehle. Wieder drang durch die Fenster das Geräusch der sich bewegenden Männer.

Der Präsident der Fahrradfirma und der Werbemann rannten zum Fenster. Dort auf dem betonierten Bürgersteig standen die Männer der Kompanie, in Viererkolonnen gebildet und dann in Kompanien aufgeteilt. An der Spitze jeder Kompanie stand ein Kapitän. Die Kapitäne schwenkten die Männer herum. "Nach vorne! Marsch!" Sie riefen.

Der dicke Mann stand mit offenem Mund da und sah die Männer an. „Was ist da unten los? Wie meinst du das? Hör auf damit!" er heulte.

Ein spöttisches Lachen drang durch das Fenster.

"Aufmerksamkeit! Vorwärts, nach rechts führen!" schrie ein Kapitän.

Die Männer schwangen sich den breiten Betonsteig hinunter, vorbei am Fenster und am Werbeträger. In ihren Gesichtern lag etwas Entschlossenes und Grimmiges. Ein kränkliches Lächeln huschte über das Gesicht des grauhaarigen Mannes und verschwand dann. Der Werbemann hatte, ohne genau zu wissen, was vor sich ging, das Gefühl, dass der ältere Mann Angst hatte. Er spürte die Angst in seinem Gesicht. In seinem Herzen war er froh, es zu sehen.

Der Hersteller begann aufgeregt zu reden. „Was ist das denn?" er forderte an. "Was ist los? Über was für einen Vulkan laufen wir Geschäftsmänner da? Hatten wir nicht schon genug Probleme mit den Wehen ? Was machen sie gerade?" Wieder ging er auf und ab, an dem Tisch vorbei, an dem der Werbemann saß und ihn ansah. „Wir lassen das Buch los", sagte er. "Komm morgen. Kommen Sie jederzeit. Ich möchte das untersuchen. Ich möchte herausfinden, was los ist."

John Van Moore verließ das Büro der Fahrradfirma und rannte die Straße entlang, vorbei an Geschäften und Häusern. Er versuchte nicht, den marschierenden Männern zu folgen, sondern rannte blindlings und voller Aufregung vorwärts. Er erinnerte sich an die Worte des Zeitungsmannes über das Lied der Arbeit und war betrunken von dem Gedanken, dass er den Schwung davon mitbekommen hatte. Hundertmal hatte er gesehen, wie Männer am Ende des Tages aus den Fabriktoren strömten. Früher waren sie immer nur eine Masse von Individuen gewesen. Jeder hatte über seine eigenen Angelegenheiten nachgedacht, und jeder war in seine eigene Straße geschlurft und hatte sich in den dunklen Gassen zwischen den hohen, schmutzigen Gebäuden verlaufen. Nun wurde das alles geändert. Die Männer schlurften nicht allein davon, sondern marschierten Schulter an Schulter die Straße entlang.

Auch bei diesem Mann bekam es einen Kloß im Hals und er begann, genau wie der andere an der Fabrikmauer, Worte zu sagen. „Das Lied der Arbeit ist da. Es fängt an zu singen!" er weinte.

John Van Moore war außer sich. Das vor Schrecken bleiche Gesicht des dicken Mannes kam ihm wieder in den Sinn. Auf dem Bürgersteig vor einem Lebensmittelgeschäft blieb er stehen und schrie vor Freude. Dann begann er wild herumzutanzen und erschreckte eine Gruppe von Kindern, die mit den Fingern im Mund dastanden und mit starren Augen zusahen.

KAPITEL III

In den ersten Monaten dieses Jahres kursierten in Chicago unter Geschäftsleuten Gerüchte über eine neue und unverständliche Bewegung unter den Arbeitern . In gewisser Weise verstanden die Arbeiter den unterschwelligen Schrecken, den ihr gemeinsamer Marsch ausgelöst hatte, und waren wie der Werbemann, der vor dem Lebensmittelgeschäft auf dem Bürgersteig tanzte, darüber glücklich. Grimmige Zufriedenheit wohnte in ihren Herzen. Sie erinnerten sich an ihre Kindheit und den schleichenden Terror, der in Zeiten der Depression in die Häuser ihrer Väter eindrang, und waren froh, Terror in den Häusern der Reichen und Wohlhabenden zu verbreiten. Jahrelang gingen sie blind durchs Leben und versuchten, Alter und Armut zu vergessen. Jetzt hatten sie das Gefühl, dass das Leben einen Sinn hatte und dass sie einem Ende entgegenmarschierten. Als ihnen in der Vergangenheit gesagt wurde, dass Macht in ihnen wohne, hatten sie nicht geglaubt. „Man kann ihm nicht trauen", dachte der Mann an der Maschine und blickte den Mann an, der an der nächsten Maschine arbeitete. „Ich habe ihn reden gehört und im Grunde ist er ein Narr."

Nun dachte der Mann am Automaten nicht an seinen Bruder am nächsten Automaten. In seinen nächtlichen Träumen begann er eine neue Vision zu haben. Die Macht hatte ihre Botschaft in sein Gehirn eingehaucht. Plötzlich sah er sich als Teil eines Riesen, der durch die Welt wandelte. „Ich bin wie ein Tropfen Blut, der durch die Adern der Wehen fließt ", flüsterte er vor sich hin. „Auf meine Art und Weise stärke ich das Herz und das Gehirn der Wehen . Ich bin ein Teil dieser Sache geworden, die in Bewegung gekommen ist. Ich werde nicht reden, sondern warten. Wenn dieses Marschieren das Richtige ist, dann werde ich marschieren. Auch wenn ich am Ende des Tages müde bin, wird mich das nicht aufhalten. Oft war ich müde und allein . Jetzt bin ich Teil von etwas Großem. Ich weiß, dass sich in meinem Gehirn ein Bewusstsein der Macht eingeschlichen hat, und obwohl ich verfolgt werde , werde ich nicht aufgeben, was ich gewonnen habe."

In den Büros des Plough Trust wurde eine Versammlung der Geschäftsleute einberufen. Der Zweck des Treffens bestand darin, die Bewegung unter den Arbeitern zu diskutieren. Beim Pflugwerk war es ausgebrochen. Abends schlurften die Männer nicht mehr wie ein ungeordneter Mob umher, sondern marschierten in Gruppen die gepflasterte Straße entlang, die am Fabriktor vorbeiführte.

Bei dem Treffen war David Ormsby wie immer ruhig und selbstbeherrscht gewesen. Ein Heiligenschein freundlicher Absicht hing über ihm, und als ein Bankier, einer der Direktoren des Unternehmens, seine Rede beendet hatte, stand er auf und ging auf und ab, die Hände in den

Hosentaschen vergraben. Der Bankier war ein dicker Mann mit dünnem braunem Haar und zarten Händen. Während er redete, hielt er ein Paar gelbe Handschuhe und schlug damit auf einem langen Tisch in der Mitte des Raumes. Das leise Klopfen der Handschuhe auf dem Tisch untermalte die Dinge, die er zu sagen hatte, im Refrain. David bedeutete ihm, Platz zu nehmen. „Ich selbst werde diesen McGregor besuchen ", sagte er, ging durch den Raum und legte einen Arm um die Schulter des Bankiers. „Vielleicht besteht hier, wie Sie sagen, eine neue und schreckliche Gefahr, aber ich glaube nicht. Seit Tausenden, zweifellos seit Millionen von Jahren ist die Welt ihren Weg gegangen, und ich glaube nicht, dass sie jetzt aufgehalten werden kann.

„Es war mein Glück, diesen McGregor zu sehen und zu kennen", fügte David hinzu und lächelte die anderen im Raum an. „Er ist ein Mann und kein Josua, der die Sonne stillstehen lässt."

Im Büro in der Van Buren Street stand David, der graue und selbstbewusste Mann, vor dem Schreibtisch, an dem McGregor saß. „Wir verschwinden hier, wenn es Ihnen nichts ausmacht", sagte er. „Ich möchte mit dir reden und möchte nicht unterbrochen werden. Ich habe das Gefühl, dass wir draußen reden."

Die beiden Männer fuhren mit einer Straßenbahn zum Jackson Park und gingen eine Stunde lang die Wege unter den Bäumen entlang, da sie das Essen vergaßen. Der Wind vom See hatte die Luft gekühlt und der Park war verlassen.

Sie stellten sich auf einen Pier, der in den See hinausführte. Auf dem Pier versuchte David, das Gespräch zu beginnen, das Gegenstand ihres Zusammenseins war, hatte jedoch das Gefühl, dass der Wind und das Wasser, das gegen die Pfeiler des Piers schlug, das Gespräch zu schwierig machten. Obwohl er nicht sagen konnte, warum, war er erleichtert über die Notwendigkeit einer Verzögerung. Sie gingen wieder in den Park und fanden einen Platz auf einer Bank mit Blick auf die Lagune.

In der Gegenwart des schweigsamen McGregor fühlte sich David plötzlich verlegen und unbehaglich. „Mit welchem Recht befrage ich ihn?" fragte er sich und konnte in seinem Kopf keine Antwort finden. Ein halbes Dutzend Mal begann er zu sagen, wozu er gekommen war, hielt dann aber inne und seine Rede verlief in Belanglosigkeiten. „Es gibt Männer auf der Welt, an die Sie keine Rücksicht genommen haben", sagte er schließlich und zwang sich zu beginnen. Mit einem Lachen fuhr er fort, erleichtert, dass das Schweigen gebrochen worden war. „Sie sehen, dass Ihnen und anderen das innerste Geheimnis starker Männer entgangen ist."

David Ormsby sah McGregor scharf an. „Ich glaube nicht, dass Sie glauben, dass wir es auf Geld abgesehen haben, wir Geschäftsleute. Ich vertraue darauf, dass Sie darüber hinausschauen. Wir haben unser Ziel und wir halten es still und beharrlich ein."

Wieder blickte David auf die stumme Gestalt, die im trüben Licht saß, und wieder rannte sein Geist davon und versuchte, die Stille zu durchdringen. „Ich bin kein Dummkopf und vielleicht weiß ich, dass die Bewegung, die Sie unter den Arbeitern gestartet haben, etwas Neues ist. Wie in allen großen Ideen steckt Kraft darin. Vielleicht denke ich, dass in dir Kraft steckt. Warum sollte ich sonst hier sein?"

Wieder lachte David unsicher. „In gewisser Weise habe ich Verständnis für Sie", sagte er. „Obwohl ich mein ganzes Leben lang dem Geld gedient habe, war ich nicht sein Besitz davon. Sie dürfen nicht annehmen, dass Männer wie ich nicht etwas anderes als Geld im Sinn haben."

Der alte Pflugbauer blickte über McGregors Schulter hinweg dorthin, wo die Blätter der Bäume im Wind vom See zitterten. „Es gab Männer und große Führer, die die stillen, kompetenten Diener des Reichtums verstanden haben", sagte er halb gereizt. „Ich möchte, dass Sie diese Männer verstehen. Ich würde gerne sehen, dass du selbst so jemand wirst – nicht wegen des Reichtums, den es bringen würde, sondern weil du am Ende so allen Menschen dienen würdest. So würden Sie der Wahrheit auf den Grund kommen. Die Kraft, die in Ihnen steckt, würde erhalten und intelligenter genutzt."

„Natürlich hat die Geschichte die Männer, von denen ich spreche, kaum oder gar nicht berücksichtigt. Sie sind unbemerkt durchs Leben gegangen und haben im Stillen großartige Arbeit geleistet."

Der Pflugbauer hielt inne. Obwohl McGregor nichts gesagt hatte, hatte der ältere Mann das Gefühl, dass das Interview nicht so verlief, wie es sollte. „Ich würde gerne wissen, was Sie vorhaben, was Sie am Ende für sich selbst oder für diese Männer zu gewinnen hoffen", sagte er etwas scharf. „Es hat schließlich keinen Sinn, um den heißen Brei herumzureden."

McGregor sagte nichts. Er erhob sich von der Bank und begann erneut, mit Ormsby an seiner Seite den Weg entlangzugehen.

„Die wirklich starken Männer der Welt hatten keinen Platz in der Geschichte", erklärte Ormsby bitter. „Das haben sie nicht gefragt. Sie waren zur Zeit Martin Luthers in Rom und in Deutschland, aber es wird nichts über sie gesagt. Obwohl ihnen das Schweigen der Geschichte nichts ausmacht, möchten sie, dass andere starke Männer es verstehen. Der Marsch der Welt ist eine größere Sache als der Staub, der von den Fersen einiger weniger Arbeiter aufgewirbelt wird, die durch die Straßen gehen, und diese Männer sind für den Marsch der Welt verantwortlich. Du machst einen Fehler. Ich lade Sie ein, einer von uns zu werden. Wenn Sie vorhaben, die Dinge durcheinander zu bringen, geraten Sie möglicherweise in die Geschichte, aber Sie werden nicht wirklich zählen. Was Sie versuchen, wird nicht funktionieren. Du wirst ein schlechtes Ende nehmen."

Als die beiden Männer den Park verließen, hatte der ältere Mann erneut das Gefühl, dass das Interview kein Erfolg gewesen war. Es tat ihm leid. Der Abend war seiner Meinung nach für ihn ein Misserfolg gewesen, und Misserfolge war er nicht gewohnt. „Hier gibt es eine Mauer, die ich nicht durchdringen kann", dachte er.

Schweigend gingen sie an der Vorderseite des Parks unter einem Baumhain entlang. McGregor schien die an ihn gerichteten Worte nicht gehört zu haben. Als sie zu einer langen Reihe unbebauter Grundstücke kamen, die dem Park zugewandt waren, blieb er stehen und lehnte sich an einen Baum, um gedankenverloren in den Park zu blicken.

Auch David Ormsby verstummte. Er dachte an seine Jugend in der kleinen Pflugfabrik des Dorfes, an seine Bemühungen, in der Welt voranzukommen, an die langen Abende, die er damit verbrachte, Bücher zu lesen und die Bewegungen der Menschen zu verstehen.

„Gibt es ein Element in der Natur und in der Jugend, das wir nicht verstehen oder aus den Augen verlieren?" er hat gefragt. „Sind die Bemühungen der geduldigen Arbeiter auf der Welt immer fehlgeschlagen? Kann plötzlich ein neuer Lebensabschnitt entstehen, der alle unsere Pläne durchkreuzt? Können Sie sich Männer wie mich nur als Teil eines riesigen Ganzen vorstellen? Verweigern Sie uns die Individualität, das Recht, Stellung zu beziehen, das Recht, Dinge zu klären und zu kontrollieren?"

Der Pflüger blickte auf die riesige Gestalt, die neben dem Baum stand. Erneut war er irritiert und zündete sich immer wieder Zigarren an, die er nach zwei oder drei Zügen wegwarf. In den Büschen hinter der Bank begannen Insekten zu singen. Der Wind, der jetzt in sanften Böen wehte, wiegte langsam die Äste der Bäume über ihnen.

„Gibt es eine ewige Jugend auf der Welt, einen Zustand, aus dem die Menschen unwissentlich herauskommen, eine Jugend, die für immer zerstört und niederreißt, was aufgebaut wurde?" er hat gefragt. „Sind die reifen Leben starker Männer von so geringer Bedeutung? Mögen Sie den leeren Feldern, die sich im Sommer in der Sonne sonnen, das Recht, in der Gegenwart von Menschen zu schweigen, die Gedanken hatten und versucht haben, ihre Gedanken in die Tat umzusetzen?"

McGregor sagte immer noch nichts und deutete mit dem Finger auf die Straße, die zum Park führte. Aus einer Seitenstraße bog eine Gruppe Männer um die Ecke und kam mit großen Schritten auf die beiden zu. Als sie unter einer Straßenlaterne hindurchgingen, die sich sanft im Wind bewegte, schienen ihre im Licht immer wieder aufblitzenden Gesichter David Ormsby zu verspotten. Für einen Moment brannte die Wut in ihm, und dann sorgte etwas, vielleicht der Rhythmus der sich bewegenden Männermasse, für eine sanftere Stimmung. Die vorbeischwirrenden Männer bogen um eine weitere Ecke und verschwanden unter dem Bauwerk einer Hochbahn.

Der Pflüger entfernte sich von McGregor. Etwas in dem Interview, das damit endete, hatte ihm die Anwesenheit der marschierenden Gestalten das Gefühl gegeben, unbemannt zu sein. „Schließlich gibt es Jugend und die Hoffnung der Jugend. „Was er vorhat, könnte funktionieren", dachte er, als er in eine Straßenbahn stieg.

Im Auto steckte David seinen Kopf zum Fenster hinaus und blickte auf die lange Reihe von Wohnhäusern, die die Straßen säumten. Er dachte wieder an seine eigene Jugend und an die Abende im Dorf Wisconsin, als er, selbst ein Jugendlicher, mit anderen jungen Männern singend und marschierend im Mondlicht ging.

Auf einem unbebauten Grundstück sah er erneut eine Gruppe der Marching Men, die sich hin und her bewegte und schnell auf die Befehle eines schlanken jungen Mannes reagierte, der auf dem Bürgersteig unter einer Straßenlaterne stand und einen Stock in der Hand hielt.

Im Auto legte der grauhaarige Geschäftsmann seinen Kopf auf die Rückenlehne des Vordersitzes. Halb unbewußt seiner eigenen Gedanken begann er in Gedanken bei der Gestalt seiner Tochter zu verweilen. „Wäre ich Margaret gewesen, hätte ich ihn nicht gehen lassen sollen. „Egal was es gekostet hätte, ich hätte an dem Mann festhalten sollen", murmelte er.

KAPITEL IV

Es ist schwer, nicht uneinig zu sein über die Manifestation, die jetzt vielleicht zu Recht „Der Wahnsinn der marschierenden Männer" genannt wird. In einer Stimmung kommt es einem als etwas unsagbar Großes und Inspirierendes in den Sinn. Jeder von uns geht durch die Tretmühle seines Lebens, gefangen und eingesperrt wie kleine Tiere in einer riesigen Menagerie. Im Gegenzug lieben wir, heiraten, zeugen Kinder, erleben Momente blinder, vergeblicher Leidenschaft und dann passiert etwas. Ganz unbewusst schleicht sich eine Veränderung über uns ein. Jugendpässe. Wir werden schlau, vorsichtig und vertieft uns in kleine Dinge. Leben, Kunst, große Leidenschaften, Träume, all das vergeht . Unter dem Nachthimmel steht der Vorstadtbewohner im Mondlicht. Er hackt seine Radieschen und macht sich Sorgen, weil die Wäsche einen seiner weißen Kragen zerrissen hat. Die Bahn soll einen zusätzlichen Morgenzug einsetzen. Er erinnert sich an die Tatsache, die er im Laden gehört hatte. Für ihn wird die Nacht schöner. Zehn Minuten länger kann er jeden Morgen bei den Radieschen bleiben. In der Figur des Vorstadtbewohners, der inmitten seiner Radieschen in seine eigenen Gedanken versunken steht, steckt viel vom Leben des Menschen.

Und so gehen wir den Angelegenheiten unseres Lebens nach, und dann überkommt uns plötzlich wieder das Gefühl, das uns alle im Jahr der marschierenden Männer beschlich. In einem Moment sind wir wieder Teil der bewegten Masse. Die alte religiöse Begeisterung, die seltsame Ausstrahlung des Mannes McGregor, kehrt zurück. In der Vorstellung spüren wir, wie die Erde unter den Füßen der Männer – der Marschierer – bebt. Mit einer bewussten Anspannung des Geistes streben wir danach, die Prozesse im Geiste des Führers in jenem Jahr zu erfassen, als die Menschen seine Bedeutung verspürten, als sie sahen, wie er die Arbeiter sah – sah, wie sie sich versammelten und durch die Welt bewegten.

Mein eigener Geist tappt umher, während er schwach danach strebt, diesem größeren und einfacheren Geist zu folgen. Ich erinnere mich noch genau an die Worte eines Schriftstellers, der sagte, dass die Menschen ihre eigenen Götter erschaffen, und mir wurde klar , dass ich selbst etwas von der Geburt eines solchen Gottes gesehen habe. Denn damals war er fast ein Gott – unser McGregor. Das, was er getan hat, geht den Menschen noch immer in den Sinn. Sein langer Schatten wird ewig auf die Gedanken der Menschen fallen. Der verlockende Versuch, seine Bedeutung zu verstehen, wird uns immer wieder zu endlosen Spekulationen verleiten.

Erst letzte Woche traf ich einen Mann – er war Steward in einem Club und plauderte neben einem Zigarrenetui in einem leeren Billardzimmer mit mir –, der sich plötzlich abwandte, um mir zwei große Tränen zu verheimlichen, die ihm wegen der Krankheit in die Augen geschossen waren eine Art Zärtlichkeit in meiner Stimme bei der Erwähnung der Marching Men.

Eine andere Stimmung kommt. Vielleicht ist es die richtige Stimmung. Als ich zu meinem Büro gehe, sehe ich Spatzen auf einer gewöhnlichen Straße herumspringen. Von den Ahornbäumen flattern die kleinen geflügelten Samen vor meinen Augen herab. Ein Junge kommt vorbei , sitzt in einem Einkaufswagen und übertreibt ein ziemlich knochiges Pferd. Während ich gehe, überhole ich zwei Arbeiter, die entlangschlurfen. Sie erinnern mich an jene anderen Arbeiter, und ich sage mir, dass sich die Menschen immer so bewegt haben, dass sie nie in den weltweiten rhythmischen Marsch der Arbeiter vorgedrungen sind.

„Du warst betrunken von Jugend und einer Art Weltwahnsinn“, sagt mein normales Ich, während ich wieder vorwärts gehe und mich bemühe, über die Dinge nachzudenken.

Chicago ist immer noch da – Chicago nach McGregor und den Marching Men. An der Einmündung in die Wabash Avenue rattern noch immer die Hochzüge über die Frösche; die Oberflächenautos läuten mit ihren Glocken; die Menschenmassen strömen morgens von der Landebahn, die zu den Illinois Central-Zügen führt; das Leben geht weiter. Und Männer in ihren Büros sitzen auf ihren Stühlen und sagen, dass das, was passiert ist, ein Fehlschlag war, ein Brainstorming, ein wilder Ausbruch des Rebellischen, des Unordentlichen und des Hungers in den Köpfen der Menschen.

Was für eine Frage. Die eigentliche Seele der Marching Men war ein Sinn für Ordnung. Das war die Botschaft davon, die Sache, zu der die Welt noch nicht gekommen ist. Die Menschen haben nicht gelernt, dass wir den Drang zur Ordnung verstehen und in unser Bewusstsein einbrennen müssen, bevor wir uns anderen Dingen zuwenden. In uns steckt dieser Wahnsinn nach individuellem Ausdruck. Für jeden von uns der kleine Moment, in dem wir inmitten der großen Stille vorwärts rennen und unsere dünnen Kinderstimmen erheben. Wir haben nicht gelernt, dass aus uns allen, wenn wir Schulter an Schulter gehen, eine größere Stimme entstehen könnte, etwas, das das Wasser der Meere zum Beben bringen könnte.

McGregor wusste es. Er hatte einen Geist, der nicht daran erkrankte, viel über Kleinigkeiten nachzudenken. Als er eine großartige Idee hatte , dachte er, dass sie funktionieren würde, und er wollte dafür sorgen, dass es funktionierte.

Mächtig war er ausgerüstet. Ich habe gesehen, wie der Mann in den Fluren redete, sein riesiger Körper schwankte hin und her, seine großen Fäuste in der Luft, seine Stimme rau, beharrlich, beharrlich – mit etwas von der Qualität der Trommeln –, die in die nach oben gerichteten Gesichter schlug die Männer drängten sich in die stickigen kleinen Lokale.

Ich erinnere mich, dass Zeitungsleute in ihren kleinen Löchern saßen und über ihn schrieben, dass die Zeit McGregor geprägt habe. Ich weiß darüber nichts. Die Stadt geriet in Aufruhr vor dem Mann, als er im Gerichtssaal seine schreckliche Rede hielt, als Polk Street Mary Angst bekam und die Wahrheit sagte. Da stand er, der rohe, unerprobte rothaarige Bergmann aus den Minen und dem Tenderloin, einem wütenden Gericht und einem Schwarm protestierender Anwälte gegenüber und äußerte diesen stadterschütternden Philippus gegen den alten, verrotteten ersten Bezirk und die schleichende Feigheit bei Männern, die Laster zulassen und Krankheiten breiten sich weiter aus und durchdringen das gesamte moderne Leben. Es war in gewisser Weise ein weiteres „ J'Accuse !" aus den Lippen eines anderen Zola. Männer , die es gehört haben, haben mir erzählt, dass, als er fertig war, im ganzen Gerichtssaal niemand sprach und niemand es wagte, sich schuldlos zu fühlen. „Für einen Moment öffnete sich etwas – ein Abschnitt, eine Zelle, eine Erfindung des menschlichen Gehirns – und in diesem schrecklichen, erhellenden Moment sahen sie sich selbst so, wie sie waren und was sie aus dem Leben gemacht hatten."

Sie sahen etwas anderes oder glaubten es zu tun, sahen in McGregor eine neue Kraft, mit der Chicago rechnen musste. Nach dem Prozess kehrte ein junger Zeitungsmann in sein Büro zurück, rannte von Schreibtisch zu Schreibtisch und schrie seinen Reporterkollegen ins Gesicht: „Mittag ist die Hölle los. Wir haben hier oben in der Van Buren Street einen großen rothaarigen schottischen Anwalt, der eine Art neue Geißel der Welt ist. Beobachten Sie, wie der Erste Bezirk es bekommt."

Aber McGregor blickte nie auf den Ersten Bezirk. Das störte ihn nicht. Vom Gerichtssaal aus marschierte er mit Männern auf ein neues Gebiet.

Es folgte die Zeit des Wartens und der geduldigen, ruhigen Arbeit. Abends arbeitete McGregor in dem kahlen Raum in der Van Buren Street an den Gerichtsverfahren. Dieser seltsame Vogel Henry Hunt blieb immer noch bei ihm, sammelte den Zehnten für die Bande und ging nachts zu seinem respektablen Zuhause – ein seltsamer Triumph des Kleinen, der McGregor an jenem Tag vor Gericht entgangen war, als so viele Männer mit ihren Namen beleidigt wurden der Welt in McGregors Appell – dem Appell der Männer, die nur Kaufleute waren, Brüder des Lasters, der Männer, die Herren in der Stadt hätten sein sollen.

Und dann begann die Bewegung der Marching Men an die Oberfläche zu kommen. Es gelangte ins Blut der Menschen. Diese raue, trommelnde Stimme begann ihre Herzen und Beine zu erschüttern.

Überall sahen und hörten Männer von den Marchers. Von Lippe zu Lippe lief die Frage: „Was ist los?"

"Was ist los?" Wie dieser Schrei über Chicago hinwegging. Jeder Zeitungsmann in der Stadt bekam Aufträge für die Story. Die Zeitungen waren jeden Tag voll damit. Überall in der Stadt tauchten sie auf, überall – die Marching Men.

Es gab genug Anführer! Der Kubakrieg und die Staatsmiliz hatten zu vielen Männern den Schwung des Marschschritts beigebracht, als dass es nicht in jeder kleinen Kompanie mindestens zwei oder drei kompetente Drillmeister geben könnte.

Und da war das Marschlied, das der Russe für McGregor geschrieben hatte. Wer könnte es vergessen? Sein hoher, harscher weiblicher Ton hallte im Gehirn wider. Wie es in diesem heulenden, rufenden, endlosen hohen Ton schwankte und schwankte. Es gab seltsame Brüche und Intervalle in der Darstellung. Die Männer haben es nicht gesungen. Sie haben es gesungen. Darin lag einfach das seltsame, eindringliche Etwas, das die Russen in ihre Lieder und Bücher, die sie schreiben, zu integrieren wissen. Es liegt nicht an der Qualität des Bodens. Einige unserer eigenen Musikstücke haben das. Aber in diesem russischen Lied war noch etwas anderes, etwas Weltweites und Religiöses – eine Seele, ein Geist. Vielleicht ist es nur der Geist, der über diesem fremden Land und Volk brütet. In McGregor selbst steckte etwas von Russland.

Auf jeden Fall war das Marschlied das eindringlichste, was Amerikaner je gehört hatten. Es war auf den Straßen, in den Geschäften, in den Büros, in den Gassen und in der Luft über uns – das Jammern, der halbe Schrei. Kein Lärm konnte es übertönen. Es schwang und schwankte und tobte durch die Luft.

Und da war der Typ, der die Musik für McGregor aufgeschrieben hat. Er war echt und trug die Spuren der Fesseln an seinen Beinen. Er hatte sich an den Marsch erinnert, weil er die Männer singen hörte, als sie über die Steppe nach Sibirien gingen, die Männer, die aus Elend zu noch mehr Elend aufstiegen. „Es würde aus der Luft kommen", erklärte er. „Die Wachen rannten an der Reihe der Männer entlang, schrien und schlugen mit ihren kurzen Peitschen zu. 'Hör auf!' Sie weinten. Und trotzdem ging es stundenlang weiter, trotz allem, dort in der kalten, trostlosen Ebene."

Und er hatte es nach Amerika gebracht und es für McGregors Demonstranten vertont.

Natürlich versuchte die Polizei, die Demonstranten aufzuhalten. Sie rannten auf die Straße und riefen „Zerstreuen!" Die Männer zerstreuten sich, tauchten dann aber wieder auf einem freien Grundstück auf und arbeiteten an der Perfektion des Marschierens. Einmal nahm eine aufgeregte Polizeieinheit eine Gruppe von ihnen gefangen. Am nächsten Abend standen dieselben Männer wieder in der Schlange. Die Polizei konnte hunderttausend Männer nicht verhaften, weil sie Schulter an Schulter durch die Straßen marschierten und dabei ein seltsames Marschlied sangen.

Das Ganze war kein Ausbruch der Wehen . Es war etwas anderes als alles, was zuvor auf die Welt gekommen war. Die Gewerkschaften waren dabei, aber neben den Gewerkschaften gab es auch die Polen, die russischen Juden, die Kerle von den Viehhöfen und den Stahlwerken in Süd-Chicago. Sie hatten ihre eigenen Anführer, die ihre eigenen Sprachen sprachen. Und wie sie ihre Beine in den Marsch werfen konnten! Die Armeen der Alten Welt hatten jahrelang Männer für die seltsame Demonstration ausgebildet, die in Chicago ausgebrochen war.

Die Sache war hypnotisch. Es war groß. Es ist absurd, jetzt in solch majestätischen Worten darüber zu schreiben, aber man muss in die Zeitungen von damals zurückblicken, um zu erkennen, wie die Fantasie der Menschen gefangen und gehalten wurde.

Jeder Zug brachte Schriftsteller nach Chicago. Am Abend versammelten sich fünfzig von ihnen im Hinterzimmer von Weingardners Restaurant, wo sich solche Männer treffen.

Und dann brach die Sache im ganzen Land aus, in Stahlstädten wie Pittsburgh und Johnstown und Lorain und McKeesport, und Männer, die in kleinen unabhängigen Fabriken in Städten unten in Indiana arbeiteten, begannen an Sommerabenden auf dem Baseballplatz des Dorfes das Marschlied zu üben und zu singen.

fürchteten sich die Menschen, die wohlgenährten Mittelschichten ! Es erfasste das Land wie eine religiöse Erweckung, die schleichende Angst.

Die schreibenden Männer kamen schnell genug zu McGregor, dem Gehirn hinter dem Ganzen. Überall zeigte sich sein Einfluss. Am Nachmittag standen hundert Zeitungsleute auf der Treppe, die zu dem großen, kahlen Büro in der Van Buren Street führte. An seinem Schreibtisch saß er, groß und rot und schweigsam. Er sah aus wie ein Mann im Halbschlaf. Ich nehme an, dass das, was ihnen durch den Kopf ging, etwas damit zu tun hatte, wie die Männer ihn ansahen, aber auf jeden Fall stimmte die Menge im Weingardner's zu, dass in dem Mann etwas von der gleichen furchteinflößenden Größe steckte wie in der Bewegung, die er hatte begann und leitete.

Es scheint jetzt absurd einfach. Da saß er an seinem Schreibtisch. Möglicherweise kam die Polizei herein und verhaftete ihn. Aber wenn man anfängt, so zu denken, war die ganze Sache absurd. Was unterscheidet es, wenn Männer von der Arbeit kommend Schulter an Schulter schwingend oder ziellos dahinschlurfen, und welchen Schaden kann das Singen eines Liedes anrichten?

Sie sehen, McGregor hat etwas verstanden, womit wir alle nicht gerechnet hatten. Er wusste, dass jeder eine Fantasie hat. Er befand sich im Krieg mit den Gedanken der Menschen. Er forderte etwas in uns heraus, von dem wir kaum wussten, dass es da war. Er hatte jahrelang dort gesessen und darüber nachgedacht. Er hatte Dr. Dowie und Mrs. Eddy beobachtet. Er wusste, was er tat.

Eines Abends kam eine Menge Journalisten zu einem großen Treffen im Freien auf der Nordseite, um McGregor zu hören. Dr. Cowell war bei ihnen – der große englische Staatsmann und Schriftsteller, der später auf der Titanic ertrank . Er war körperlich und geistig ein großer Mann und war in Chicago, um McGregor zu sehen und zu verstehen, was er tat.

Und McGregor bekam ihn, wie er alle Männer hatte. Draußen unter dem Himmel standen die Männer schweigend, Cowells Kopf ragte aus dem Meer von Gesichtern hervor, und McGregor redete. Die Zeitungsleute erklärten, er könne nicht sprechen. Da lagen sie falsch. McGregor hatte eine Art, seine Arme hochzuwerfen, sich anzustrengen und seine Sätze herauszuschreien, die die Seelen der Menschen berührten.

Er war eine Art grober Künstler, der Bilder in den Geist malte.

An diesem Abend sprach er wie immer über die Arbeit – die Arbeit in Person – die riesige, krude alte Arbeit . Wie er die Männer vor ihm dazu brachte, den blinden Riesen zu sehen und zu fühlen, der seit Anbeginn der Zeit auf der Welt lebt und der immer noch blind umherstolpert, sich die Augen reibt und sich jahrhundertelang im Staub der Felder und Fabriken zum Schlafen hinlegt.

Ein Mann erhob sich im Publikum und kletterte neben McGregor auf die Plattform. Es war eine gewagte Sache und die Knie der Männer zitterten. Während der Mann zum Bahnsteig kroch, erklangen Rufe. Man denkt an das Bild eines geschäftigen kleinen Kerls, der in das Haus und in den oberen Raum geht, wo Jesus und seine Anhänger gemeinsam das letzte Abendmahl einnahmen, und dort hineingeht, um über den Preis zu streiten, der für den Wein zu zahlen ist.

Der Mann, der mit McGregor auf die Bühne kam, war ein Sozialist. Er wollte streiten.

Aber McGregor widersprach ihm nicht. Er sprang vorwärts, es war eine schnelle Tigerbewegung, und wirbelte den Sozialisten herum, sodass er klein, blinzelnd und komisch vor der Menge dastand.

Dann begann McGregor zu reden. Er machte aus dem kleinen, stotternden, argumentierenden Sozialisten eine Figur, die die gesamte Arbeit repräsentierte , machte ihn zur Personifizierung des alten, müden Kampfes der Welt. Und der Sozialist, der zum Streit ging, stand mit Tränen in den Augen da und war stolz auf seine Stellung in den Augen der Männer.

Überall in der Stadt sprach McGregor über die alte Labour-Partei und wie er durch die Bewegung der Marching Men aufgebaut und den Menschen vor Augen geführt werden sollte. Wie es uns in den Beinen kribbelte, im Gleichschritt zu fallen und mit ihm davonzumarschieren.

Aus der Menge erklang der Ton dieses klagenden Marsches. Irgendjemand hat damit immer angefangen.

In dieser Nacht packte Doktor Cowell auf der North Side einen Zeitungsmann an der Schulter und führte ihn zu einem Auto. Wer Bismarck kannte und mit Königen im Rat gesessen hatte, ging die halbe Nacht plappernd durch die leeren Straßen.

Dinge zu denken, die Männer unter dem Einfluss von McGregor sagten. Wie der alte Doktor Johnson und sein Freund Savage gingen sie halb betrunken durch die Straßen und schworen, dass sie der Bewegung treu bleiben würden, was auch immer geschehen würde. Doktor Cowell selbst hat ebenso absurde Dinge gesagt.

Und im ganzen Land kamen Männer auf die Idee – die Marching Men – die alte Labour-Partei in einer Masse, die vor den Augen der Männer marschierte – die alte Labour-Partei , die der Welt endlich ihre Größe zeigen, sehen und spüren lassen würde. Männer sollten dem Streit ein Ende bereiten – Männer vereint – marschieren! Marschieren! Marschieren!

KAPITEL V

Während der gesamten Zeit der Marching Men gab es nur ein einziges schriftliches Material vom Anführer McGregor. Es hatte eine Auflage von mehreren Millionen und wurde in jeder in Amerika gesprochenen Sprache gedruckt. Eine Kopie des kleinen Rundschreibens liegt jetzt vor mir.

DIE MARSCHIERER

„Sie fragen uns, was wir meinen.
Nun, hier ist unsere Antwort.
Wir wollen weiter marschieren.
Wir wollen morgens und abends marschieren, wenn die Sonne scheint
sinkt.
Sonntags sitzen sie vielleicht auf ihrer Veranda oder schreien die spielenden
Männer an
Ball in einem Feld
Aber wir werden marschieren.
Auf dem harten Kopfsteinpflaster der Stadtstraßen und durch den Staub
Von Landstraßen werden wir marschieren.
Unsere Beine mögen müde sein und unsere Kehlen heiß und trocken,
Aber wir werden trotzdem Schulter an Schulter marschieren.
Wir werden marschieren, bis der Boden bebt und hohe Gebäude beben.
Schulter an Schulter werden wir gehen — wir alle —
Immer weiter, ewig.
Wir werden weder reden noch zuhören.
Wir werden marschieren und wir werden es unseren Söhnen und Töchtern
beibringen
Marsch.
Ihre Gedanken sind beunruhigt. Unser Geist ist klar.
Wir denken nicht und reden nicht mit Worten.
Wir marschieren.
Unsere Gesichter sind grob und in unseren Haaren und Bärten ist Staub.
Sehen Sie, die inneren Teile unserer Hände sind rau.
Und trotzdem marschieren wir — wir Arbeiter.“

KAPITEL VI

Labor Day in Chicago vergessen ? Wie sie marschierten! – Tausende und Abertausende und noch mehr Tausende! Sie füllten die Straßen. Die Autos hielten an. Männer zitterten angesichts der Bedeutung der bevorstehenden Stunde.

Hier kommen Sie! Wie der Boden bebt! Der Gesangsgesang Gesang dieses Liedes! So muss sich Grant gefühlt haben, als er den großen Rückblick auf die Veteranen in Washington erlebte, als sie den ganzen Tag an ihm vorbeimarschierten, die Männer des Bürgerkriegs, deren weiße Augen sich in der Bräune ihrer Gesichter abzeichneten. McGregor stand auf dem steinernen Randstein über den Gleisen im Grant Park. Während die Männer marschierten , versammelten sie sich zu Tausenden um ihn, Stahlarbeiter und Eisenarbeiter und große rothalsige Schlächter und Fuhrleute.

Und in der Luft heulte der Marschgesang der Arbeiter.

Die ganze Welt, die nicht marschierte, drängte sich in die Gebäude gegenüber dem Michigan Boulevard und wartete. Margaret Ormsby war da. Sie saß mit ihrem Vater in einer Kutsche in der Nähe des Boulevards, wo die Van Buren Street endet. Während die Männer sich immer weiter um sie drängten, umklammerte sie nervös den Ärmel von David Ormsbys Mantel. „Er wird sprechen", flüsterte sie und zeigte darauf. Ihre angespannte Erwartungshaltung drückte viel von der Stimmung der Menge aus. „Sehen Sie, hören Sie zu, er wird seine Stimme erheben."

Es muss fünf Uhr nachmittags gewesen sein, als die Männer mit dem Marsch fertig waren. Sie drängten sich dort bis zur Twelfth Street Station des Illinois Central zusammen. McGregor hob seine Hände. In der Stille klang seine raue Stimme weit. „Wir sind am Anfang", rief er und Schweigen breitete sich über die Menschen aus. In der Stille hätte jemand, der in ihrer Nähe stand, Margaret Ormsby leise weinen hören. Da war das sanfte Gemurmel, das immer dann vorherrscht, wenn viele Menschen stramm stehen. Das Weinen der Frau war kaum zu hören, aber es hielt an wie das Rauschen kleiner Wellen am Strand am Ende des Tages.

Buch VII

KAPITEL I

Die unter Männern vorherrschende Vorstellung, dass die Frau, um schön zu sein, vor den Tatsachen des Lebens abgeschirmt und geschützt werden muss, hat mehr bewirkt, als nur eine Rasse körperlich schwacher Frauen hervorzubringen. Dadurch mangelt es ihnen auch an Seelenkraft. Nach dem Abend, als sie Edith gegenüberstand und der Herausforderung der kleinen Hutmacherin nicht gewachsen war, war Margaret Ormsby gezwungen, vor ihrer eigenen Seele zu stehen, und für die Prüfung fehlte ihr die Kraft. Ihr Verstand bestand darauf, ihr Versagen zu rechtfertigen. Eine Frau aus dem Volk in einer solchen Lage hätte dem gelassen entgegensehen können. Sie wäre ihrer Arbeit nüchtern und beharrlich nachgegangen, und nach ein paar Monaten Unkrautjäten auf einem Feld, Beschneiden von Hüten in einem Geschäft oder Unterrichten von Kindern in einem Schulzimmer wäre sie bereit gewesen, sich wieder auf den Weg zu machen und eine weitere Prüfung im Leben zu bestehen. Nach vielen Niederlagen wäre sie bewaffnet und bereit für eine Niederlage gewesen. Wie ein kleines Tier in einem Wald, der von anderen und größeren Tieren bewohnt wird, hätte sie gewusst, wie effektiv es ist, über einen längeren Zeitraum völlig still zu liegen und ihre Geduld zu einem Teil ihrer Lebensausrüstung zu machen.

Margaret hatte entschieden, dass sie McGregor hasste. Nach der Szene in ihrem Haus gab sie ihre Arbeit im Siedlungshaus auf und ging noch lange ihrem Hass nach. Während sie auf der Straße umherging, kamen ihr in Gedanken immer wieder Anschuldigungen gegen ihn in den Sinn, und nachts in ihrem Zimmer saß sie am Fenster, schaute zu den Sternen und sagte starke Worte. „Er ist ein Rohling", erklärte sie hitzig, „ein bloßes Tier, unberührt von der Kultur, die für Sanftmut sorgt." Es liegt etwas Tierisches und Schreckliches in meiner Natur, das mich dazu gebracht hat, mich um ihn zu kümmern. Ich werde es herausreißen. In Zukunft werde ich es mir zur Aufgabe machen, den Mann und all die schrecklichen unteren Schichten des Lebens, die er repräsentiert, zu vergessen."

Von dieser Idee erfüllt, ging Margaret unter ihre eigenen Leute und versuchte, sich für die Männer und Frauen zu interessieren, denen sie bei Abendessen und Empfängen begegnete. Es funktionierte nicht, und als sie nach ein paar Abenden, die sie in der Gesellschaft von Männern verbracht hatte, die sich mit dem Geldverdienen beschäftigten, feststellte, dass sie nur langweilige Geschöpfe waren, deren Münder mit bedeutungslosen Worten gefüllt waren, wuchs ihre Verärgerung, und sie machte auch McGregor dafür verantwortlich. „Er hatte kein Recht, in mein Bewusstsein zu kommen und sich dann zu entfernen", erklärte sie bitter. „Der Mann ist brutaler, als ich dachte. Er jagt zweifellos jeden aus, so wie er es bei mir getan hat. Er ist ohne

Zärtlichkeit, weiß nichts über die Bedeutung von Zärtlichkeit. Das farblose Geschöpf, das er geheiratet hat, wird seinem Körper dienen. Das ist es, was er will. Er will keine Schönheit. Er ist ein Feigling, der es nicht wagt, der Schönheit standzuhalten, und der Angst vor mir hat."

Als die Marching Men-Bewegung in Chicago für Aufsehen sorgte, besuchte Margaret New York. Einen Monat lang lebte sie mit zwei Freundinnen in einem großen Hotel am Meer und eilte dann nach Hause. „Ich werde den Mann sehen und ihn reden hören", sagte sie sich. „Ich kann mich nicht von seinem Bewusstsein heilen, indem ich weglaufe. Vielleicht bin ich selbst ein Feigling. Ich werde in seine Gegenwart gehen. Wenn ich seine brutalen Worte höre und wieder den harten Glanz sehe, der manchmal in seine Augen tritt, werde ich geheilt sein."

Margaret hörte McGregor zu, wie er vor einer Versammlung von Arbeitern in einer Halle in der West Side sprach , und wirkte lebendiger als je zuvor. Im Flur saß sie verborgen im tiefen Schatten an der Tür und wartete mit zitternder Spannung.

Auf allen Seiten drängten sich Männer. Ihre Gesichter wurden gewaschen, aber der Schmutz der Geschäfte war nicht ganz verschwunden. Männer aus den Stahlwerken mit dem gekochten Aussehen, das nach langer Einwirkung intensiver künstlicher Hitze entsteht, Männer aus dem Baugewerbe mit ihren breiten Händen, große Männer und kleine Männer, missgestaltete und gerade arbeitende Männer, alle saßen stramm und warteten.

Margaret bemerkte, dass sich die Lippen der Arbeiter bewegten, während McGregor sprach. Die Fäuste waren geballt. Der Applaus kam schnell und scharf wie der Knall von Waffen.

Im Schatten auf der anderen Seite der Halle bildeten die schwarzen Mäntel der Arbeiter einen Fleck, aus dem intensive Gesichter blickten und über den die flackernden Gasdüsen in der Mitte der Halle tanzende Lichter warfen.

Die Worte des Sprechers wurden herausgeschossen. Die Sätze wirkten gebrochen und unzusammenhängend. Während er redete, schossen den Zuhörern riesige Bilder durch den Kopf. Die Männer fühlten sich groß und erhaben. Ein kleiner Stahlarbeiter, der in der Nähe von Margaret saß, die früher am Abend von seiner Frau misshandelt worden war, weil er zu der Besprechung kommen wollte, anstatt zu Hause beim Abwaschen zu helfen, starrte wütend um sich. Er dachte, er würde gerne Hand in Hand mit einem wilden Tier in einem Wald kämpfen.

Als er auf der schmalen Bühne stand, wirkte McGregor wie ein Riese, der nach einem Gesichtsausdruck suchte. Sein Mund bewegte sich, der Schweiß stand ihm auf der Stirn und er bewegte sich unruhig auf und ab. Mit ausgestreckten Händen und eifrig nach vorne gebeugtem Körper war er manchmal wie ein Ringer, der darauf wartet, mit einem Gegner zu kämpfen.

Margaret war tief bewegt. Ihre jahrelange Ausbildung und Verfeinerung wurden beraubt und sie hatte das Gefühl, dass sie wie die Frauen der Französischen Revolution gerne auf die Straße gehen und schreiend und kämpfend in weiblicher Wut für die Gedanken dieses Mannes marschieren würde.

McGregor hatte kaum angefangen zu reden. Seine Persönlichkeit, das große, eifrige Etwas in ihm, hatte dieses Publikum gefangen und gefesselt, wie es auch andere Zuschauer in anderen Sälen gefesselt und gefesselt hatte, und sollte es monatelang Nacht für Nacht fesseln.

Die Männer, mit denen er sprach, verstanden McGregor. Er war selbst ausdrucksstark geworden und er bewegte sie, wie kein anderer Anführer sie jemals zuvor bewegt hatte. Gerade sein Mangel an Gewandtheit, die Dinge in ihm, die sich ausdrücken wollten und nicht zum Ausdruck kamen, ließen ihn wie einen von ihnen erscheinen. Er verwirrte ihre Gedanken nicht, sondern zeichnete für sie große kritzelige Bilder und rief ihnen zu: „März!" und für das Marschieren versprach er ihnen Selbstverwirklichung .

„Ich habe Männer in Colleges und Redner in Sälen über die Brüderlichkeit der Menschen sprechen hören", rief er. „Sie wollen eine solche Bruderschaft nicht. Sie würden davor fliehen. Aber wir werden durch unser Marschieren eine solche Bruderschaft bilden, dass sie zittern und zueinander sagen werden: „Seht, Old Labour ist erwacht." Er hat seine Stärke gefunden.' Sie werden sich verstecken und ihre Worte der Brüderlichkeit fressen.

„Es wird ein Stimmengewirr entstehen, viele Stimmen, die schreien: ,Zerstreut!' Hör auf zu marschieren! Ich habe Angst!'

„Dieses Gerede über Brüderlichkeit. Die Worte bedeuten nichts. Der Mensch kann den Menschen nicht lieben. Wir wissen nicht, was sie mit solcher Liebe meinen. Sie verletzen uns und bezahlen uns zu wenig. Manchmal wird einem von uns ein Arm abgerissen. Sollen wir in unseren Betten liegen und den Mann lieben, der durch die eiserne Maschine reich wird, die ihm den Arm von der Schulter gerissen hat?

„Auf unseren Knien und in unseren Armen haben wir ihre Kinder geboren. Auf den Straßen sehen wir sie – die verhätschelten Kinder unseres Wahnsinns. Sehen Sie, wir haben sie herumlaufen lassen, indem sie sich schlecht benahmen. Wir haben ihnen Autos und Frauen mit weichen, anschmiegsamen Kleidern geschenkt. Wenn sie geweint haben , haben wir uns um sie gekümmert.

„Und weil sie Kinder sind, sind sie mit dem Verstand von Kindern verwirrt. Der Lärm der Dinge beunruhigt sie. Sie rennen herum, schütteln ihre Finger und befehlen. Sie sprechen mit Mitleid von uns – Labour – ihrem Vater.

„Und jetzt werden wir ihnen ihren Vater in seiner Macht zeigen. Die kleinen Maschinen, die sie in ihren Fabriken haben, sind Spielzeuge, die wir ihnen gegeben haben und die wir für die Zeit in ihren Händen lassen. Wir denken weder an die Spielzeuge noch an die Frauen mit dem weichen Körper. Wir machen aus uns eine mächtige Armee, eine marschierende Armee, die Schulter an Schulter geht. Das können wir lieben.

„Wenn sie uns, Hunderttausende von uns, in ihren Gedanken und in ihrem Bewusstsein marschieren sehen, dann werden sie Angst haben. Und bei den kleinen Treffen, die sie haben, wenn drei oder vier von ihnen zusammensitzen und sich unterhalten und den Mut haben, zu entscheiden, welche Dinge wir vom Leben haben sollen, wird in ihren Köpfen ein Bild entstehen. Wir werden es dort stempeln.

„Sie haben unsere Macht vergessen. Lasst es uns wieder erwecken. Sehen Sie, ich schüttle Old Labour an der Schulter. Er erregt. Er setzt sich auf. Er streckt seine riesige Gestalt aus dem Staub und Rauch der Mühlen empor, wo er geschlafen hat. Sie schauen ihn an und haben Angst. Sehen Sie, sie zittern und laufen davon und fallen übereinander. Sie wussten nicht, dass Old Labour so groß war.

„Aber ihr Arbeiter habt keine Angst. Ihr seid die Arme und Beine und die Hände und die Augen der Arbeit . Du hast dich für klein gehalten. Du hast dich nicht in eine Masse verwickelt, damit ich dich erschüttern und erregen könnte.

„So musst du hinkommen. Sie müssen Schulter an Schulter marschieren. Ihr müsst marschieren, damit ihr selbst erkennt, was für ein Riese ihr seid. Wenn einer von Ihnen jammert oder sich beschwert oder auf einer Kiste steht und Worte um sich wirft, schlagen Sie ihn nieder und marschieren Sie weiter.

„Wenn du marschiert bist, bis du ein einziger riesiger Körper bist, dann wird ein Wunder geschehen. In dem Riesen, den du geschaffen hast, wird ein Gehirn heranwachsen.

„Wirst du mit mir marschieren?"

Wie eine Salve aus einer Geschützbatterie kam die scharfe Antwort aus den eifrigen, nach oben gerichteten Gesichtern des Publikums. "Wir werden! Lasst uns marschieren!" Sie riefen.

Margaret Ormsby ging durch die Tür hinaus und in die Menschenmenge auf der Madison Street. Als sie durch die Presse ging , hob sie stolz den Kopf, dass ein Mann mit einem solchen Gehirn und dem einfachen Mut, so großartige Ideen durch Menschen zum Ausdruck zu bringen, ihr jemals Gunst erwiesen hatte. Demut überkam sie und sie gab sich selbst die Schuld für die kleinlichen Gedanken über ihn, die ihr durch den Kopf gegangen waren. „Das spielt keine Rolle", flüsterte sie vor sich hin. „Jetzt weiß ich, dass nichts zählt, nur sein Erfolg. Er muss das tun, was er sich vorgenommen hat. Er darf nicht geleugnet werden. Ich würde das Blut aus meinem Körper spenden oder meinen Körper der Schande aussetzen, wenn ihm das Erfolg bringen könnte."

Margaret wurde in ihrer Demut erhöht. Als ihre Kutsche sie zu ihrem Haus gebracht hatte, rannte sie schnell die Treppe hinauf in ihr eigenes Zimmer und kniete sich neben ihr Bett. Sie begann zu beten, hörte aber bald auf und sprang auf. Sie rannte zum Fenster und blickte über die Stadt. „Er muss Erfolg haben", rief sie erneut. „Ich selbst werde einer seiner Demonstranten sein. Ich werde alles für ihn tun. Er reißt den Schleier von meinen Augen, von allen Menschenaugen. Wir sind Kinder in den Händen dieses Riesen und er darf nicht durch die Hände von Kindern besiegt werden."

KAPITEL II

Am Tag der großen Demonstration, als McGregors Macht über den Geist und Körper der Arbeiter Hunderttausende marschieren und singen ließ, gab es einen Mann, der von dem Lied der Arbeit , das im Dreschen der Arbeiter zum Ausdruck kam, unberührt blieb Füße. David Ormsby hatte auf seine ruhige Art die Dinge durchdacht. Er erwartete, dass der neue Aufschwung, der der Solidität in den Reihen der Arbeiterschaft verliehen wurde , ihm und seinesgleichen Schwierigkeiten bereiten und sich schließlich in Streiks und weit verbreiteten industriellen Unruhen äußern würde. Er machte sich keine Sorgen. Am Ende glaubte er, dass die stille, geduldige Macht des Geldes seinem Volk den Sieg bringen würde. An diesem Tag ging er nicht in sein Büro, sondern blieb am Morgen in seinem eigenen Zimmer und dachte an McGregor und seine Tochter. Laura Ormsby war nicht in der Stadt, aber Margaret war zu Hause. David glaubte, die Macht McGregors über ihren Geist genau eingeschätzt zu haben, doch gelegentlich kamen ihm Zweifel. „ Nun, es ist an der Zeit, es mit ihr auszufechten", entschied er. „Ich muss meine Vorherrschaft über ihren Geist bekräftigen. Das, was hier vor sich geht, ist wirklich ein Kampf der Köpfe. McGregor unterscheidet sich von anderen Gewerkschaftsführern, so wie ich mich von den meisten Führern der Geldkräfte unterscheide. Er hat Verstand. Sehr gut. Auf dieser Ebene werde ich ihn treffen. Wenn ich Margaret dann dazu gebracht habe, so zu denken, wie ich denke, wird sie zu mir zurückkehren."

Als er noch ein kleiner Fabrikant in der Stadt Wisconsin war, hatte David die Angewohnheit, abends mit seiner Tochter hinauszufahren. Während der Autofahrten war er in seiner Aufmerksamkeit für das Kind fast wie ein Liebhaber gewesen, und als er nun an die Kräfte dachte, die in ihr am Werk waren, war er überzeugt, dass sie noch ein Kind war. Am frühen Nachmittag ließ er eine Kutsche vor die Tür bringen und fuhr mit ihr in die Stadt. „Sie wird den Mann auf dem Höhepunkt seiner Macht sehen wollen. Wenn ich Recht habe, wenn ich denke, dass sie immer noch unter dem Einfluss seiner Persönlichkeit steht, wird es ein romantisches Verlangen danach geben.

„Ich werde ihr die Chance geben", dachte er stolz. „In diesem Kampf verlange ich keine Gnade von ihm und werde in solchen Fällen nicht den üblichen Fehler von Eltern begehen." Sie ist fasziniert von der Figur, die er aus sich gemacht hat. Auffällige Männer, die sich von der Masse abheben, haben diese Macht. Sie steht immer noch unter seinem Einfluss. Warum sonst ihre ständige Ablenkung und ihr mangelndes Interesse an anderen Dingen? Jetzt werde ich bei ihr sein, wenn der Mann am mächtigsten ist, wenn er den größten Vorteil zeigt, und dann werde ich für sie kämpfen. Ich werde ihr einen anderen Weg zeigen, den Weg, den die wahren Sieger im Leben beschreiten lernen müssen."

Gemeinsam saßen David, der stille und effiziente Repräsentant des Reichtums, und seine Tochter am Tag von McGregors Triumph in der Kutsche. Für einen Moment schien eine unüberwindbare Kluft sie zu trennen, und mit intensiven Augen beobachtete jeder die Horden von Männern, die sich um den Arbeiterführer versammelten . Im Moment schien McGregor alle Männer im Schwung seiner Bewegung erfasst zu haben. Geschäftsleute hatten ihre Schreibtische geschlossen, die Arbeit war in Hochstimmung, Schriftsteller und nachdenklich spekulierende Männer gingen umher und träumten von der Verwirklichung der Brüderlichkeit der Menschen. In dem langen, schmalen, baumlosen Park erklang die Musik, die durch das stetige, nicht enden wollende Trampeln der Füße erzeugt wurde, zu etwas Großem und Rhythmischem. Es war wie ein mächtiger Chor, der aus den Herzen der Menschen kam. David war ungerührt. Gelegentlich sprach er mit den Pferden und blickte von den Gesichtern der um ihn versammelten Männer zum Gesicht seiner Tochter. In den rauen Gesichtern der Männer glaubte er nur eine grobe Art von Rausch zu sehen, das Ergebnis einer neuen Art von Emotionalität. „Es wird dreißig Tage des gewöhnlichen Lebens in ihrer elenden Umgebung nicht überdauern", dachte er grimmig. „Es ist nicht die Art von Begeisterung für Margaret. Ich könnte ihr ein schöneres Lied vorsingen. Darauf muss ich mich vorbereiten."

Als McGregor aufstand, um zu sprechen, wurde Margaret von Emotionen überwältigt. Sie ließ sich in der Kutsche auf die Knie fallen und legte ihren Kopf auf den Arm ihres Vaters. Seit Tagen hatte sie sich gesagt, dass es in der Zukunft des Mannes, den sie liebte, keinen Platz für Scheitern gab. Jetzt flüsterte sie sich wieder zu, dass dieser großen, kräftigen Gestalt die Erfüllung ihres Zwecks nicht verwehrt werden dürfe. Als in der Stille, die auf die Massen der Arbeiter um ihn folgte, die raue, dröhnende Stimme über den Köpfen der Menschen schwebte, zitterte ihr Körper wie vor einem Schauer. Extravagante Fantasien überkamen sie und sie wünschte, es wäre ihr möglich, etwas Heldenhaftes zu tun, etwas, das sie in den Gedanken von McGregor wieder zum Leben erwecken würde. Sie wollte ihm dienen, ihm etwas von sich selbst geben und dachte wild darüber nach, dass vielleicht noch eine Zeit und eine Möglichkeit kommen würde, ihm die Schönheit ihres Körpers wie ein Geschenk vorzulegen. Die halbmythische Gestalt von Maria, der Geliebten Jesu, kam ihr in den Sinn und sie strebte danach, eine solche zu sein. Mit von Emotionen geschütteltem Körper zog sie am Ärmel des Mantels ihres Vaters. "Hören! Es wird jetzt kommen", murmelte sie. „Das

Gehirn der Arbeit wird den Traum der Arbeit zum Ausdruck bringen . Ein süßer und nachhaltiger Impuls wird in die Welt kommen."

David Ormsby sagte nichts. Als McGregor zu sprechen begonnen hatte , berührte er die Pferde mit der Peitsche und fuhr langsam die Van Buren Street entlang, vorbei an den schweigenden, aufmerksamen Reihen der Männer. Als er in eine der Straßen am Fluss gelangte, brach lauter Jubel aus. Es schien die Stadt zu erschüttern, und die Pferde bäumten sich auf und sprangen über das raue Kopfsteinpflaster vorwärts. Mit einer Hand beruhigte David sie, während er mit der anderen die Hand seiner Tochter ergriff. Sie fuhren über eine Brücke und in die West Side, und während sie weiterfuhren, hallte der Marschgesang der Arbeiter, der aus Tausenden von Kehlen aufstieg, in ihren Ohren wider. Eine Zeit lang schien die Luft damit zu pulsieren, aber als sie nach Westen gingen, wurde es immer weniger deutlich. Als sie schließlich in eine von hohen Fabriken gesäumte Straße einbogen , erlosch es ganz. „Das ist sein Ende für mich und die Meinen", dachte David und machte sich erneut an die Aufgabe, die er zu erfüllen hatte.

Durch eine Straße nach der anderen ließ David die Pferde umherwandern, während er sich an die Hand seiner Tochter klammerte und darüber nachdachte, was er sagen wollte. Nicht alle Straßen waren von Fabriken gesäumt. Einige, und diese waren im Abendlicht am abscheulichsten, grenzten an die Häuser der Arbeiter. In den eng aneinander gedrängten und schwarz vor Schmutz stehenden Häusern der Arbeiter herrschte lärmendes Leben. Frauen saßen in den Türen und Kinder rannten schreiend und schreiend über die Straße. Hunde bellten und heulten. Überall herrschte Schmutz und Unordnung, der schreckliche Beweis für das Versagen der Menschen in der schwierigen und heiklen Kunst des Lebens. In einer der Straßen machte ein kleines Mädchen, das auf einem Zaunpfosten saß, eine lächerliche Figur. Als David und Margaret vorbeifuhren, schlug sie mit den Absätzen gegen die Seiten des Pfostens und schrie. Tränen liefen ihr über die Wangen und ihr zerzaustes Haar war schwarz vor Schmutz. „Ich will eine Banane! Ich will eine Banane!" Sie heulte und starrte auf die kahlen Wände eines der Häuser. Gegen ihren Willen war Margaret berührt und ihre Gedanken verließen die Figur von McGregor. Durch einen seltsamen Zufall war das Kind auf dem Posten die Tochter dieses sozialistischen Redners, der eines Nachts auf der North Side auf eine Plattform geklettert war, um McGregor mit der Propaganda der Socialist Party zu konfrontieren.

David verwandelte die Pferde in einen breiten Boulevard, der nach Süden durch das Fabrikviertel im Westen verlief. Als sie auf den Boulevard hinauskamen, sahen sie auf dem Bürgersteig vor einem Wirtshaus einen Trunkenbold mit einer Trommel in der Hand sitzen. Der Betrunkene schlug auf die Trommel und versuchte, das Marschlied der Arbeiter zu singen, doch es gelang ihm nur, ein seltsam grunzendes Geräusch von sich zu geben wie ein verzweifeltes Tier. Der Anblick zauberte ein Lächeln auf Davids Lippen. „Es hat bereits begonnen, sich aufzulösen", murmelte er. „Ich habe dich absichtlich in diesen Teil der Stadt gebracht", sagte er zu Margaret. „Ich wollte, dass Sie mit eigenen Augen sehen, wie sehr die Welt das braucht, was er zu tun versucht. Der Mann hat völlig Recht mit der Notwendigkeit von Disziplin und Ordnung. Er ist ein großer Mann, der eine große Sache tut, und ich bewundere seinen Mut. Er wäre ein wirklich großer Mann, wenn er mehr Mut gehabt hätte."

Auf dem Boulevard, in den sie eingebogen waren, herrschte Stille. Die Sommersonne ging unter und über den Dächern der Gebäude erstrahlte der Westen in Licht. Sie kamen an einer Fabrik vorbei, die von kleinen Gartenstücken umgeben war. Irgendein Arbeitgeber hatte auf diese Weise versucht, Schönheit in die Umgebung des Ortes zu bringen, an dem seine Männer arbeiteten. David zeigte mit der Peitsche. „Das Leben ist eine Hülle", sagte er, „und wir Geschäftsleute, die uns selbst so ernst nehmen, weil das Schicksal gut zu uns war, haben seltsame, dumme kleine Fantasien. Sehen Sie, was dieser Kerl gemacht hat, indem er versucht hat, aus der Hülle der Dinge Schönheit zu schaffen. Er ist wie McGregor. Ich frage mich, ob der Mann sich selbst schön gemacht hat, ob entweder er oder McGregor dafür gesorgt haben, dass in der Hülle, die er um sich herum trägt und die er seinen Körper nennt, etwas Schönes ist, ob er durch das Leben hindurch den Geist des Lebens gesehen hat. Ich glaube weder an das Ausbessern noch daran, die Hülle der Dinge zu zerstören, wie McGregor es gewagt hat. Ich habe meine eigenen Überzeugungen und es sind die Überzeugungen meiner Art. Dieser Mann hier, dieser Erbauer kleiner Gärten, ist wie McGregor. Er könnte es den Männern besser überlassen, ihre eigene Schönheit zu finden. Das ist mein Weg. Ich glaube, ich habe mich für die süßere und gewagtere Anstrengung entschieden."

David drehte sich um und sah Margaret eindringlich an, die sich von seiner Stimmung beeinflussen ließ. Sie wartete und blickte mit abgewandtem Gesicht in den Himmel über den Dächern der Gebäude. David begann über sich selbst in Bezug auf sie und ihre Mutter zu sprechen. Ein Hauch von Ungeduld schwang in seiner Stimme mit.

„Wie weit haben Sie sich treiben lassen, nicht wahr?" sagte er scharf. "Hören. Ich spreche jetzt nicht mit Ihnen als Ihrem Vater oder als Lauras Tochter. Lassen Sie uns klarstellen, dass ich Sie liebe und an einem

Wettbewerb teilnehme, um Ihre Liebe zu gewinnen. Ich bin McGregors Rivale. Ich akzeptiere das Handicap der Vaterschaft. Ich liebe dich. Du siehst, ich habe etwas in mir auf dich wirken lassen. McGregor hat das nicht getan. Er lehnte Ihr Angebot ab, aber ich nicht. Ich habe mein Leben auf Dich ausgerichtet und dies ganz bewusst und nach langem Nachdenken getan. Das Gefühl, das ich habe, ist etwas ganz Besonderes. Ich bin Individualist, glaube aber an die Einheit von Mann und Frau. Ich würde es nur wagen, mich in ein anderes Leben als mein eigenes zu wagen, und zwar in das Leben einer Frau. Ich habe mich entschieden, Sie zu bitten, mich in Ihr Leben wagen zu dürfen. Wir werden darüber reden."

Margaret drehte sich um und sah ihren Vater an. Später dachte sie, dass in diesem Moment einige seltsame Phänomene passiert sein mussten. Etwas wie ein Film wurde von ihren Augen gerissen und sie sah den Mann David nicht als einen klugen und berechnenden Mann der Dinge, sondern als etwas prächtig Junges. Er war nicht nur stark und solide, sondern in seinem Gesicht waren in diesem Moment auch die tiefen Gedanken- und Leidensspuren zu erkennen, die sie auf dem Gesicht von McGregor gesehen hatte. „Es ist seltsam", dachte sie. „Sie sind so unterschiedlich und doch sind die beiden Männer beide wunderschön."

„Ich habe deine Mutter geheiratet, als ich ein Kind war, so wie du jetzt ein Kind bist", fuhr David fort. „Natürlich hatte ich eine Leidenschaft für sie und sie hatte eine für mich. Es ging vorbei, aber es war schön genug, solange es dauerte. Es hatte weder Tiefe noch Bedeutung. Ich möchte Ihnen sagen, warum. Dann werde ich dafür sorgen, dass Sie McGregor verstehen, damit Sie den Mann einschätzen können. Ich komme dazu. Ich muss am Anfang beginnen.

„Meine Fabrik begann zu wachsen und als Arbeitgeber von Arbeitskräften beteiligte ich mich am Leben vieler Männer."

Seine Stimme wurde wieder scharf. „Ich war ungeduldig mit dir", sagte er. „Glauben Sie, dass dieser McGregor der einzige Mann ist, der andere Männer in der Masse gesehen und an sie gedacht hat? Ich habe das getan und war in Versuchung. Vielleicht wäre ich auch sentimental geworden und hätte mich selbst zerstört. Ich tat es nicht. Die Liebe zu einer Frau hat mich gerettet. Laura hat das für mich getan, obwohl sie scheiterte, als es um die eigentliche Prüfung unserer Liebe und unseres Verständnisses ging. Dennoch bin ich ihr dankbar, dass sie einst das Objekt meiner Liebe war. Ich glaube an die Schönheit davon."

Wieder hielt David inne und begann, seine Geschichte auf eine neue Art und Weise zu erzählen. Die Figur von McGregor kam Margaret wieder in den Sinn und ihr Vater begann zu spüren, dass es eine bedeutungsvolle Leistung wäre, sie ganz wegzunehmen. „Wenn ich sie ihm wegnehmen kann, können ich und meine Artgenossen ihm auch die Welt nehmen", dachte er. „Es wird ein weiterer Sieg für die Aristokratie im nie endenden Kampf mit der Mafia sein."

„Ich bin an einem Wendepunkt angelangt", sagte er laut. „Alle Männer kommen an diesen Punkt. Gewiss, die große Masse der Menschen lässt sich ziemlich dumm treiben , aber wir sprechen jetzt nicht von Menschen im Allgemeinen. Da sind du und ich und da ist das, was McGregor sein könnte. Jeder von uns ist auf seine Art etwas Besonderes. Wir kommen, Menschen wie wir, an einen Ort, an dem es zwei Wege gibt. Ich habe einen genommen und McGregor hat einen anderen genommen. Ich weiß warum und vielleicht weiß er warum. Ich gestehe ihm zu, dass er weiß, was er getan hat. Aber jetzt ist es an der Zeit, dass Sie entscheiden, welchen Weg Sie einschlagen wollen. Du hast gesehen, wie sich die Menschenmassen auf dem breiten Weg bewegten, den er gewählt hat, und nun wirst du deinen eigenen Weg einschlagen. Ich möchte, dass du mit mir auf meinen Weg blickst."

Sie kamen an eine Brücke über einen Kanal und David hielt die Pferde an. Eine Gruppe von McGregors Demonstranten kam vorbei und Margarets Puls begann wieder schneller zu schlagen. Als sie jedoch ihren Vater ansah, war er ungerührt und sie schämte sich ein wenig für ihre Gefühle. David wartete einen Moment, als wolle er sich inspirieren lassen, und als die Pferde wieder ansprangen , begann er zu reden. „Ein Gewerkschaftsführer kam in meine Fabrik, ein Miniatur-McGregor mit einer schiefen Wendung. Er war ein Schurke, aber die Dinge, die er meinen Männern sagte, waren allesamt wahr. Ich habe viel Geld für meine Investoren verdient. Sie hätten vielleicht in einem Kampf mit mir gewonnen. Eines Abends ging ich aufs Land, um allein unter den Bäumen spazieren zu gehen und darüber nachzudenken."

Davids Stimme wurde rau und Margaret hatte das Gefühl, dass sie seltsamerweise der Stimme von McGregor ähnelte, der mit Arbeitern sprach. „Ich habe den Mann abgekauft", sagte David. „Ich habe die grausame Waffe benutzt, die Männer wie ich benutzen müssen. Ich gab ihm Geld und sagte ihm, er solle verschwinden und mich in Ruhe lassen. Ich habe es getan, weil ich gewinnen musste. Meine Art von Männern muss immer gewinnen. Während des Spaziergangs, den ich alleine machte, erlangte ich meinen Traum, meinen Glauben. Ich habe jetzt den gleichen Traum. Es bedeutet mir mehr als das Wohlergehen von einer Million Männern. Dafür würde ich alles vernichten, was sich mir widersetzte. Ich werde dir von dem Traum erzählen.

„Es ist schade, dass man reden muss. Reden tötet Träume und Reden tötet auch alle Männer wie McGregor. Jetzt, wo er angefangen hat zu reden, werden wir das Beste aus ihm herausholen. Ich mache mir keine Sorgen um McGregor. Zeit und Reden werden seine Zerstörung herbeiführen."

Davids Gedanken gingen in eine neue Richtung. „Ich glaube nicht, dass das Leben eines Mannes von großer Bedeutung ist", sagte er. „Kein Mensch ist groß genug, um das ganze Leben zu erfassen. Das ist die törichte Fantasie der Kinder. Der erwachsene Mann weiß, dass er das Leben nicht auf einmal sehen kann. Es kann so nicht verstanden werden. Man muss erkennen , dass er in einem Flickenteppich aus vielen Leben und vielen Impulsen lebt.

„Der Mann muss nach Schönheit streben. Das ist die Erkenntnis , die die Reife mit sich bringt, und hier kommt die Frau auf ihre Kosten. McGregor war nicht klug genug, das zu verstehen. Er ist ein Kind, wie man es in einem Land voller aufgeregter Kinder sieht."

Die Qualität von Davids Stimme veränderte sich. Er legte seinen Arm um seine Tochter und zog ihr Gesicht neben sein eigenes. Die Nacht brach über sie herab. Die vom vielen Nachdenken erschöpfte Frau empfand Dankbarkeit für die Berührung der starken Hand auf ihrer Schulter. David hatte sein Ziel erreicht. Er hatte seine Tochter für einen Moment vergessen lassen, dass sie seine Tochter war. Die ruhige Stärke seiner Stimmung hatte etwas Hypnotisches.

„Ich komme jetzt zu den Frauen, zu Ihrem Teil", sagte er. „Wir werden über das reden, was ich Ihnen verständlich machen möchte. Laura hat als Frau versagt. Sie hat den Sinn nie erkannt. Als ich wuchs, wuchs sie nicht mit mir. Weil ich nicht von Liebe sprach , verstand sie mich nicht als Liebhaberin, wusste nicht, was ich wollte, was ich von ihr verlangte.

„Ich wollte meine Liebe auf ihre Figur übertragen, so wie man einen Handschuh über seine Hand zieht. Sie sehen, ich war der Abenteurer, der Mann, der vom Leben und seinen Problemen durcheinander und zermürbt war. Der Kampf ums Überleben, um Geld zu bekommen, war nicht zu vermeiden. Ich musste diesen Kampf machen. Hat sie nicht. Warum konnte sie nicht verstehen, dass ich nicht in ihre Gegenwart kommen wollte, um mich auszuruhen oder leere Worte zu sagen? Ich wollte, dass sie mir hilft, Schönheit zu schaffen. Wir hätten dabei Partner sein sollen. Gemeinsam hätten wir den heikelsten und schwierigsten aller Kämpfe bewältigen sollen, den Kampf um lebendige Schönheit in unseren alltäglichen Angelegenheiten."

Bitterkeit überkam den alten Pflüger und er benutzte starke Worte. „Der springende Punkt liegt in dem, was ich jetzt sage. Das war mein Schrei an die Frau. Es kam aus meiner Seele. Es war der einzige Schrei, den ich je gemacht habe. Laura war ein kleiner Idiot. Ihre Gedanken wanderten zu kleinen Dingen. Ich weiß nicht, was sie von mir wollte, und jetzt ist es mir auch egal. Vielleicht wollte sie, dass ich ein Dichter bin, ein Aneinanderreiher von Worten, einer, der schrille kleine Lieder über ihre Augen und Lippen schreibt. Es ist jetzt egal, was sie wollte.

„Aber du bist wichtig."

Davids Stimme schnitt durch den Nebel neuer Gedanken, die den Geist seiner Tochter verwirrten, und sie spürte, wie sich sein Körper versteifte. Ein Schauer durchfuhr ihren Körper und sie vergaß McGregor. Mit aller Kraft ihres Geistes war sie in das vertieft, was David sagte. In der Herausforderung, die von den Lippen ihres Vaters kam, begann sie zu spüren, dass in ihrem eigenen Leben ein klarer Sinn entstehen würde.

„Frauen wollen ins Leben vordringen, um mit Männern die Unordnung und Unordnung kleiner Dinge zu teilen. Was für ein Wunsch! Lassen Sie sie es versuchen, wenn sie möchten. Sie werden den Versuch satt haben. Sie verlieren etwas Größeres aus den Augen, das sie unternehmen könnten. Sie haben die alten Dinge vergessen, Ruth im Mais und Maria mit dem Krug mit der kostbaren Salbe, sie haben die Schönheit vergessen, die sie den Menschen erschaffen sollten.

„Lassen Sie sie nur am Versuch des Menschen teilhaben, Schönheit zu schaffen. Das ist die große, heikle Aufgabe, der sie sich widmen sollten. Warum stattdessen die billigere, sekundäre Aufgabe versuchen? Sie sind wie dieser McGregor."

Der Pflüger verstummte. Er ergriff die Peitsche und trieb die Pferde schnell voran. Er war der Meinung, dass sein Standpunkt klar war, und war zufrieden damit, dass die Fantasie seiner Tochter den Rest erledigte. Sie bogen vom Boulevard ab und durchquerten eine Straße mit kleinen Geschäften. Vor einem Saloon führte eine Gruppe von Straßenkindern, angeführt von einem betrunkenen Mann ohne Hut, vor einer Menge lachender Müßiggänger eine groteske Imitation von McGregors Marchers auf. Mit sinkendem Herzen erkannte Margaret , dass selbst auf dem Höhepunkt seiner Macht die Kräfte am Werk waren, die schließlich die Impulse von McGregors Marchers zerstören würden. Sie kroch näher an David heran. „Ich liebe dich", sagte sie. „ Eines Tages habe ich vielleicht einen Liebhaber, aber ich werde dich immer lieben. Ich werde versuchen, das zu sein, was du von mir willst."

Es war nach zwei Uhr an diesem Abend, als David von dem Stuhl aufstand, auf dem er mehrere Stunden lang ruhig gelesen hatte. Mit einem Lächeln im Gesicht ging er zu einem Fenster mit Blick nach Norden in Richtung Stadt. Den ganzen Abend über waren Gruppen von Männern am Haus vorbeigegangen. Einige waren schlurfend weitergegangen, ein bloßer ungeordneter Haufen, einige waren Schulter an Schulter gegangen und hatten das Marschlied der Arbeiter gesungen, und einige waren unter Alkoholeinfluss vor dem Haus stehengeblieben, um Drohungen auszustoßen. Jetzt war alles ruhig. David zündete sich eine Zigarre an und blickte lange auf die Stadt hinaus. Er dachte an McGregor und fragte sich, welchen aufgeregten Traum von Macht dieser Tag in den Kopf des Mannes gebracht hatte. Dann dachte er an seine Tochter und an ihre Flucht. Ein sanftes Licht trat in seine Augen. Er war glücklich, aber als er sich teilweise ausgezogen hatte, kam eine neue Stimmung auf und er schaltete das Licht im Zimmer aus und ging wieder ans Fenster. Im Zimmer darüber hatte Margaret nicht schlafen können und war ebenfalls ans Fenster geschlichen. Sie dachte wieder an McGregor und schämte sich ihrer Gedanken. Zufällig begannen sowohl Vater als auch Tochter gleichzeitig an der Wahrheit dessen zu zweifeln, was David während der Fahrt über den Boulevard gesagt hatte. Margaret konnte ihre Zweifel nicht in Worte fassen, aber Tränen traten ihr in die Augen.

David legte seine Hand auf das Fensterbrett und für einen Moment zitterte sein Körper wie vor Alter und Müdigkeit. „Ich frage mich", murmelte er – „ wenn ich jung wäre – hätte McGregor vielleicht gewusst, dass er scheitern würde, und doch den Mut zum Scheitern gehabt. Ich frage mich, ob sowohl Margaret als auch mir der größere Mut fehlte, ob an jenem Abend vor langer Zeit, als ich unter der Erde ging." Bäume Ich habe einen Fehler gemacht? Was wäre, wenn McGregor und seine Frau nach all dem beide Wege kennen würden? Was wäre, wenn sie, nachdem sie bewusst den Weg zum Erfolg im Leben eingeschlagen hatten, ohne Reue den Weg zum Scheitern einschlagen würden? Was wäre, wenn McGregor und nicht ich den Weg zur Schönheit wüsste?"

ENDE